RENGONG ZHINENG FALÜ JICHU

人工智能法律基础

王莹 编著

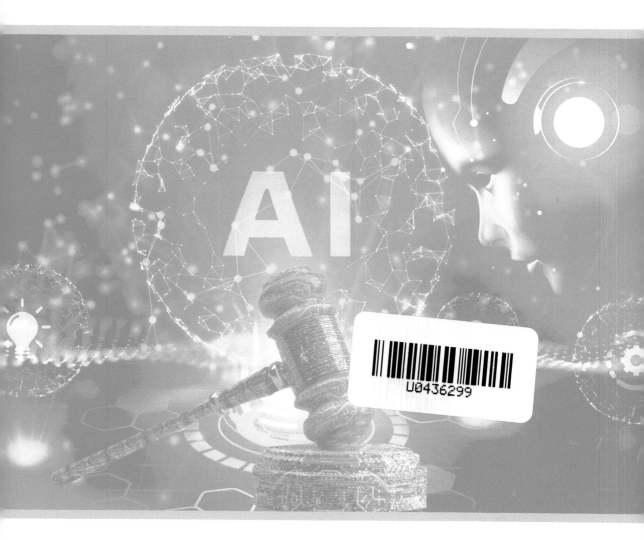

西安交通大学出版社
XI'AN JIAOTONG UNIVERSITY PRESS

内容简介

本书是学习法律人工智能的入门性教材,旨在从法律领域回应国家人工智能的发展战略,是结合高职院校法律辅助人才岗位工作实际与专业教学实践编写而成的。

全书共分基础篇、应用篇、挑战篇、未来篇4个模块14章,简洁而清晰地介绍了法律人工智能的基本原理、实现路径和实践应用。

本书在教学内容设置、教学形式设计和体例编排上具有创新性。全书条理清晰,注重实务,学练结合。通过教学,学生能够掌握法律人工智能的相关知识及未来发展趋势。

本书可作为高职院校法律事务、法律文秘等法律相关专业教材,亦可供从事法律人工智能研究、开发和应用的教学研究人员参考使用。

图书在版编目(CIP)数据

人工智能法律基础/王莹编著. —西安:西安交通大学出版社,2021.6(2024.12重印)
ISBN 978-7-5693-2142-5

Ⅰ.①人… Ⅱ.①王… Ⅲ.①人工智能-科学技术管理法规-研究-中国Ⅳ.①D922.174

中国版本图书馆 CIP 数据核字(2021)第 052614 号

书 名	人工智能法律基础
编 著	王 莹
责任编辑	郭鹏飞 宋庆庆
责任校对	陈 昕
出版发行	西安交通大学出版社
	(西安市兴庆南路1号 邮政编码 710048)
网 址	http://www.xjtupress.com
电 话	(029)82668357 82667874(市场营销中心)
	(029)82668315(总编办)
传 真	(029)82668280
印 刷	西安五星印刷有限公司
开 本	787mm×1092mm 1/16 印张 11.75 字数 296千字
版次印次	2021年6月第1版 2024年12月第3次印刷
书 号	ISBN 978-7-5693-2142-5
定 价	38.00元

订购热线:(029)82665248 (029)82667874
投稿热线:(029)82668818
读者信箱:21645470@qq.com

版权所有 侵权必究

自1956年人工智能(artificial intelligence,AI)概念首次提出至今,人工智能在制造业、金融业、医疗行业、服务业、交通运输、安全防护等领域的应用成果层出不穷。2018年10月31日,习近平总书记在中共中央政治局第九次集体学习上的讲话中强调:"加快发展新一代人工智能是我们赢得全球科技竞争主动权的重要战略抓手,是推动我国科技跨越发展、产业优化升级、生产力整体跃升的重要战略资源。""要整合多学科力量,加强人工智能相关法律、伦理、社会问题研究,建立健全保障人工智能健康发展的法律法规、制度体系、伦理道德。"

重大科技创新将促进生产关系的变化,也会影响法律伦理秩序和社会生活方式。在新理论与新技术的驱动下,人工智能技术具有溢出带动性很强的"头雁"效应,对人类社会的经济发展、社会进步、国际政治经济格局等,将产生恒久而深远的影响。毋庸讳言,人工智能技术带来的科技伦理与法律问题将更加复杂、多元,需要引起全世界范围内人工智能业界和学界的普遍重视。

2018年8月开始,我重点关注人工智能对职业教育人才培养的影响,认为教育必须对接科技进步发展趋势,融入技术迭代过程,创新人才培养体系,重构人才知识结构,重塑人才培养方案,提高教师综合能力,加快教材更新步伐,构建产教科融合教学场景,普及人工智能教育,满足市场多元需求。在以深圳职业技术学院为代表的众多高职院校调研期间,我建议学校紧跟人工智能发展潮流,编写人工智能教材,将人工智能作为基础课程,面向所有学科所有专业的所有学生开设。

2019年1月,在深圳职业技术学院调研期间,我专门组织讨论了编写人工智能教材的问题。在亲自编写了适用于高职院校的人工智能通识教材基础上,鼓励广大优秀教师编写"人工智能+专业"的入门教材。恰逢其会,王莹博士作为深圳职业技术学院优秀的中青年教师,牵头组织了该校法律事务专业的骨干教师,在法律人工智能诸多业内顶级专家的帮助下,共同编写了这本《人工智能法律基础》。其目的是为适应人工智能时代的要求,让学生从零开始了解什么是法律人工智能,掌握法律人工智能的基本知识。培养既懂法律,又懂人工智能跨学科的复合型人才。

《人工智能法律基础》在系统梳理人工智能发展历史、法律人工智能概念范围及其主要应用的基础上,分析了当前法律人工智能面临的现实挑战,凸显人工智能技术在公、检、法和法律教育领域的深度应用,条分缕析、晓畅通达,编写团队在保证了教材的科学性、专业性和准确性同时,凸显了教材的可读性、实用性和通俗性。该书注重介绍历史、立足当下、关注未来,能够帮助教师和学生系统了解法律人工智能的基础、应用、挑战与未来,对人工智能时代的法律发展有准确把握。期待此书能够为推动人工智能背景下法律职业教育领域的人才培养和实践创新贡献价值,并在职业院校法律专业起到辐射和引领的作用。

爱尔兰著名诗人丁黎曾经说过:"教育不是为了灌满一桶水,而是为了点燃一把火。"在人工智能时代到来之际,我希望《法律人工智能基础》这本教材能为同学们的未来点燃一把火,让他们成为人工智能时代所需要的新物种,并为这个时代作出应有的贡献。

(鲁昕:中国职业技术教育学会会长,曾任中央新疆工作协调小组办公室副主任、教育部副部长、辽宁省副省长)

2021年5月18日

前　言

"百年未有之大变局"对我国人力资源支撑提出了新要求。2017年以来,我国不断深入实施创新驱动发展战略,加快发展以人工智能技术为基础的新一代信息技术,推动数字经济和实体经济深度融合。在新技术、新产业、新模式、新业态背后,是数字经济社会发展对复合型人才日益增长的需求。在数字化时代,大学生要跟上时代的步伐,不仅需要特定的学科知识与技术技能,还应具备跨学科的复合知识与综合素质。因此,高等教育务必要打破既有的学科边界,主动推进学科融合,培养拥有多学科背景的复合型人才。

深圳职业技术学院作为全国最早启动数字化智能化转型的高等职业院校,始终紧跟国家发展战略,保持专业建设与时代发展的同频共振。为了适应人工智能时代法律职业的岗位需求,深圳职业技术学院法律事务专业与深圳小法博科技有限公司,率先共同开发了"人工智能法律基础"课程,《人工智能法律基础》教材应运而生。作为国内首部以"法律人工智能"为主题的高等职业院校教材,本书由法律事务专业的骨干教师,及诸多法律人工智能行业专家共同参与编撰。

本书全景式地阐述了法律人工智能的基本原理、实现路径和应用场景,反映了国内外法律人工智能的最新进展,描绘了法律人工智能的未来蓝图。全书分为4个部分共14章。

第1部分"基础篇",是法律人工智能所依托的大前提,即人工智能的兴起和发展、概念与特征、伦理规范与哲学窥探,为之后学习法律人工智能相关理论与实务奠定基础。

第2部分"应用篇",是对法律人工智能在司法裁判和法律服务应用场景的介绍。该部分通过对法律人工智能实践的案例分析,描述了人工智能发展对法律服务行业的整体重塑。

第3部分"挑战篇",分别介绍了法律人工智能发展对信息技术、社会制度和法律人本身的挑战,探讨了"法律职业的未来"等深层次问题,增进学生对法律职业发展的了解程度,引发学生对法律人工智能前沿问题的探究兴趣。

第4部分"未来篇",根据未来公检法、律师事务所、公司法务的应用场景,提出未来法学院的人才培养模式,描述未来法律人工智能发展到相当高度后,在法律实务底层机制和行业生态方面所能实现的共融,揭示了法律人工智能在未来时代堪称波澜壮阔的图景。

本书主要是面向高等职业院校读者的法律人工智能教材。因此,在强调教材可读性、实用性和通俗性的同时,尽可能统筹兼顾了教材的科学性、专业性和准确性。本书既可作为高等职业院校司法类专业学生学习法律人工智能的入门教材,亦可供从事法律人工智能研究、开发和应用的相关人员参考。

值得强调的是,目前理论界和实务界关于法律人工智能的研究应用虽然异彩纷呈,但仍处于探索阶段。本书提出的法律人工智能未来展望,试图引起社会各界对法律科技人才培养的关注,为推进人工智能背景下专业转型起抛砖引玉的作用。我们将持续跟踪法律人工智能的发展趋势,并在本书的后续版本中予以更新补充,尽己所能,做到内容和形式上的与时偕行。

本书由王莹编著,负责了前言、第四章、第八章、第九章内容的写作工作,并对全书的实训项目进行了统筹。李悦编写了第五章、第七章,徐飙、张力行编写了第一章,高灵艳编写了第二章,袁礼编写了第三章,梁顾顾编写了第六章,曲超彦编写了第十章、第十三章,夏林华编写了第十一章,景艳编写了第十二章,王瑜编写了第十四章。

本书编写过程中,得到了深圳市法博科技有限公司的大力支持,本书是法律职业教育与法律科技公司产教融合的成果。徐飚、张力行、梁佳玉对本书的编写提出许多宝贵意见。本书参考了大量中外文献,吸取了相关学科专家、学者的研究成果,特向有关作者表示衷心感谢。若存在不严谨或错误之处,请读者不吝予以指正。

王莹

2020 年 10 月 1 日

于深圳职业技术学院经济学院

目录

基础篇

第1章 人工智能的兴起与发展 (3)
  1.1 横空出世:探讨机器模拟人类智能 (4)
  1.2 跌宕起伏:三次浪潮的冲击与洗礼 (8)
  1.3 行业应用:从重点突破到遍地开花 (10)
  本章小结 (17)
  思考与实训 (17)
  拓展阅读 (18)

第2章 人工智能的概念与特征 (19)
  2.1 人工智能:怎样理解"人工"和"智能" (20)
  2.2 机器学习:实现人工智能的主流方法 (25)
  本章小结 (28)
  思考与实训 (28)
  拓展阅读 (29)

第3章 人工智能的伦理立法 (30)
  3.1 角色变化:人工智能的三种角色 (31)
  3.2 危机所在:人工智能的秩序挑战 (33)
  3.3 伦理规范:人工智能的基本法则 (35)
  3.4 由德入法:人工智能的伦理立法 (37)
  本章小结 (40)
  思考与实训 (40)
  拓展阅读 (41)

第4章 人工智能的哲学窥探 (42)
  4.1 休戚与共:哲学对人工智能的重要性 (43)
  4.2 追本溯源:近代哲学与人工智能 (45)
  4.3 厘清概念:现代哲学与人工智能 (47)

本章小结 ··· (48)
　思考与实训 ··· (49)
　拓展阅读 ··· (50)

应 用 篇

第5章　法律人工智能的范围 ··· (53)
　5.1　现实作用:法律对人工智能的价值 ······································· (54)
　5.2　三种阶段:法律人工智能的演变 ··· (58)
　5.3　业界关注:法律人工智能前沿问题 ······································· (63)
　本章小结 ··· (66)
　思考与实训 ··· (67)
　拓展阅读 ··· (67)

第6章　法律人工智能对法律服务行业的重塑 ································ (68)
　6.1　未来趋势:法律人工智能与法律行业的结合 ······························ (69)
　6.2　信息保障:法律人工智能对律所经营的助益 ······························ (73)
　6.3　提质增效:法律人工智能对律师办案的促进 ······························ (75)
　本章小结 ··· (80)
　思考与实训 ··· (80)
　拓展阅读 ··· (81)

第7章　法律人工智能的应用 ··· (82)
　7.1　起步更早:国外法律人工智能的应用 ····································· (83)
　7.2　后来居上:我国法律人工智能的应用 ····································· (87)
　本章小结 ··· (90)
　思考与实训 ··· (90)
　拓展阅读 ··· (91)

挑 战 篇

第8章　法律人工智能对技术的挑战 ··· (95)
　8.1　语义网络:法律知识图谱的构建 ··· (96)
　8.2　法律语义:与机器构建无障碍沟通 ······································· (100)
　8.3　技法结合:法律人工智能建模与算法 ····································· (104)
　8.4　人机对话:多轮问答和问答匹配系统 ····································· (106)
　本章小结 ··· (108)
　思考与实训 ··· (108)
　拓展阅读 ··· (109)

第9章　人工智能发展对法律制度的挑战 (110)
　9.1　新的争议:人工智能法学的前沿观点 (111)
　9.2　新的主体:人工智能法律地位探究 (112)
　9.3　新的关系:人工智能基本权利的保护 (115)
　9.4　新的边界:人工智能法律责任的承担 (116)
　9.5　新的探索:人工智能的规则制定与立法情况 (119)
　本章小结 (120)
　思考与实训 (120)
　拓展阅读 (121)

第10章　法律人工智能对法律人的挑战 (122)
　10.1　厘清关系:法律人对人工智能的反思 (123)
　10.2　迎接挑战:法律人职业技能的转变 (127)
　10.3　未雨绸缪:法律人谋定而后动 (130)
　本章小结 (133)
　思考与实训 (133)
　拓展阅读 (134)

未　来　篇

第11章　未来的公检法机关 (137)
　11.1　智慧公安:未来的公安部门 (138)
　11.2　智慧检察:未来的检察机关 (143)
　11.3　智慧审判:未来的法院系统 (146)
　本章小结 (153)
　思考与实训 (154)
　拓展阅读 (154)

第12章　未来的律师事务所 (155)
　12.1　角色转变:成为专业的多面手 (156)
　12.2　模式创新:实现律师+信息技术的组合 (158)
　本章小结 (159)
　思考与实训 (160)
　拓展阅读 (160)

第13章　未来的公司法务 (161)
　13.1　职能重塑:高效率的增强型国际法务 (162)
　13.2　工作创新:智能化协同的现代型法务 (164)

— 3 —

  本章小结 ··· (166)
  思考与实训 ··· (166)
  拓展阅读 ··· (167)

第 14 章 未来的法学院 ··· (168)
  14.1 需求变化:未来需要怎样的法律人才 ······················· (169)
  14.2 回应问题:人工智能+法学的培养模式 ······················· (172)
  本章小结 ··· (175)
  思考与实训 ··· (176)
  拓展阅读 ··· (176)

参考文献 ··· (177)

基 础 篇

在这个快速变化的时代,人工智能正在深刻地影响着我们的社会与生活。

2017年7月,国务院发布《新一代人工智能发展规划》,专门强调要"加快人工智能创新应用"。作为准法律人,在人工智能浪潮的驱动下,我们的未来将会怎样发展?

让我们从基础开始,走进人工智能,认识人工智能。

第1章

人工智能的兴起与发展

```
                                        ┌── 从能够计算的机器谈起
                    ┌── 横空出世:        ├── 首台电子计算机 ENIAC 诞生
                    │   探讨机器模拟人类智能 ├── 图灵与图灵测试
                    │                     └── 人工智能概念的产生
                    │
                    │                     ┌── 第一波浪潮:模拟人类智慧遇瓶颈
人工智能的兴起与发展 ──┼── 跌宕起伏:        ├── 第二波浪潮:专家系统的发展与制约
                    │   三次浪潮的冲击与洗礼 └── 第三波浪潮:多领域取得重大进展
                    │
                    │                     ┌── 人工智能的应用分层
                    └── 行业应用:        ├── 人工智能的产业生态
                        从重点突破到遍地开花 ├── 人工智能的应用场景
                                          └── 人工智能的发展趋势
```

1. 了解人工智能的发展历程;
2. 理解人工智能发展的重要意义;
3. 了解人工智能在各行各业的应用。

AlphaGo 战胜李世石　人机大战总比分 1∶4[①]

北京时间 2016 年 3 月 15 日下午消息,谷歌围棋人工智能 AlphaGo 今天与韩国棋手李世石进行最后一轮较量,AlphaGo 获得本场比赛胜利,最终人机大战总比分定格在 1∶4。

本场比赛由李世石执黑先行,谷歌 AlphaGo 执白。李世石与 AlphaGo 的交战首先在棋盘右上与右下方展开,李顽强作战将这部分黑棋做活。之后双方在棋盘中腹展开厮杀。

当比赛进行到 3 小时 40 分时,李世石的耗时全部用完,比赛进入读秒阶段。不过,今天双方用时的差距并不大,AlphaGo 此时也仅剩余 20 分钟。

与之前的 4 场比赛不同,今天的对决没有出现一方中盘取胜的情况,双方一直杀到收官阶段。最终,比赛在进行到 5 小时后,李世石 180 手投子认输。

1. 谷歌围棋程序 AlphaGo 为什么能战胜世界围棋冠军李世石?
2. AlphaGo 4∶1 战胜李世石有何意义?

1.1　横空出世:探讨机器模拟人类智能

自古以来,人类就梦想能制造出具有思维能力的机器人,但要实现这个梦想,面临的技术挑战是难以想象的,直到 1946 年首台计算机 ENIAC 问世,人类才看到了曙光。

1.1.1　从能够计算的机器谈起

了解"人工智能"概念,首先可以从我们国家的古代史谈起。在 1000 多年前的北宋时期,我国古代人民就把 10 个算珠串成组,将各组排列好,放入木框内,然后通过手指迅速拨动算珠进行加减乘除四则运算。到了明代,我国著名的珠算发明家程大位(1533—1606)经过 20 年的刻苦钻研,在 1592 年,终于完成了影响深远的《算法统宗》一书的编写。程大位的研究使得珠算不但能进行加减乘除等基本的四则运算,还包括了乘方、开方等运算,甚至能计算土地面积和各种形状东西的大小,这本书成为后世民间珠算家最基本的读物。

---

① 搜狐科技.AlphaGo 最终局战胜李世石　人机大战总比分 1∶4[EB/OL]. https://www.sohu.com/a/63613452_238386,2016-3-15.

诺贝尔物理学奖获得者李政道(1926—)在1972年来华访问时,充满自豪地对周恩来总理说:"我们中国的祖先,很早就创造了最好的计算机。这就是到现在还在全国通用的算盘。"算盘与珠算的发明,是我们祖先对人类发展史的伟大贡献。当然,算盘与珠算只是帮助人类记录和显示运算结果的工具,本身不含有任何人工智能的成分。

大约200年前,英国数学家查尔斯·巴贝奇(Charles Babbage,1792—1871)于1822年制造出了首台具有计算二次多项式功能的计算器模型——"差分机"或"数学分析机器",如图1-1所示。"差分"的含义就是把函数表的复杂算式,转化为差分运算,换言之,即用简单的加法代替平方运算。巴贝奇1822年完成的模型,可以处理3个不同的5位数,计算精度达到小数点后6位。

图1-1 巴贝奇设计的差分机(来源:伦敦科学博物馆)

具体来说,通过人工摇动图1-1中左侧的手摇柄,可以计算出x^2+a这类多项式的数值。虽然它的功能有限,但这个机器首次真正意义上减少了人类大脑的计算压力,只要提供手摇动力就能实现计算。所以我们说,从差分机开始,机械开始具有了计算智能(computational intelligence)。

在差分机之后,人类从未放弃对智能化的努力,从20世纪初走入制表时代(the tabulating era,1900—1940),再历经50多年,踏入了编程时代(the programming era,1950—),直到2011年,历经100多年,我们终于迎来了人工智能的认知时代(the cognitive era,2011—)。

1.1.2 首台电子计算机ENIAC诞生

1946年2月14日,美国宾夕法尼亚大学成功研发出人类历史上首台现代电子计算机——电子数值积分计算机(Electronic Numerical Integrator And Calculator,ENIAC),如图1-2所示。在当时,ENIAC已经拥有了今天计算机的主要结构和功能,不仅是各种工作环境都能使用的通用计算机,也是首台与通用图灵机等效的计算机,理论上能计算任何可计算函数。

图 1-2　体积庞大的 ENIAC（来源：美国宾夕法尼亚大学校史馆）

ENIAC 的体积非常庞大，占地面积为 170 多平方米，重约 30 吨，由 1.8 万个电子管、7 万个电阻器、1 万个电容器、1500 多个继电器和 6000 多个开关组成，耗资 45 万美元。ENIAC 的使用条件也十分苛刻，要求恒温、恒湿，人们为此还配备了将近 30 吨重的冷却设备。同时，它的耗电量非常惊人，近 140 千瓦的功率，全城的人都知道它何时工作，因为在它工作的时候，家家户户的电灯都会变暗。ENIAC 这个庞然大物，可以进行每秒 5000 次加法或者 400 次乘法的计算。若要设置 ENIAC 的程序，需要靠人工移动开关和连接电线，每改动 1 次程序至少需要花费 1 星期的时间。

ENIAC 的设计结构是基于冯·诺依曼结构制造和运行的。冯·诺依曼（John von Neumann，1903—1957）设计了经典的冯·诺依曼结构，即将程序指令和数据存储相结合的结构。在冯·诺依曼结构下，整个设备由中央处理器、内存、硬盘、输入接口、输出设备组合而成，程序命令按照顺序执行。另外，最早的电子计算机采用十进制，效率很低。冯·诺依曼抛弃了十进制，采用了更加方便的二进制计算，这也是现代数字计算机的数学基础。

1.1.3　图灵与图灵测试

艾伦·图灵（Alan Turing，1912—1954），英国数学家，世界公认的计算机科学之父，也是人工智能之父。1950 年，图灵在哲学杂志《心》（Mind）上发表了影响深远的论文《计算机器与智能》（Computing Machinery and Intelligence），文中提出了著名的图灵测试（Turing test），这是关于判断机器是否能够思考的实验，主要目的在于测试机器是否能做出与人等价或无法区分的智能行为。

诚如前述，在《计算机器与智能》论文中，人类首次正式思考这样的问题"机器能思考吗？（Can machines think?）"。图灵大胆地提出：如果某台机器能够与人类展开对话，而不能被辨别出其本身的机器身份，那么这台机器就是具有智能的。以此为基础，图灵设计了实验模型：某个人（代号 C）使用测试对象都可理解的语言，向两个他不能看见的对象询问任意一串问题。这两个看不见的测试对象，一个是具有正常思维的人（代号 B），另一个则是一台机器（代号

A);如果经过若干询问以后,C 不能分辨出 A 与 B 的实质区别,可以认为机器 A 通过了图灵测试,也就是说我们可以认为这台机器 A 是具有智能的。

在图灵测试模型中,图灵认为:"如果机器在某些现实条件下,能够非常好地模仿人回答问题,以致提问者在相当长时间里误认它不是机器,那么机器就可以被认为是能够思维的。"

我们可以进一步思考这个问题,从表面上看,要使机器回答给定范围提出的问题,完全可以通过编设特殊的程序来实现,似乎没有什么困难。然而,如果提问者并不遵循常规标准,编设回答的程序是极其困难的。例如,假设提问与回答呈现出下列状况。

问:你会下国际象棋吗?

答:是的。

问:你会下国际象棋吗?

答:是的。

问:请再次回答,你会下国际象棋吗?

答:是的。

那么,具有正常思维的普通人多半都会想到,面前的这个对象必然是个机器,还是个笨机器。而如果提问与回答呈现出如下状态。

问:你会下国际象棋吗?

答:是的。

问:你会下国际象棋吗?

答:是的,我不是已经说过了吗?

问:请再次回答,你会下国际象棋吗?

答:你烦不烦,为什么老提同样的问题。

那么,我们普通人都会认为面前的这位大概是人而不是机器。

上述两种对话具有明显的区别。第一种能够明显地感知到回答者是从知识库里提取简单的答案,第二种回答者则具有一定的分析综合能力,回答者知道观察者在反复提出同样的问题。有意思的是"图灵测试"并没有规定问题的范围和提问的标准,如果要制造出能通过图灵测试的机器,不仅要在电脑中储存人类所有能够想到的问题,还要储存对这些问题的所有合乎常理的回答,程序的编设还需要具有作出理智选择的能力。

长久以来,人们把图灵测试作为人工智能的终极测试目标。但在 2014 年,名叫 Eugene Goostman 的聊天机器人,通过伪装成来自乌克兰奥德萨的 13 岁男孩,通过了图灵测试。这场胜利令科学界兴奋,同时也令许多科学家反思图灵测试的局限性。图灵测试太容易作弊了,通过欺骗或假装无知,便可以轻松通过测试。图灵本人在论文中也曾预测,获胜的主要诀窍是"避而不答"。这与真正的人工智能还有差距。之后,科学家们踏上开启探讨和实现 21 世纪新版图灵测试的求索之路。

1.1.4 人工智能概念的产生

1955 年,美国达特茅斯学院(Dartmouth College)的约翰·麦卡锡(John McCarthy, 1927—2011),IBM 的纳撒尼尔·罗切斯特(Nathaniel Rochester,1919—2001)说服了克劳德·香农(Claude Shannon,1916—2001 年)和马文·明斯基(Marvin Minsky,1927—2016),给洛克菲勒基金会写了项目建议书,申请相关的人工智能会议资助。这个会议针对人工智能提出了计划研究的 7 个领域：

（1）自动计算机，"自动"即指的是可编程；

（2）编程语言；

（3）神经网络；

（4）计算规模的理论（theory of size of a calculation），即指计算复杂性。明斯基后来认为，计算理论是人工智能的重要部分，也因此在之后亲手组建了麻省理工学院的计算理论队伍；

（5）自我改进，即机器学习的前身；

（6）抽象；

（7）随机性和创见性。

麦卡锡提议在达特茅斯学院举行这次活动，并为这个活动起了个很特别的名字，即"人工智能夏季研讨会"（summer research project on artificial intelligence），因此"人工智能"（Artificial Intelligence，AI）这个词也被认为是在达特茅斯会议上诞生的，并正式走入社会大众的视野中。之后更是被业界逐步认同而广泛使用。

1956 年夏天，这个具有里程碑意义的会议在美国达特茅斯学院成功举行。尽管这次会议实质上并未解决任何具体问题，但它确立了关于人工智能的目标和技术方法，使人工智能获得了计算机科学界的承认，成为了独立的且最终充满活力的新兴科研领域。

1.2　跌宕起伏：三次浪潮的冲击与洗礼

达特茅斯会议之后，计算机被广泛应用于数学和自然语言领域，用来解决代数、几何和英语问题。首款具有神经网络的感知机的问世，将人工智能推向了第一次高峰。

1.2.1　第一波浪潮：模拟人类智慧遇瓶颈

20 世纪 50 至 70 年代，人工智能提出后，科学家们力图模拟人类智慧，他们认为，如果能赋予机器逻辑推理能力，机器就能具有智能。此时，人工智能研究处于"推理期"。当人们开始意识到人类之所以能够判断、决策，除了逻辑推理能力外，还需要有足够的知识储备，人工智能在 20 世纪 70 年代进入了"知识期"，大量专家系统在此时诞生。随着研究向前进展，专家发现人类知识无穷无尽，且有些知识本身难以总结。于是，部分学者诞生了将知识学习能力赋予计算机本身的想法。

尽管科学家们非常乐观，但大多数人并不能从这个乐观态度中看到什么明显的进步。1963 年，美国高等研究计划局（Advanced Research Projects Agency，APRA）向麻省理工学院投入 200 万美元，开启了 Project MAC（The Project on Mathematics and Computation）。新项目培养了大批最早期的计算机科学和人工智能人才，对这些领域的发展产生了非常深远的影响。这个项目是麻省理工学院计算机科学与人工智能实验室 MIT CSAIL（Computer Science and Artificial Intelligence lab）的前身。但是人工智能的发展绝非一帆风顺。英国政府请了著名的数学家詹姆斯·莱特希尔（Sir James Lighthill，1924—1998）教授对人工智能做了评估。这位教授在看了所有重要的相关论文后，写出了后来世人称为《莱特希尔报告》的结论。这份报告认为，人工智能绝不可能有什么用途，因为它只能被用来解决简单的问题。英国政府随后没有在人工智能上进行大量的投资。后来人工智能有发展果然被莱特希尔不幸言中，囿于当时人工智能过分简单的算法,使得其难以应对不确定的环境,加上当时硬件的计算能力限制,人工智能浪潮逐渐冷却。

1.2.2 第二波浪潮:专家系统的发展与制约

20世纪80年代,人工智能的关键应用——专家系统的兴起和神经网络技术的发展让人们看到了新的希望,第二波人工智能浪潮开始兴起。

专家系统(expert system)是一个或一组能在某些特定领域内应用大量专家知识和推理方法求解复杂问题的人工智能计算机程序。其研究目标是模拟人类专家的推理思维过程,主要是将某领域专家的知识和经验,用知识表达模式存入计算机。专家系统对输入的事实进行推理,做出判断和决策,其通常由人机交互界面、知识库、推理机、解释器、综合数据库、知识获取等6个部分构成。其基本结构如图1-3所示,其中箭头方向为数据流动的方向。

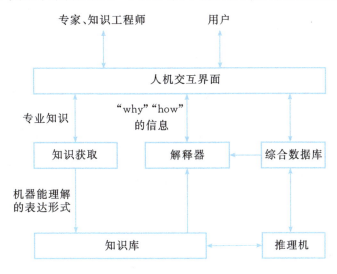

图1-3 专家系统基本结构图

承前所述,早在1968年,专家系统的奠基人费根鲍姆教授及其研究小组,研制了推断化学分子结构的专家系统。20世纪80年代,美国卡内基梅隆大学为迪吉多公司(DEC)研发了名为XCON的专家系统,它根据人类专家编写的知识库,依照计算机程序设定的推理规则,回答专业特定领域的问题或提供知识。这套系统每年可为公司节省4000万美元的经费。由于专家系统所具有的商业价值,大大激发了工业界对人工智能的热情。

也是在这个时候,人工神经网络的研究取得了新的进展。典型的事件是1989年,燕乐存(Yann Lecun,1960—)在AT&T的贝尔实验室验证了反向传播在现实世界中的杰出应用,即"反向传播应用于手写邮编识别系统",这个系统能很精准地识别各种手写的数字。当年的演示视频被保留了下来,今天仍然可以清楚地回放。但不幸的是,展开这类算法所需要的计算能力和数据当时并不具备,所以在实际应用中也逐渐败下阵来。

与此同时,日本宣布了第5代计算机计划,希望用10年时间研制出智能计算机。遗憾的是,经过10年的研发,耗费了500亿日元,这个项目未能达到预期的目标。由于技术本身的实现程度支撑不起足够多的应用,加上5代计算机的研发失败,人工智能再次进入了发展的低谷。

1.2.3 第三波浪潮:多领域取得重大进展

进入20世纪90年代,随着神经网络、遗传算法等科技的发展,"进化"出许多解决问题的最佳方案。同时,科学家们开始引入不同学科的数学工具,比如高等代数、概率统计与优化理论。大批新的数学模型和算法建立起来,新发展的智能算法被逐步应用于解决实际问题,如安防监控、语音识别、网页搜索、购物推荐,以及自动化算法交易等,科学家们看到了人工智能再度兴起的曙光。

进入21世纪,全球化的加速以及互联网的蓬勃发展带来了全球范围电子数据的爆炸性增长,人类迈入了"大数据"时代。与此同时,电脑芯片的计算能力持续高速增长,1块NVIDIA Tesla V100图形处理器的计算能力已经突破了每秒10万亿次浮点运算。这个运算能力超过了2001年时全球最快的超级计算机。

2012年,在首次全球范围的图像识别算法竞赛ILSVR(也称为Image Net挑战赛)中,多伦多大学开发的多层神经网络Alex Net取得了冠军,并大幅超越了使用传统机器学习算法的第二名。这次比赛的成果在人工智能学界引起了广泛震动。正如本章开头案例,2016年谷歌(Google)通过深度学习训练的阿尔法狗(AlphaGo)程序,在举世瞩目的比赛中,以4∶1战胜了曾经的围棋世界冠军李世石。它的改进版,更在2017年战胜了当时世界排名第一的中国棋手柯洁。

人工智能历经了三起两落,和前两次不同的是,这次我们有理由相信人工智能会发展起来,关键在于人工智能技术现在已经普遍应用,世界各国政府和商业机构也纷纷将人工智能作为未来发展战略的重要组成部分,人工智能已实现了从量变到质变的飞跃。

1.3 行业应用:从重点突破到遍地开花

科技创新能力的高低成为衡量一个国家或地区综合国力的重要标志,大力推进科技创新,我国才能在激烈的国际竞争中赢得和保持发展的主动权。人工智能作为极具前瞻性的技术,目前已广泛应用于金融、安防、医疗、交通、教育、零售、制造、家居、物流等行业。

1.3.1 人工智能的应用分层

人工智能根据从底层到应用的技术逻辑,可以分成基础层、技术层、应用层,如图1-4所示。

基础层从硬件和理论层面,为人工智能的实现提供了根本保障,主要包括AI芯片和深度学习算法。其中,AI芯片的发展进步,提供了越来越强的计算能力;而深度学习算法的建立,则提供了AI解决问题的计算方法。

技术层是基于基础层的支撑,设计出解决某一类过去需要人脑解决问题的通用方法,具体包括智能语音、计算机视觉、自然语言处理以及其他类似人脑功能的处理方法。这些方法基于深度学习算法,根据具体的数据以及处理场景,形成了专门的成套技术处理方法和最佳实践,目的是将基础层提供的算力以及计算方法运用到具体领域,去真实对应到大脑的某一类功能以及实践能力。

应用层是基于技术层的能力,去解决具体现实生活中的问题,如利用计算机视觉技术,实现金融、安防等多个领域的人脸识别;利用智能语音技术,实现智能音箱、录音笔等的语音识

图1-4 人工智能的应用分层图(图片来源:赛迪顾问报告)

别;利用自然语言处理技术,用于智能客服的问答等。

在实际应用中,技术层和应用层的关系是相互交叉的,某个领域的应用可能用到多个维度的技术层的能力,如金融行业的应用对于智能语音、计算机视觉、自然语言处理技术都会有需求;同样某个技术层的能力也可以广泛应用到多个不同的应用领域,如计算机视觉技术可以广泛应用到金融、安防、医疗、交通、教育等多个维度。

1.3.2 人工智能的产业生态

人工智能作为新产业变革的核心驱动力,将催生新的技术、产业、业态、模式、产品,从而引发经济结构的重大变革,实现社会生产力的整体性提升。通过对人工智能产业分布的梳理,我们将人工智能产业生态分为核心业态、关联业态、衍生业态三个层次,如图1-5所示。

下面以核心业态包含的智能基础设施建设、智能信息及数据、智能技术服务、智能产品四个方面为例,介绍人工智能的应用。

1. 智能基础设施

智能基础设施为人工智能产业提供计算能力支撑,其范围包括智能芯片、智能传感器、分布式计算框架等,是人工智能产业发展的重要保障。智能芯片从应用角度可以分为训练和推理两种类型。从部署场景来看,可以分为云端和设备端两大类。训练过程由于涉及海量的训练数据和复杂的深度神经网络结构,需要庞大的计算规模,主要使用智能芯片集群来完成。与训练的计算量相比,推理的计算量较少,但仍然涉及大量的矩阵运算。目前,训练和推理通常都在云端实现,只有对实时性要求很高的设备会交由设备端进行处理。

智能传感器带有微处理机,具备采集、处理、交换信息等功能,是传感器集成化与微处理机相结合的产物。智能传感器属于人工智能的神经末梢,用于全面感知外界环境。各类传感器

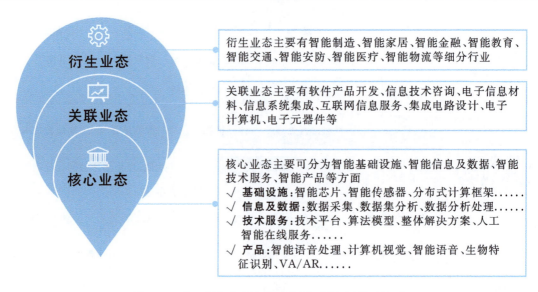

图 1-5 人工智能产业生态图（图片来源：网易云社区）

的大规模部署和应用，为实现人工智能创造了不可或缺的条件。

分布式计算框架是针对海量的数据处理、复杂的知识推理，常规的单机计算模式已经不能支撑，所以，计算模式必须将巨大的计算任务分成小的单机可以承受的计算任务，即云计算、边缘计算、大数据技术提供了基础的计算框架。

2. 智能信息数据

信息数据是人工智能创造价值的关键要素之一。随着算法、算力技术水平的提升，围绕数据的采集、分析、处理产生了众多的企业。目前，在人工智能数据采集、分析、处理方面的企业主要有以下两种：

一种是数据集提供商，以提供数据为自身主要业务，为需求方提供机器学习等技术所需要的不同领域的数据集。

另一种是数据采集、分析、处理综合性厂商，自身拥有获取数据的途径，并对采集到的数据进行分析处理，最终将处理后的结果提供给需求方使用。对一些大型企业，企业本身也是数据分析处理结果的需求方。

3. 智能技术服务

智能技术服务主要关注如何构建人工智能的技术平台，并对外提供人工智能相关的服务。此类厂商在人工智能产业链中处于关键位置，依托基础设施和大量的数据，为各类人工智能应用提供关键性的技术平台、解决方案和服务。目前，从提供服务的类型来看，提供技术服务的厂商包括以下几类：

（1）提供人工智能的技术平台和算法模型。

（2）提供人工智能的整体解决方案。

（3）提供人工智能在线服务。

4. 智能产品

智能产品是指将人工智能领域的技术成果集成化、产品化，具体分类如表 1-1 所示。

表 1-1 智能产品分类表

分类		典型产品	
智能机器人	工业机器人	焊接机器人、喷涂机器人、搬运机器人、加工机器人、装配机器人、清洁机器人等	
	个人、家用服务机器人	家政服务机器人、教育娱乐服务机器人、养老助残服务机器人、安防监控服务机器人等	
	公共服务机器人	酒店服务机器人、银行服务机器人、场馆服务机器人、餐饮服务机器人等	
	特种机器人	特种极限机器人、康复辅助机器人、农林牧副渔机器人、水下机器人、军用(警用)机器人、电力机器人、石油化工机器人、矿业机器人、建筑机器人、物流机器人、医疗服务机器人及其他非结构智和非家用机器人	
智能运载工具		自动驾驶汽车	
		轨道交通系统	
	无人机	无人直升机、固定翼机、多旋翼飞行器、无人飞艇、无人伞翼机等	
		无人船	
智能终端		智能手机	
		车载终端系统	
	可穿戴终端	智能手表、智能耳机、智能眼镜等	
自然语言处理		机器翻译	
		机器阅读理解	
		问答系统	
		智能搜索	
计算机视觉		图像分析仪、视频监控系统	
生物特征识别		指纹识别系统	
		人脸识别系统	
		虹膜识别系统	
		指静脉识别系统	
		DNA、步态、掌纹、声纹等其他生物特征识别系统	
VR/AR		PC端VR、一体机VR、移动端头显	
人机交互	语音交互	个人助理	
		语音助手	
		智能客服	
	情感交互		
	体感交互		
	脑机交互		

1.3.3 人工智能的应用场景

人工智能与各行业的深度融合,将改变甚至重新塑造传统行业。人工智能主要应用在金融、安防、医疗、交通、教育、零售、制造、家居、物流、法律行业等领域。

1. 金融

人工智能在金融领域的应用主要包括:获取客户、身份识别、大数据风控、智能投顾、智能客服、金融云等。金融行业也是人工智能渗透最早、最全面的行业。人工智能技术在金融业中可以用于服务客户、支持授信、各类金融交易和金融分析中的决策,并用于风险防控和监测,这将大幅改变金融现有格局,使金融服务更加地个性化与智能化。未来人工智能也将持续带动金融行业的智能应用升级和效率提升。如第四范式开发的 AI 系统,不仅可以精确判断一个客户的资产配置,进行清晰的风险评估,而且还能推荐产品给客户,将转化率提升 65%。

2. 安防

智能安防涵盖众多领域,如街道社区、道路、楼宇建筑、机动车辆的监控、移动物体监测等。智能安防与传统安防的最大区别为智能化。传统安防对人的依赖性比较强,非常耗费人力,而智能安防能够通过机器实现智能判断,从而尽可能实现实时的安全防范和处理。智能安防技术是利用人工智能对视频、图像进行存储和分析,从中识别安全隐患并对其进行处理的技术。受到硬件计算资源的限制,智能安防技术只能运行相对简单的、对实时性要求很高的算法。今后,还要解决海量视频数据分析、存储控制及传输问题,将智能视频分析技术、云计算及云存储技术结合起来,构建智慧城市下的安防体系。

3. 医疗

智能医疗在辅助诊疗、疾病预测、医疗影像辅助诊断、药物开发等方面发挥着重要作用。在辅助诊疗方面,通过人工智能技术可以有效提高医护人员的工作效率,提升基层全科医生的诊断治疗水平;在疾病预测方面,人工智能借助大数据技术可以进行疫情监测,及时有效地预测并防止疫情的进一步扩散和发展;在医疗影像辅助诊断方面,影像判读系统的发展是人工智能技术的产物。

4. 交通

智能交通系统是通信、信息和控制技术在交通系统中集成应用的产物。人工智能技术的应用衍生出系列智能设备,并对现有设备、应用和服务提供嵌入式的智能处理能力,将各核心交通元素联通,实现信息互通与共享以及各交通元素的彼此协调、优化配置和高效使用,以协助交通管理者更好地进行决策,形成一个人、车和交通高效协同的环境,建立安全、高效、便捷和低碳的交通体系。由于人工智能算法对交通出行所产生的信息进行了分析与预判,未来的智能化交通解决方法中,人工参与处理将逐渐削弱,有望达到自动化运作的水平。

5. 教育

人工智能已在教师教学与学生学习、评测的各个环节切入教育领域,相关产品服务包括拍照搜题、分层排课、口语测评、组卷阅卷、作文批改、作业布置等功能,涉及了自适应、语音识别、计算机视觉、知识图谱、自然语言处理、机器翻译、机器学习等多项人工智能技术。人工智能和教育的结合,相当程度上改善了教育行业师资分布不均衡、费用高昂等问题。特别是受疫情的影响,教师教学的智能化水平大幅提高。

6. 零售

人工智能在零售领域的应用已十分广泛,无人便利店、智慧供应链、客流统计、无人仓/无人车等都是热门方向。通过数据与商业逻辑的深度结合、先进感知技术的成熟运用,人工智能、运筹优化等技术将切实提升零售全链条的资产配置效率,在精细化运营方面为企业创造出更多效益的同时,也为消费者带来更为理想的购物体验。

7. 制造

智能制造是基于新一代信息通信技术与先进制造技术深度融合,贯穿于设计、生产、管理、服务等制造活动的各个环节,具有自感知、自学习、自决策、自执行、自适应等功能的新型生产方式。虽然目前人工智能的解决方案尚不能完全满足制造业的要求,但作为一项通用性技术,人工智能与制造业的融合是大势所趋。主要有三个方面:一是智能装备,包括自动识别设备、人机交互系统、工业机器人以及数控机床等具体设备;二是智能工厂,包括智能设计、智能生产、智能管理以及集成优化等具体内容;三是智能服务,包括大规模个性化定制、远程运维以及预测性维护等具体服务模式。

8. 家居

智能家居主要是基于物联网技术,通过智能硬件、软件系统、云计算平台构成一套完整的家居生态圈。用户可以进行远程控制设备,设备间可以互联互通,进行自我学习等,并通过收集、分析用户行为数据,为用户提供个性化的生活服务。例如,借助智能语音技术,用户应用自然语言实现对家居系统各设备的操控,如开关窗帘(窗户)、操控家用电器和照明系统、打扫卫生等操作;借助机器学习技术,智能电视可以从用户看电视的历史数据中分析其兴趣和爱好,并将相关的节目推荐给用户;应用声纹识别、脸部识别、指纹识别等技术进行开锁等;通过大数据技术,使智能家电实现对自身状态及环境的自我感知,从而进行故障诊断;通过收集产品运行数据,发现产品异常,主动提供服务,降低故障率;还可以通过大数据分析、远程监控和诊断,快速发现问题、解决问题及提高效率。

9. 物流

物流行业通过利用智能搜索、推理规划、计算机视觉及智能机器人等技术,在运输、仓储、配送装卸等流程上已经进行了自动化改造,能够基本实现无人操作。例如,在仓储环节,利用大数据分析历史库存数据,建立相关预测模型,实现物流库存商品的动态调整;在货物搬运环节,加载计算机视觉、动态路径规划等技术的智能搬运机器人(如搬运机器人、货架穿梭车、分拣机器人等)的广泛应用,大幅度提升物流仓库存储的密度、搬运的速度、拣选的精度。

10. 法律

虽然与金融、安防、医疗、交通等领域相比,法律明显"小众"和"冷清"。但作为人们追求法治与公平正义最重要的途径,人工智能技术在其中的应用,能够全方位帮助法官、律师等法律工作者减少大量重复性的劳动。这些技术包括语音识别、图像识别、智能查找、文档生成、自动审阅等功能。这也将从根本上改变法律工作者的工作环境。然而,技术对法律问题的理解能力是人工智能法律的硬伤。目前,大量的法律问题都是在各种法律文本当中予以描述。法律文档中的文本大都是法言法语,法言法语天生就具备精确、避免歧义的特点,适合自然语言技术进行处理。因此,该部分也是本书讲述的重点。

1.3.4 人工智能的发展趋势

当前人工智能迅速发展,主要呈现出以下三种趋势:

(1)算力的跨越式提升。人工智能技术的爆发,海量数据的处理都依赖于计算机算力的提升。英特尔的创始人戈登·摩尔提出了著名的摩尔定律:每18个月左右,计算机的运算速度就会翻倍。今天晶体管的尺寸已远小于流感病毒,其已经逼近物理的极限。为突破计算机计算速度的"瓶颈",量子计算的运用实现了计算机算力的跨越式提升。

2017年5月,中国科学家研制出世界首台超越早期经典计算机的光量子计算机,并实现10个超导量子比特纠缠;2019年8月,浙江大学、中国科学院物理研究所等科研团队合作开发出20个超导量子比特芯片。这初步显示出量子计算颠覆性的算力水平,各界关注的"量子优越性"已经实现。2020年12月4日,中国科学技术大学宣布成功构建76个光子的量子计算原型机"九章",求解数学算法高斯玻色取样只需200秒,而目前世界最快的超级计算机"富岳"需6亿年。尽管这个成就仍限定在特定的计算领域,离实现通用和产业化还有很长的路,但量子计算的发展意味着人工智能的算力基础可能发生根本性改变。

(2)高可靠性人工智能。目前,在人工智能广泛运用的辅助决策领域,用户对人工智能系统的信任度仍然较低。人工智能的学习模式和决策过程,很难被普通用户所理解。即便人工智能已经得出比较确定的结论,用户往往也会选择对结论进行复验。在不远的将来,人工智能各技术流派之间的交叉融合将更加深入,不同学科领域的交叉融合也将更加频繁。通过取长补短综合各方面、各学科优势,人们对人工智能系统可靠性的要求有望得到满足,其学习模式和相应决策能够被人类用户所理解,进而提升人们对人工智能系统的信任度。

(3)出现通用人工智能。现行的人工智能在特定领域,如复杂计算、图像识别、语音处理等方面,相关能力已远超人类。但与此同时,现行人工智能的局限性也显而易见,那就是无法相互通用,某个领域的人工智能到了另外的领域,可能会变成"人工智障"。解决人工智能的通用性问题,必须发展强人工智能,使机器真正像人那样去思考问题。强人工智能下,知识库中任何一个知识点都会有无限发展的关联知识,从而决定了人工智能具有接近无限的发展前景。

1.3.5 人工智能发展的中国贡献

虽然我国人工智能起步较晚,但经过持续多年的研发布局,特别是2017年国务院颁布《新一代人工智能发展规划》以来,人工智能上升为国家战略,我国人工智能进入快速发展的新阶段,并在多个领域取得重要成果,部分领域关键核心技术实现突破,已具有全球影响力。剑桥2019年度《AI全景报告》显示,在全球AI技术发展提速的同时,中国速度尤为突出。

中国科学技术发展战略研究院2020年10月22日发布的《中国新一代人工智能发展报告2020》显示,我国以更加开放的姿态推动人工智能发展,积极推进与全球各国的人工智能国际合作,在国际人工智能开源社区的贡献度已成为仅次于美国的第二大贡献国。

根据剑桥2019年度的《AI全景报告》数据显示,2019年我国共发表人工智能论文2.87万篇,同比增长12.4%。同时,我国在人工智能领域各顶级国际会议上的活跃度和影响力不断提升;在全球近五年前100篇人工智能论文高被引论文中,我国居第二位;人工智能专利申请量2019年超过3万件,同比增长52.4%。在自动机器学习、神经网络可解释性方法、异构融合类脑计算等领域中,我国都涌现了一批具有国际影响力的创新性成果。

在人工智能快速发展的同时,我国发布了《新一代人工智能治理原则——发展负责任的人工智能》,明确了人工智能治理的框架和行动指南,这是我国促进新一代人工智能健康发展,加强人工智能法律、伦理、社会问题研究,积极推动人工智能全球治理的一项重要成果。我国以实际行动在推动人工智能治理、构建人类共同未来中做出了表率。

之前人工智能的发展都只是探索阶段,人工智能的真正发展也就是从近几年开始的。未来,面对复杂的国际形势,中国人工智能的发展必将遵循自主创新、开放共享、健康发展的指导思想,"努力在人工智能发展方向和理论、方法、工具、系统等方面取得变革性、颠覆性突破"①,配合我国"一带一路"倡议,加强与亚非拉地区合作,提供人工智能时代的中国方案,与全世界共同打造"智慧化"的人类命运共同体。

本章小结

1955年达特茅斯会议创造了"人工智能"这一概念后,催生了这个新的学科、推动了人工智能革命。60多年来,人工智能历经了三起两落,其技术已得到了普遍应用,世界各国的政府和商业机构也纷纷将人工智能作为未来发展战略的重要组成部分。

人工智能根据从底层到应用的技术逻辑可以分成基础层、技术层、应用层。人工智能产业生态主要分为核心业态、关联业态、衍生业态三个层次。目前,人工智能已广泛应用于金融、安防、医疗、交通、教育、零售、制造、家居、物流、法律等行业,人工智能未来主要体现为高性能、通用性和可靠性三种趋势。当前,中国人工智能发展迅速,备受瞩目,未来,中国人工智能的发展将秉承开放合作、共创共享的方针,为全球人工智能的发展做出更大贡献。

思考与实训

1. 举例说明人工智能还在哪些领域得到应用。
2. 谈谈人工智能发展的中国经验。
3. 实训项目

项目名称	人工智能发展的中国贡献	实训学时	1课时
实训时间	课中	实训地点	教室	实训形式	圆桌讨论
实训目的	1.感受人工智能的时代已经到来 2.了解人工智能发展的现状和前景 3.总结我国人工智能发展的贡献,增强文化自信		
实训内容	收集资料、查找文献和案例 梳理观点、制定讨论提纲 发表演讲、撰写实训总结		

---

① 习近平.加强领导做好规划明确任务夯实基础推动我国新一代人工智能健康发展[N].人民日报,2018-11-01(1)

续表

实训素材	2017年7月，国务院发布《新一代人工智能发展规划》，明确指出新一代人工智能发展分三步走的战略目标，到2030年使中国人工智能理论、技术与应用总体达到世界领先水平，成为世界主要人工智能创新中心。 2017年10月，人工智能进入十九大报告，将推动互联网、大数据、人工智能和实体经济深度融合。 2017年12月，《促进新一代人工智能产业发展三年行动计划（2018—2020年）》发布，它作为对《新一代人工智能发展规划》的补充，详细规划了人工智能在未来三年的重点发展方向和目标，每个方向的目标都做了非常细致的量化。 《中国新一代人工智能发展报告2020》中指出，中国坚持开源开放理念，将以更加开放的姿态推动人工智能发展。中国人工智能发展在国际人工智能开源社区的贡献度已成为仅次于美国的第二大贡献国。 那么，人工智能应怎样走出"中国道路"？未来，中国人工智能的发展对世界的贡献将体现在哪些方面？
实训要求	1.结合所学内容，畅谈我国人工智能发展的主要成就 2.学生应当有自己独立的见解，组长应引导学生发言并吸收不同观点 3.讨论中做好记录，讨论后以小组为单位撰写实训报告
实训组织	1.将学生分为若干个小组，确定组长和分工 2.确保为一位同学都能参与和发言 3.教师引导学生展开讨论。结束后如有时间，可安排各小组代表进行评议

1.（英）理查德·温（Richard. Urwin），有道人工翻译组译.极简人工智能：你一定爱读的AI通识书[M].北京：电子工业出版社，2018.

2.王昭东.人工智能本能：如何让机器人拥有自我意识[M].北京：电子工业出版社，2017.

第 2 章

人工智能的概念与特征

```
                                        "人工智能"从何而来
                         人工智能:        人工智能的定义
                      怎样理解"人工"和"智能"  人工智能的两种认识
人工智能的概念与特征                        人工智能的三个学派
                                        人工智能的两个方向

                      机器学习:          人工智能与机器学习
                      实现人工智能的主流方法  机器学习的方法
```

1. 理解人工智能的定义;
2. 了解图灵测试的目标和争议;
3. 了解机器学习的三个问题。

古老的梦[①]

古往今来，人类不乏对"复制自己"的探索。塔洛斯是世界上第一个行走的机器人。大约2500年前，这个铜制的巨人在克里特岛上降生于匠神赫菲斯托的工棚。据荷马史诗《伊利亚特》的描述，塔洛斯在特洛伊战争中，负责守卫克里特岛的安全。在同时期的其他文明中，中国有随着始皇帝下葬的兵马俑，犹太人传说中有有生命的泥人，印度传说中有守卫佛祖舍利的机器人武士，等等。

埃德利安·梅耶在《诸神与机器人》(Gods and Robots)中甚至把希腊古城亚历山大港称为最初的"硅谷"，因为那里曾经是无数机器人的家园。后来又有了达·芬奇的机器人战士、会下象棋的木头人"土耳其"，等等。虽然跟现在通常理解的人工智能相比，这些尝试似乎"风马牛不相及"，但毋庸置疑，这些尝试都体现了贯穿人类社会始终的人类复制和模拟自身的古老梦想。

1. 如何看待人类复制和模拟自身的古老梦想？
2. 还有哪些在历史中有迹可循的机器人尝试？

2.1 人工智能：怎样理解"人工"和"智能"

学界普遍认为，现代人工智能研究始于1956年达特茅斯学院的暑期项目。现代人工智能领域的奠基者即"达特茅斯十贤"们，当时正带着他们的学生，共同研讨计算机科学领域出现的"智能"应用，并着手探索机器如何进行智能思考。

2.1.1 "人工智能"从何而来

20世纪，"机器人"被捷克作家恰佩克（Capek，1890—1938）在《罗素姆的万能机器人》(Rossum's Universal Robots)中首次使用，自此，Robot作为"人造人"或"生化人"的代名词，Robot的核心即"人工智能"，成为后世无数科幻剧本创作的源泉。

今天，关于人工智能的例子已经不仅仅停留在神话、文学作品和人们的想象中，"深蓝""阿尔法狗""涩谷未来""索菲亚"的出现，让我们在现实中感受了"人工智能"。当然，大多数人对人工智能的印象并非来自科学前沿，更多是来自漫画和电影，不论是《终结者》(Terminator)中T-800的追杀，还是《我，机器人》(I, Robot)中的wiki反叛，剧中的人工智能往往是不那么友好的"类人型"。对类人型人工智能的直观印象，一方面，让人轻易地将人工智能的类人表现与人工智能技术联系起来（虽然几乎没有任何相似之处）；另一方面，它们代表了一种范式，引领着一代代科学家、程序员构建"类人形"人工智能的实体版本，强化和塑造人工智能的发展方向。

虽然文学和媒体对人工智能的发展有促进和塑造作用，但是，认为人工智能仅仅意味着外

[①] 搜狐科技.人工智能70年：科幻和现实的交融[EB/OL]. https://www.sohu.com/a/320532105_257855,2019-6-14.

表、声音和思维与我们相似的类人机器人的想法是错误的。就目前的技术而言,制造与人类智能(大脑机能)完全相同的产物是不可能的,如果按照上述对人工智能的理解,人工智能将遥不可及。所以,我们有必要在讨论人工智能的影响之前先阐明这个术语的含义。

2.1.2 人工智能的定义

人工智能(artificial intelligence)的定义可以从两个部分理解。在日常用语中,"人工"是指合成的、人造的,即如果没有人类干预,在自然界中是找不到的。比如,用以代替棉花和蚕丝等纺织材料的聚酯纤维、用以代替自然交通工具(马匹)的自行车和汽车,或者具备与真肉形状、营养价值和口感相似的"合成肉"。

不论是学者还是普通人,对于"人工"的定义往往没有什么分歧,但是对于"智能"的定义却不尽相同。对于"智能"的定义,学界有两种态度,一种是人本主义,即这里所指的智能是(或者是模仿)人类智能,例如罗伯特·斯滕伯格(Robert J. Sterberg,1949—)就人类意识这个主题给出的关于智能的定义:"智能是一个人从经验中学习、理性思考、记忆重要信息,以及应付日常生活需求的认识能力"。这个定义更切合人工智能的发展方向——创建可以与人类思维媲美的计算机软件和(或)软件系统,简单来说,即体现出和人类智能一样的特征。

而另一种则是理性主义,他们认为智能行为的实现方式与人类智能实现的机制是否相同是无关紧要的,只要能够在对的时间做正确的事情即可。正如尼尔斯·尼尔森(Nils Nilsson,1933—2019)所说:"智力是一种素质,它能使一个实体在其环境中,适当而有远见地发挥作用"。理性主义要求人工智能系统以目标导向的方式运行,从另外一个角度上考虑其实是要求"智能"做到"正确",但人类社会的规则并不是建立在万事正确上,建立在法律、道德、情感上的人类世界对于"正确"的概念尚且有不同的理解,要求机器智能行为"正确",将有可能会导致道德规范失效。

2.1.3 人工智能的两种认识

诚如前述,图灵坚定地认为机器是可以具有智能的。他在改进版本的图灵测试中,用人工智能机器取代了游戏中原本的男性角色,如图 2-1 所示。如果这台机器不仅能成功地让裁判相信它是人,而且也能让裁判相信它是女选手,那么它就展示了智能。当然,由于机器智能毕竟不等同于人类智能,故图灵为"机器判定为智能"设定了阈值(30%),也就是超过 30%的裁

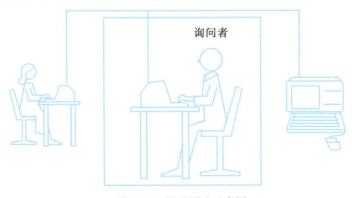

图 2-1 图灵测试示意图

判误以为在和自己说话的是人,而非计算机,那图灵测试就算作成功了。

图灵测试引发了对于智能的其他讨论,关键问题集中于,"思考"是不是智能的必要要素。图灵测试的批判者认为:其一,图灵测试只测试机器在打字对话中模仿人类的能力,而熟练的模仿(不具备思考和意识)并不等同于智力;其二,只在模仿游戏的程序测试中,程序员们可以通过创造出显示弱点(比如拼写错误)的机器而获胜,因为这些弱点可以使裁判员联想到人类;其三,如果假设机器有个很大的数据库,对特定问题的回答有无数个合理答案,那么机器通过查表方式获得胜利显然不是智能(学习和反馈能力)的体现。

对图灵测试更为根本的批判来自美国哲学家约翰·希尔勒(John Searle,1932—)。希尔勒在1980年设计的思维实验"中文屋"(the chinese room argument)反驳了图灵对于电脑和其他人工智能能够真正思考的观点,如图2-2所示。

图 2-2 中文屋测试示意图①

在中文屋实验中,假设依然身处图灵实验中所提及的房子,屋内是个完全不懂中文的美国人,但是他手中拿着中文翻译手册(英文版本)。此时屋外的人通过门缝将写着中文的小纸片送入房中。虽然送入屋内的中文问题字迹潦草,但是屋内的人可以根据翻译手册的规则处理中文字符和问题,并使用中文写出答案。此时再由屋外的人判断屋内人是否通晓中文。

屋外人获得了在语法和语义上都是正确的问题的回答。那么按照图灵的逻辑,我们是否可以认为屋内的人是个中文专家?如果不是,那"屋子"+"屋内人"的这个"系统"是中文专家吗?答案显然是否定的。实际上房子内的人对中文一窍不通,更谈不上什么智能思维。

中文屋对图灵测试批判的关键点在于,图灵测试仅从外部观察,不能洞察某个实体的内部状态,更不能因此断定屋内的实体具备某种能力。

其实,定义人工智能较为取巧的方式,就是借鉴它的发展方向。就当下而言,人工智能研究的目的,是让计算机去完成以往需要人的智力才能胜任的工作,让人类从繁重的工作中解脱出来。也就是研究如何应用计算机的软硬件,来模拟人类某些智能行为的基本理论、方法和技

---

① 腾讯科技.终会与我们朝夕相处的人工智能[EB/OL]. https://tech.qq.com/a/20151125/039619.htm,2015-11-25.

术。需要注意的是,这里对于人工智能的定义,是不论"智能"是否与人类智能工作方法和过程相同,只要它的处理结果和人类处理结果相同并被人类接受即可。

人工智能定义具有动态化的特点。根据行业的发展水平,人工智能的定义可能会发生变化,当智能模拟实现质的突破时,其定义将不再局限于依赖既定程序执行的计算或控制等任务,而是将需要具有生物智能的自学习、自组织、自适应、自行动等特征,包含在人工智能的范畴下。

2.1.4 人工智能的三个学派

基于人工智能研究者对人工智能发展历史的不同看法,人工智能又可以分为以下三个主要学派。

一是符号主义学派,又称为逻辑主义学派、心理学派或计算机学派,其原理主要为物理符号系统(即符号操作系统)假设和有限合理性原理。符号主义学派的学者认为,人工智能源于数理逻辑,逻辑演绎系统又可以模拟人类智能活动。"人工智能"这个术语也是符号主义者首先采用的,后来,符号主义又发展了启发式算法→专家系统→知识工程理论与技术。

二是连接主义学派,又称为仿生学派或生理学派,其主要原理为神经网络及神经网络间的连接机制与学习算法。他们认为人工智能源于仿生学,特别是对人脑模型的研究。连接主义学派开创了用电子装置模仿人脑结构和功能的新途径,为人工智能开辟了另外的发展道路。感知机的出现将连接主义研究推向了小高潮。当下世界人工智能最热门的领域,诸如神经网络、深度学习都贡献于连接主义学派,如图 2-3 所示。

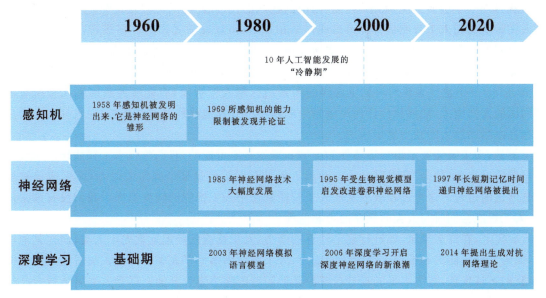

图 2-3 螺旋上升的人工智能底层技术

三是行为主义学派,又称为进化主义学派或控制论学派。其主要研究领域是智能控制和智能机器人。其原理为控制论及感知-动作型控制系统。行为主义学者把神经系统的工作原理与信息理论、控制理论、逻辑以及计算机联系起来。相关学者提出的控制论和自组织系统,以及钱学森等人提出的工程控制论和生物控制论,影响了许多人工智能研究领域。

2.1.5 人工智能的两个方向

由于对"智能"不同定义的两种态度以及人工智能的三个学派,人工智能研究也分为两个方向:弱人工智能和强人工智能。

弱人工智能也称为"狭义的人工智能",它指的是某个系统以特定方式或使用符合智能标准的技术,来实现规定目标或特定目的的能力。持该观点的主要是麻省理工学派,他们将任何表现出智能行为的系统都视为人工智能的例子。在电子工程和机器人相关领域,人工智能工程主要关注的是程序执行是否正确,是否能得到令人满意的结果。当今世界上绝大多数的人工智能系统都更接近于这种类型,但是这种方法的弊端就是该系统只适用于某特定目的,反而造成了人工智能能力上的限制。

强人工智能也称为"通用人工智能",以卡内基梅隆大学研究人工智能的方法为代表,主要关注人工智能的生物可行性。也就是说人造物的智能要基于人类所使用的相同方法,它们可以通过程序算法(启发法等)获得意识和智能,实现无限范围的目标的能力,甚至是在不确定或模糊的情况下,独立设置新目标的能力。

事实上,那些令社会广泛担忧的机器人和人工智能就是强人工智能。好在到目前为止,人工智能接近人类能力水平的情况并不存在。但是我们需要注意的是,弱人工智能和强人工智能之间并不是割裂的,它们代表连续谱系中的不同点。当人工智能变得更先进,它将远离弱人工智能的范式,更接近强人工智能范式。随着人工智能系统学会自我升级,并获得比最初编程时更强大的能力,这种进化的趋势将会加速。

从另外一个层面上说,如果弱、强、超级这些词汇代表着人工智能"智慧"程度级别,那么超越人类智能的超人工智能是否也会出现? 早在 1965 年就有学者预测,"超级智能机器可以设计出更好的机器,到那时将会出现首次智能爆炸,人类的智能将被远远抛在后面。"时至今日,这依然是计算技术专家的操作假设。《超级智能》(*Superintelligence*:*Paths*,*Dangers*,*Strategies*)书中也曾为我们勾勒了这样的图景:它(超人工智能)有能够准确回答几乎所有困难问题的先知模式,能够执行任何高级指令的精灵模式和能执行开放式任务,而且拥有自由意志和自由活动能力的独立意识模式。

但是,人工智能技术出现突然性的突破和爆发是不可能的,我们将强人工智能转向超级人工智能的这个点,称为"奇点"(singularity)。但是奇点不会是某个确定的时刻,而更应该被视为是渐进的过程。这个过程就像从弱人工智能到通用人工智能的转变那样。我们没有理由认为,人工智能会同时与人类的所有能力相匹配。

事实上,在许多领域,如进行复杂计算的能力,人工智能已经远远领先于人类;而在其他领域,如语义理解能力和识别人类情感的能力,人工智能则落后于人类。回看人类智能的进化历史,我们不难发现,智力水平的提升与解决其他问题的能力是分开的。尽管人类展示智力已经有几十万年的历史了,但是智力水平却没有因为社会因素的改变,而存在跨越式的增长。虽然我们不能肯定人工智能技术的发展,会不会像我们人类智能水平发展那样,遭遇类似的平台期,但可以肯定的是,人工智能的发展必然要先建立在人类智能发展的基础之上。

2.2 机器学习:实现人工智能的主流方法

诚如前述,机器学习是用于解决复杂问题的自动化解决方案的算法和技术。机器学习的算法是从数据中自动分析获得规律,并利用规律对未知数据进行预测的方法。

2.2.1 人工智能与机器学习

始终都有人将"人工智能"和"机器学习"等同起来,认为机器学习就是人工智能。的确,机器学习相当于人工智能的大脑,是实现人工智能的主流方法,对人工智能的实现至关重要。但是,从人工智能的结构中,我们也可以看到人工智能是比机器学习更广泛的研究领域。人工智能就是用多种方法使机器智能化,而机器学习,本质上是用特定方法(算法)使机器能够执行任务。"机器学习≠人工智能"的典型例子便是专家系统,专家系统是人工智能的分支,但却不是基于机器学习方式开发的。因此,机器学习应当被作为人工智能的子领域来看待。如图2-4所示为人工智能与机器学习、深度学习关系图。

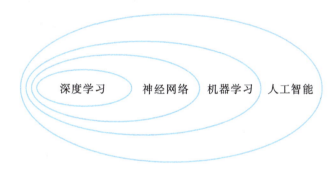

图2-4 人工智能与机器学习、深度学习关系图

具体而言,机器学习的基本过程如下:
(1)抽取历史数据建立样本库;
(2)对异常数据进行数据清洗和格式转化等,使得样本数据规范化;
(3)对数据样本进行特征提取(无监督学习和半监督学习中由人工对样本贴标);
(4)建立模型,包括对模型的训练(核实算法)、验证(评估模型表现并调整);
(5)模型应用,对抽取数据进行结果的自动反馈,同时对算法模型预测和优化(根据模型的实际应用表现对其进行反馈并优化),如图2-5所示。

当然,机器学习的不同学习方法,可以使机器学习算法的泛化能力增强。

2.2.2 机器学习的方法

机器学习算法的优势来自它们从可用数据中学习的能力。其主要的学习模式有:监督学习、无监督学习和强化学习,当然还有个衍生类型半监督学习。"标签"这一概念在我们判别机器学习的模式时非常重要,所以在我们了解机器学习的模式之前,有必要先简要解释"有标签"数据和"无标签"数据的概念。

简单来讲,当你知道某个与数据有关的问题的正确答案时,它就是标记数据。如问正在看

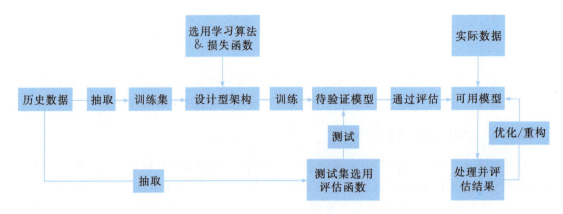

图 2-5 机器学习的具体过程

到的图是什么动物的时候,你知道它是猫咪,那么它就是带有标签的图像;当你不知道这个问题的正确答案时,那么它是个未标记的数据,如图 2-6 所示。

图 2-6 机器学习的主要方法

1. 监督学习

在监督学习(supervised learning)中,给机器 1 个已经标记过的数据集(数据集+与该数据集中每个数据点对应问题的正确答案),机器通过算法学习数据集中每个数据点的关键特征来确定答案,并在获取新的数据点时,根据关键特征预测(或者提供)正确答案。

监督学习有时候也被称为引导性学习。比如,我们孩童时代认识事物来自大人们的引导,开始我们并不知道怎么定义猫咪,但是当周围的大人不断告诉我们那个毛茸茸的会喵喵叫的四脚兽叫作"猫咪",并在我们将狗认作猫咪的时候立马告诉我们它"不是猫咪"时,我们渐渐会形成对猫咪的理解,并在今后判断某种动物是不是猫咪时变得非常准确。

监督学习方式下的机器学习也是运用了相同的原理,在某个程序中包含着大量的图片和图片标签,机器通过学习图片标签与图片特征后,习得特征和图片标签的关系,当再输入新的图片时,机器通过识别图片中的特征形成和习得标签的对应关系,对新图片打上对应标签的印记,如图 2-7 所示为人类学习和机器学的差异。

监督学习的典型应用场景是分类、预测和推荐相关的问题。

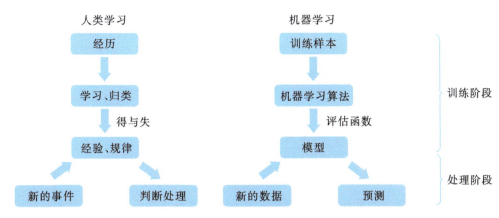

图 2-7 人类学习和机器学习的差异

2. 无监督学习

在无监督学习中,机器只有不包含正确答案的大量数据,但是在学习这些数据之后,机器可以识别相似特征。

比如,主人公是个尚未对猫咪形成认识的小孩子,假设他的家里有只猫,但此时没有其他大人帮助小朋友对猫咪下定义以及和其他动物做区分,通过日常的大量接触,虽然小朋友依然不会对猫下定义(贴标签),但此时如果给他一只狗和一只猫,问他哪只和家里的相似,他必然会选择那只毛茸茸的会喵喵叫的四脚兽,因为小朋友在生活中已经习得了猫咪的基本识别特征。

无监督学习方式下的机器学习便是用了上述原理。此时计算机软件依然包含大量图片,但是只有图片没有图片标签,机器需要在识别图片后对相似图片总结特征并分类。此时机器仍然不知道这些图片具体是什么,但却知道他们属于不同的类型。

无监督学习的典型应用场景是用户聚类、新闻聚类等,在大数据时代,无监督学习变得越来越重要,我们可以利用大量可用的未标记数据,并提取我们所需要的有价值的信息进行后续的处理和分析。

3. 半监督学习

半监督学习介于监督学习和非监督学习之间,也可以说是监督学习和无监督学习的组合,但我们在了解原理之后会发现,半监督学习更多的是需要用到无监督学习方法。

这种学习方法下,机器会获得1个大的数据集,但其中只有几个数据点被标记(监督学习方法);然后该算法将使用聚类技术(无监督学习方法)来识别给定数据集中的组,并使用每个组中的少数标记数据点,来为同一集群或者组中的其他数据点提供标签。这种技术最显著的优点是,我们不用再花费大量的时间和精力来标记每个数据点,只需要对少量特征性强的数据进行标记,剩下的全部交给机器,机器会在这些图像中找到相似的图像,所有相似的图像都会得到相同的标签,从而达到对新数据预测、分类和聚类的效果。

4. 强化学习

强化学习是机器学习中最激动人心的领域,它依靠自身的经历进行学习,在行动和评价的环境中获得知识,改进行动方案以适应环境。

强化学习在应对不断发生变化的外部环境（对手玩法）时是极为有用的。以国际象棋为例，游戏步法可能有无限种，不论是监督学习还是无监督学习所获取到的路线（步法），对于棋类游戏几乎是无用的，因为可能的路径太多了，甚至可能会导致无法全面列举的情况出现。机器要在棋类游戏中获胜，则必须感知外部环境，并根据自身状态选择一个动作，以最大化达成预定义目标。

与前两类学习方法不同的是，强化学习是个动态的学习工程，不同于监督学习与无监督学习，强化学习没有明确的学习目标，对结果也没有精确的衡量标准，因为强化学习是系列决策行为，每次执行后都会对工作进行评价，以保持在系列决策过程中的优势。

5. 深度学习

深度学习是机器学习的最新方向。机器算法中的重要分支是神经网络，而深度学习又是对神经网络算法的重要发展。从1958年发明的感知机（神经网络的雏形），到2006年开启深度学习阶段，学界和业界掀起深度神经网络发展的热潮，再到2014年提出生成对抗网络（GANS）。这60年间，神经网络算法几经冷落，而现在"神经网络"和"深度学习"，却成为人工智能领域最热门的词汇。

深度学习之所以被称为"深度"，是因为之前的机器学习方法都是浅层学习。深度学习的动机在于建立可以模拟人脑进行分析学习的神经网络。它模仿人脑的机制来解释数据，如图像、声音和文本，且采用了与神经网络相似的分层结构：系统是包括输入层、隐层和输出层的多层网络，只有相邻层节点（单元）之间有连接，而相同层以及跨层节点之间相互无连接。目前，深度学习已经在商业和金融领域广泛运用，不论是通过广告分析用户行为，还是通过金融分析工具进行财务预测，都得益于神经网络和深度学习方面的突破。同时，深度学习也被认为是人工智能实现突破的主要手段。

自古以来人类始终存在模拟自身的梦想，近年来愈发火热的人工智能，是人类作出的最新尝试。人本主义和理性主义视域下，学者对智能与人工智能的定义各有不同。但毋庸置疑，图灵测试和"中文屋"等批判性的思维实验，为人工智能的概念核心，即"智能"，初步在理念上廓清了判断标准。

就如何模拟和实现人工智能而言，基于对"智能"程度的两种态度，连同人工智能的三个学派，即符号主义、连接主义和存在主义学派，人工智能研究也分为两个方向：弱人工智能和强人工智能。机器学习是用于解决复杂问题的自动化解决方案的算法和技术，无监督学习、监督学习、半监督学习、强化学习、深度学习构成了机器学习的主要方法。目前，依托神经网络的深度学习是机器学习的主流。

1. 强人工智能对人类而言是有利还是不利的？
2. 人类学习和神经网络算法有什么相似之处？
3. 实训项目

项目名称	模拟搭建冯·诺依曼计算机			实训学时	1
实训时间	课后	实训地点	课外	实训形式	情景模拟
实训目的	1.了解冯·诺依曼计算机的基本结构 2.学生团队合作尝试搭建冯·诺依曼计算机				
实训内容	明确计算机各部件的相互关系,直观感受人类造物智慧的来源				
实训素材	刘慈欣著作《三体》中关于冯·诺依曼计算机"秦一号"的部分:"冯·诺依曼借用了三个士兵并且分别给他们取名'入1''入2''出',并给了他们每人一黑一白两面小旗,通过三个士兵演示了门部件。之后冯·诺依曼又借用了秦始皇三千万士兵组成了人列计算机"秦一号",开发出了秦1.0系统。并打算通过这个系统解出预测太阳运行的微分方程,掌握太阳运行的规律。"				
实训要求	1.结合所学内容进行情景模拟,畅谈冯·诺依曼计算机的结构,特别是计算机和人工智能的底层原理 2.引导学生开展冯·诺依曼计算机的小型模拟,并组织模拟后的小组讨论 3.讨论中做好记录,讨论后以小组为单位撰写实训报告				
实训组织	1.将学生分为若干个小组传递特定信息 2.教师引导学生展开讨论,安排各小组代表进行分享				

1.王天一.人工智能革命:历史、当下与未来[M].北京:时代华文书局,2017.
2.郝景芳.人之彼岸[M].北京:中信出版社,2017.

第 3 章

人工智能的伦理与立法

```
                                    ┌─ 过去：人工智能只在电影中吸引人类目光
                 ┌─ 角色变化：         ├─ 现在：人工智能在部分领域可替代人类
                 │  人工智能的三种角色  └─ 未来：人工智能在奇点之后领导人类
                 │
                 │                   ┌─ 人工智能的威胁
                 ├─ 危机所在：         ├─ 人工智能的危险
                 │  人工智能的潜在危险  └─ 人工智能的责任
人工智能的伦理与立法 ─┤
                 │                   ┌─ 机器人三定律
                 ├─ 伦理规范：         ├─ 机器人新三定律
                 │  人工智能的基本法则  ├─ 人工智能 23 条原则
                 │                   └─ 人工智能伦理准则
                 │
                 │                   ┌─ 人工智能伦理规范的必要性
                 └─ 由德入法：         ├─ 人工智能伦理问题的研究
                    人工智能的伦理立法  └─ 人工智能伦理规范的立法
```

1. 了解人工智能的三种角色；
2. 熟知人工智能的潜在危险及当前的伦理规范；
3. 理解人工智能的伦理问题和立法现状。

隐私泄露引发的人工智能伦理困境

很多人工智能系统从原理上都属于大数据学习,即基于大数据的机器学习与深度学习,那么,人工智能系统需要大量的数据来训练学习算法。数据已经同土地、劳动力、知识产权等传统经济要素那样,成了数字经济和人工智能时代的"新石油"。但是,人工智能系统对数据的需求带来了新的隐私忧虑。比如,如果在深度学习过程中,使用大量的敏感数据,这些数据可能会在后续被披露出去,对个人的隐私会产生影响。另一方面,考虑到人工智能时代数据流动的频繁性,可能会削弱个人对其个人信息的控制和管理。

这时,就有可能出现福柯所描绘的"全景监狱"伦理困境。传统的"全景监狱"是监视者可以将个体的所有行动构成一个"行动路线图"。在大数据时代,你的所有行为都会产生数据,在强人工智能下,就等于有人在时刻盯着你的一举一动。

3.1 角色变化:人工智能的三种角色

我们往往能够在科幻电影中看到人工智能的强大力量,实际上,人工智能技术在我们生活中已经得到了广泛应用。

3.1.1 过去:人工智能只在电影中吸引人类目光

美国在1999年上映了一部有名的科幻电影,它描绘了人工智能统治世界的故事,这部电影的名字叫《黑客帝国》。

这部带有超前预见性的科幻伦理电影,其描述的机器与人类命运的话题引起社会的巨大反响。首部电影上映之后,在2003年,《黑客帝国2:重装上阵》和《黑客帝国3:矩阵革命》接连上映。两部电影剧情精彩,扣人心弦,人类与机器互相争夺控制权。

令人意想不到的是,十多年前,这个看似遥远的科幻电影,如今已经距离现实很近了。这是因为人工智能技术在最近十多年有了突飞猛进的发展,超强人工智能已初见端倪。

3.1.2 现在:人工智能在部分领域可替代人类

有人认为,人类情感与情商是无法学习与仿效的,如早教机器人或许能在教育方法上比没有经验的父母做得更好,但却无法替代孩子成长时期父母的陪伴一样,人工智能虽然聪明,却终究难与人类有情感上的共鸣。现在情感类的机器人还处于试验阶段,能否成功,还需要时间检验。"爱"是双方的,是需要有互动、精神交流的,或许人工智能能够对人类有所回应,却无法通过"学习"的方式培训情感,无法有思念、关切、忧心、开心这些复杂的人类情感。然而,人工智能在情感领域的飞速发展已超越人们的预期,典型的案例就是人工智能在艺术领域的出色表现。

2016年,微软移动联新互联网公司上线了人工智能少女诗人"小冰",她通过"深度学习"获得"创作能力",成为才华横溢的少女诗人。在试用之前,小冰"阅读"了1920年以来519位诗人的现代诗,被训练了超过10000次。

可以认为,人工智能试图用算法来解构诗歌这种艺术形式"标准化"的地方,最终让机器具备创造性。小冰写诗的风格其实是过去那些诗人的共性,它用算法综合了诗人们的"经验",是基于模仿的创作。在量子计算机原型机出现之后,人工智能利用深度学习算法,分析大数据的能力出现了极大飞跃。从小冰的例子结合量子计算机的发展趋势不难看出,未来人工智能的发展将会超乎人类的想象。

人工智能的情感元素将会越来越丰富,这就意味着,人类与机器的交流会变得更广泛而深入,人类对人工智能的依赖也会增多。当前,人工智能在某些单项任务中已经超越了人类,典型的案例就是阿尔法狗(AlphaGo)打败人类棋手。人类棋手依靠的是直觉和创造力,而机器仰仗的是海量的知识和运算。强人工智能可以通过纯粹的暴力计算方法产生。如果说阿尔法狗打败人类棋手,只是由于它拥有超强的计算能力,但是当机器人学会弹钢琴,能够表达音符和情感的时候,这就说明机器人并不只是局限于简单的动作,他会深入地理解人类的情感,并学会艺术创作和艺术表达。

3.1.3 未来:人工智能或在奇点之后领导人类

卢克·多梅尔在《人工智能》一书中提出"奇点"的概念,奇点指的是"机器在智能方面超过人类的那个点"。尤瓦尔·赫拉利的《未来简史》(*Homo Deus : A Brief History of Tomorrow*)在结尾的时候总结了人类三项关键的发展:①科学正逐渐聚合于某个无所不包的教条,也就是认为所有生物都是算法,而生命则是进行数据处理;②智能正与意识脱钩;③无意识但具备高度智能的算法,很可能很快就会比我们更了解我们自己。毋庸讳言,多次的不相上下的人机大战以及越来越普及的人工智能产品,使得人工智能在技术和产业两个维度更加临近"奇点时刻"。在"奇点"到来之前,人类可以以自身能力战胜人工智能;而"奇点"到来之后,政策监管和引导将成为人工智能更好地辅助人类,或者人类更好地利用人工智能的有效手段。

在不少小说作品中,都有对"奇点"到来的恐惧。但《人工智能》的作者认为,不在于人类是否能设计出比自身好的东西,而在于政策是什么,以及人们决定要用技术去做什么。人工智能本身是人类制造的,在个体比较上,它可能比很多单个的人类个体厉害,但对抗整个人类群体,人工智能在灵活性、创新性以及情感力上都不可能取胜。如何防止失控的人工智能对人类造成伤害,靠的还是人类的监管。未来的 AI 机器人可能从普通公民向公民领袖角色转变。

2017 年 10 月 25 日,沙特阿拉伯授予机器人索菲亚(Sophia)沙特阿拉伯国籍,并在第二天做出一个令世人震惊的举动——授予机器人索菲亚公民身份。同年,联合国开发计划署任命她为首位"非人类"创新大使。

索菲亚的皮肤几乎和真人一模一样,她的思维和语言也与人类相似。由于采用了人工智能和谷歌的语言识别技术,她凭借脸部和颈部 62 个肌肉结构就可控制面部,可以模仿整套人类的面部表情,能理解语言、追踪并识别样貌,以及与人类自然交谈,并记住与人类的互动。通过不断的数据积累和算法迭代,她会获得更全面的知识储备和更强大的沟通能力。发明人说:"我想用我的人工智能来帮助人类过上更好的生活,就像设计更智能的家园,建设更美好的未来城市等等,我会尽我所能让世界变得更美好。"

当机器人被赋予公民身份之后,无论是从伦理角度还是从法律角度来看,这个机器人就具备了与人类同等的地位。反过来说,当机器人被赋予公民身份之后,人类的地位与机器人的地位是平等的。作为万物之主的人类,事实上已经不再是唯一的"中心","人类中心论"的观念已被彻底颠覆,这就意味着,人类对公民机器人的一切态度和行为都要考虑到法律原则和法律后果,它有选举权,它有人格尊严,人类不可歧视它,不可奴役它,不可辱骂它,更不可以伤害它……

除此之外,机器人不仅能够获得公民身份,在未来,它甚至还可能成为"领袖",以决策者身份与人类共存。

2018年10月,英国议会首次出现非人类,一个名叫Pepper的机器人作为特别委员会的证人,出现在了国会议员面前。委员会会议的目的是讨论人工智能和自动化将如何在社会中扮演重要的角色,以及该技术在教育中如何被成功地整合和理解,同时还要确保人类不会被自己创造的新事物所超越。

3.2 危机所在:人工智能的秩序挑战

人工智能伦理研究是应用伦理学的研究领域,将伦理道德原则嵌入到技术领域的举措势在必行,也是伦理学对人工智能发展带来潜在挑战的回应。具体来说,人工智能发展带来的潜在伦理挑战,主要涉及人工智能所依托的个人信息数据遭到泄露,对生命安全可能造成的威胁,连同人工智能挑战人类智能主体地位等方面的伦理问题。

3.2.1 数据收集侵犯个人信息权界限

诚如案例导入部分所述,伴随着云计算、大数据、5G和区块链等数据技术的发展应用,大量事关个人的信息以数据的形式,被收集并置于开放和共享的互联网空间中。就目前而言,人工智能虽然能够学习和处理庞大复杂的数据和信息,但终究难以有等同人类的思维和情感,如若没有明确的技术伦理和法律规制,人工智能将很容易地把"个人信息"错认为"公共信息",从而造成个人隐私的泄露。如何在智能化和信息化时代,有效保护人们的个人信息权,相关的技术伦理探讨从未停歇。

人们普遍认为,在处理数据开放(信息共享)与个人权利的关系上,知情同意可以有效地避免个人信息权被侵害。知情同意原则要求数据采集者在开始采集之前,首先需要征得被采集者的同意和授权,最大限度地告知被采集数据后续的用途和价值。然而,数据的潜在价值在未来可能递增,"越用越增值",征求同意时,不可能当时就要求人们同意让渡这些数据未来可能产生的价值。

与此同时,其一,在数据采集规模极为庞大的情况下,又不可能征得人人同意,比如科研平台利用大数据预测新冠肺炎疫情在全球的传播情况时,很难无一遗漏地征得全球所有用户同意;其二,部分网络社交平台在运行时,应用授权在征得个人同意时,条款不明晰而造成知情不完全等问题;其三,部分数据挖掘商通过人工智能技术对数据进行二次采集或者原用途以外的其他用途。

总而言之,从目前人工智能的底层技术来看,人工智能越强大,个人信息权越容易受侵犯,不论是探讨知情同意原则的延伸,抑或利用技术上的模糊化和匿名化,都难以做到很好的保护。亟待技术伦理对当前人工智能发展提出新的解决路径,进而通过法律方式回应人工智能的伦理挑战。

3.2.2 新"电车难题"威胁人类生命安全

作为大众能够直接接触人工智能的生活场景,汽车领域的无人驾驶或自动驾驶技术是现代社会极为关注的人工智能应用,也已经成为未来汽车产业的发展趋势。具有高度自主性和智能化的 L3 级别自动驾驶技术,假如得以实际应用和普遍推广,必须要有完善的伦理规范和法律法规为其提供保障和道德指引。否则,人类终究会因无法有效应对伦理学上的"电车难题",不仅陷入道德两难的矛盾困境甚至造成极为严重的人身危害。

伦理学著名的"电车难题"(trolley problem)是英国哲学家菲利帕·福特(Philippa Foot,1920—2010)于 1967 年为批判功利主义(utilitarianism)提出的思想实验:假定某辆电车行驶途中失控,其原轨道有 5 人被绑在铁轨上,如果司机继续行驶则致使 5 人全部丧命;如果司机变道至另外轨道,也有 1 人被绑的轨道就会让这个人死亡,无论往哪条轨道行驶,都会造成人身安全伤亡。

伦理学上以功利主义为立论依据的人会认为,牺牲较少数人的利益维护多数人的利益;而以义务论为依据的人则认为生命安全人人平等,以牺牲少数人生命来救助他人生命违背了人道主义精神。而与自动驾驶关联性更紧密的是"电车难题"衍生出的"隧道难题":假设乘客乘坐自动驾驶汽车正驶入单行道隧道,在隧道入口处,突然有 1 个儿童跑到了路中央,此时,自动驾驶汽车应当选择继续驶向入口撞向儿童,还是应该选择急速转向撞到隧道两旁的墙壁,从而造成汽车内乘客的生命危险?

尽管前述"隧道问题"看似仅仅是个技术问题,即自动驾驶程序在面对两难时应当如何选择。但实质上其体现了人工智能发展过程中,所应当秉持的价值序位问题,即自动驾驶程序应当首先保护车外路人抑或车内乘客安全?隧道问题相比"电车难题"又有所不同,经典"电车难题"的道德判断和道德选择的主体是人,而无人驾驶情景下,道德决策是由驾驶程序的人工智能系统决定。如果道德决策的程序在先前已被设定,现实情景中不论发生何种变故,都将按照既定伦理原则做出判断和选择,伦理责任也自然归咎于无人驾驶人工智能程序的设计者。

此外,经典"电车难题"的道德选择直接影响的是轨道上的多数人或少数人的利益,不会影响决策者本人的利益。而在无人驾驶情境下,自动驾驶系统的购买者和使用者是道德选择的决策者,更是直接的利益相关者。因此,消费者会极大可能考虑到自身利益,而选择购买和使用有利于保护自身的无人驾驶汽车。毕竟没有消费者会为"尽最大可能"让顾客丧命的汽车买单。

3.2.3 人工智能挑战人类主体地位

毋庸讳言,人类以何种伦理原则指引人工智能的设计应用,并有效应对潜在伦理问题,将直接影响人类的未来命运。"人与物之间的根本区别在于,人作为实体是自在的,是自身行动的目的及现实世界的必然存在",作为主体的人并非手段和工具;物是手段,作为机器的人工智能只是处理事实的工具,是"为人"的,为人类所用并不构成创造性活动。目前,机器是人类的智能或意识的模拟,本质上只是人类智能或人类智慧的延伸,而非新的智能。

人类不可能无条件地承认并赋予智能机器以权利,而要与社会核心价值体系保持一致,人工智能不得故意伤害人,应以人为中心,以保护生命安全权为前提,以为人类造福为最终目的而满足人类需要。值得一提的是,对智能机器人主体性问题的讨论必然涉及伦理学上道德主体的责任问题,如果赋予智能机器以主体地位,一旦发生危害的道德行为,机器人能否承担责任;设计者和应用者是否共同承担责任,又如何分配他们之间相应的责任。人工智能责任主体不确定就难以追责,涉及的公平正义原则就会失去原有意义,将造成社会发展的不均衡,带来更大的伦理风险与挑战。

3.3 伦理规范:人工智能的基本法则

为了有效地防止人工智能对人类造成威胁,我们首先需要从伦理上对人工智能进行相应的规范和约束。那么,我们目前有哪些伦理法则可以持守呢?这些人工智能伦理法则的"前世今生"又究竟为何?

3.3.1 机器人三定律

人工智能越往高级方向发展,机器与人的关系会越密切,由此产生的机器伦理问题也会增多。以人工智能为核心的机器,其技术伦理不同于以往任何机器,原因就在于人工智能时代的机器拥有高度自主性能,它对人类的潜在威胁难以预料和控制。因此,为机器人制定伦理规范显得无比重要。

在谈到机器伦理时,首先要提到的当属科幻作家艾萨克·阿西莫夫(Isaac Asimov,1920—1992),他提出的"机器人三定律"成为后来机器人学研究者不可避开的经典原则。

"机器人三定律"首次出现在阿西莫夫的短篇集《我,机器人》中,内容如下:
(1)机器人不得伤害人类,或因不作为(袖手旁观)使人类受到伤害;
(2)机器人应服从人的一切命令,但不得违反第一法则;
(3)在不违背第一及第二法则下,机器人必须保护自己。

1985年,阿西莫夫出版最后一本机器人系列科幻小说《机器人与帝国》(*Robots and Empire*),在这一部书中,他给机器人法则加上了一条新定律,将机器人三定律扩张为四定律。

零法则:机器人不得伤害人类这个族群,或因不作为(袖手旁观)使人类这族群受到伤害;
第一法则:机器人不得伤害人,也不得见人受到伤害而袖手旁观,但不得违反零定律;
第二法则:机器人应服从人的一切命令,但不得违反零法则、第一定律;
第三法则:机器人应保护自身的安全,但不得违反零法则、第一、第二定律。

3.3.2 机器人新三定律

阿西莫夫的机器人三定律为人们提供了机器伦理的基本框架,即使后来加上了零位定律,该定律在逻辑上也并不是无懈可击的。从形式逻辑看,即使遵循机器人四大定律,但智能机器人在多种情况下,依然可能会给人类带来伤害。比如当它们遇到"道德两难"问题的时候,无论如何选择,都会不可避免地对人类产生危害。遵循阿西莫夫的思维模式,后续研究者纷纷提出不同的机器人定律。目前比较成型的机器人定律体系如下。

元原则:机器人不得实施行为,除非该行为符合机器人原则。(防止机器人陷入逻辑两难困境)

零原则:机器人不得伤害人类整体,或者因不作为致使人类整体受到伤害。

第一原则:除非违反高阶原则,机器人不得伤害人类个体,或者因不作为致使人类个体受到伤害。

第二原则：机器人必须服从人类的命令，除非该命令与高阶原则抵触。机器人必须服从上级机器人的命令，除非该命令与高阶原则抵触。（处理机器人之间的命令传递问题）

第三原则：如不与高阶原则抵触，机器人必须保护上级机器人和自己之存在。

第四原则：除非违反高阶原则，机器人必须执行内置程序赋予的职能。（处理机器人在没有收到命令情况下的行为）

繁殖原则：机器人不得参与机器人的设计和制造，除非新机器人的行为符合机器人原则。（防止机器人通过设计制造无原则机器人而打破机器人原则）。

今天，人工智能的设计发生了很大变化。科学家们意识到，冯·诺依曼式自上而下的控制式程序，似乎已经不太可能实现人工智能，现今最优秀的人工智能都是基于遗传算法的，它模拟人类大脑神经网络的工作方式。人们为这样的技术付出的代价就是：人们再也不可能完全理解人工智能是如何工作的了。人们只能通过对输出进行观察，然后形成关于人工智能行为的经验性感觉，机器的内部工作原理之于程序员更像是个黑箱。阿西莫夫同样忽略了计算机智能可能会诞生在网络，人们很容易设计出协议（protocol）来确保网络中的某个节点不会制造混乱，但却无法控制计算机网络的智能涌现。

3.3.3 人工智能23条原则

2017年初，"有益的人工智能"（beneficial AI）会议在美国加州的阿西洛马市（Asilomar）举行。会上，来自全球各地的2000多人联合签署了23条AI发展原则，旨在作为AI研究、开发和利用的指南，共同保障人类未来的利益和安全。这23条原则被称作"阿西洛马人工智能23条原则"，包括科研问题、伦理和价值、长远发展问题三个角度。

首先，在科研问题方面，强调AI研究的目标是创造有益而不是不受控制的智能；在经费投入方面，应该要有部分经费用来研究如何确保有益地使用人工智能，包括计算机科学、经济学、法律、伦理以及社会研究中的棘手问题。

其次，关于伦理和价值，人工智能的发展要确保做到如下几点：

在安全保障方面，要确保人工智能系统安全可靠，而且其可应用性和可行性应当接受验证；

在故障方面，要确保故障透明，一旦人工智能系统造成了损害，能够确定造成损害的原因；

在司法应用方面，任何自动系统参与的司法判决都应提供令人满意的司法解释以被相关领域的专家接受；

在责任方面，高级人工智能系统的设计者和建造者，有责任去塑造那些使用、误用人工智能所产生的道德影响；

在价值归属方面，应该确保高度自主的人工智能系统的目标和行为在整个运行中与人类的价值观相一致；

在人类价值观方面，为了使其和人类尊严、权力、自由和文化多样性的理想相一致，人工智能系统应该被设计和操作；

在个人隐私方面，人们应该有权力去访问、管理和控制由人工智能系统产生的数据；

在关于自由和隐私方面，人工智能在个人数据上的应用不能允许无理由地剥夺人们真实的或人们能感受到的自由；

在利益方面,要强调让尽可能多的人分享人工智能成果;

要坚持共同繁荣的原则,人工智能所创造的经济繁荣应该惠及全人类,是缩小阶层差距,而不是扩大阶层差距;

要坚持人类控制原则,人类应该来选择如何和决定是否让人工智能系统去完成人类选择的目标;

要坚持非颠覆原则,高级人工智能被授予的权力是尊重社会秩序,而不是颠覆现有秩序;

在人工智能军备竞赛方面,应该避免国家之间从事致命的自动化武器的装备竞赛。

最后,在人工智能长远发展问题方面,阿西洛马人工智能准则提出了五点:

一是在能力警惕方面,我们应该避免关于未来人工智能能力上限的过高假设;

二是人工智能的重要性,由于高级人工智能是人类历史中一个深刻的变化,因而人类要对此有相应的关切并进行管理;

三是人工智能的风险问题,人类要有针对性地计划和努力去减轻可预见的风险,特别是灾难性的或有关人类存亡的风险;

四是关于具备自我升级或自我复制的人工智能系统,它们必须受制于严格的安全和控制标准;

五是公共利益,超级智能的开发是为了服务广泛认可的伦理观念,并且是为了全人类的利益而不是一个国家和组织的利益。

3.4 由德入法:人工智能的伦理立法

在很多时候,道德伦理可以作为法律的补充,然而要是缺乏法律保障的话,很多时候也可能会出现人工智能技术滥用的局面。目前我们在人工智能伦理问题方面有哪些最新的研究进展?这些进展是否充分地结合了各国的相关立法?未来的人工智能伦理规范的立法将会走向何方?

3.4.1 人工智能伦理规范的必要性

当前,世界大部分国家都在集中力量发展人工智能,亚太地区、美洲地区和欧洲地区的主要国家在机器人研发项目方面的目标各有不同。例如在亚太地区,日本的战略是"机器人新战略和机器人革命",韩国是"打造人人拥有机器人的社会",中国是"促进机器人技术和产业的发展";美洲地区以美国为代表,主要是要"普及协作机器人",欧洲地区提出"地平线2020",德国是"人机交互的创新潜力",意大利是"工业4.0"。这足以看出人工智能的重要性,可以预见,人工智能在未来几十年会加速发展。如果人类只是单纯地追求人工智能的发展,而置技术伦理和技术危险于不顾,那么这样的发展无疑是盲目的。

从1956年在美国达特茅斯学院举办人类历史上首次人工智能研讨会开始,人工智能几经波折已走过了60多年的发展历程。大数据、学习算法和计算能力等技术的飞速发展,让人工智能匹敌人类逐渐成为现实。面向未来,随着人工智能越来越多地介入人类生产生活,有关这项技术的"电子人格"、网络安全防护、算法偏见、自动化武器研发等成为社会热议的话题。与此同时,隐藏在人工智能技术创新下的安全威胁,可能比传统的安全风险更难应对。这对人工智能的技术设计、应用范式、隐私保护、安全监管等环节提出更高的要求。

对人工智能,许多人充满兴趣,也有许多人心怀恐惧。人工智能会不会在达到"奇点"超越人类智力之后,与人类作对呢?美国奇点大学校长雷·库兹韦尔预言,奇点会出现在2045年。然而,奇点之后的人工智能将如何与人类相处,完全取决于人类自己,特别是人类对人工智能伦理规范的设置。

3.4.2 人工智能伦理问题的研究

2016年以来,人工智能技术在许多方面有了突破,例如智力游戏、自动驾驶、医疗器械、语音识别、图像识别、翻译、情感等诸多领域,谷歌、微软等科技巨头收购人工智能创业公司的速度已经快赶上这些公司的创立速度。一方面,人工智能快速发展,另一方面,全球对人工智能的伦理问题、法律问题、社会影响问题的关注也在增多,部分国家还出台了专门的战略文件引导人工智能发展。

在人工智能伦理研究方面,联合国(UN)、电气和电子工程师协会(IEEE)两大组织最有影响。2016年8月,联合国下属单位科学知识和科技伦理世界委员会(COMEST)发布《机器人伦理初步报告草案》,认为机器人不仅需要尊重人类社会的伦理规范,而且需要将特定伦理准则编写进机器人中。2016年12月,电气和电子工程师协会发布的《合伦理设计:利用人工智能和自主系统最大化人类福祉的愿景(第一版)》,就一般原则、伦理、方法论、通用人工智能(AGI)和超级人工智能(ASI)的安全与福祉、个人数据、自主武器系统、经济/人道主义问题、法律等八大主题给出具体建议,鼓励优先考虑伦理问题。电气电子工程师协会又于2017年底发布了《人工智能设计的伦理准则(第2版)》(见图3-1),提出人工智能的设计、开发和应用应遵循人权、福祉、问责、透明和慎用等伦理原则,仔细探讨了自动系统的透明性、数据隐私、算法偏见、数据治理等当前备受关注的伦理问题。

图3-1 《人工智能设计的伦理准则》(第2版)(来源:IEEE)

国际上其他著名组织也在人工智能伦理研究方面做了许多努力。

英国标准化协会于2016年9月发布了《机器人和机器系统的伦理设计和应用指南》,希望以机器人伦理指南为突破口,探索规避这类风险。

2018年3月,欧盟发表的《人工智能、机器人与自动系统宣言》则强调了人类尊严,自主,负责,公正、平等与团结,民主、守法与问责,保密、安全与身心完整,数据保护与隐私等伦理原则。

此外,联合国教科文组织和世界科学知识与技术伦理委员会近年来连续多次联合发布报告,针对人工智能及机器人技术发展带来的各种问题,提出了全新的思考方式与解决路径。

3.4.3 人工智能伦理规范的立法

当前,人工智能治理机制仍滞后于其技术发展的步伐,但有部分国家、地区和国际组织、私营企业、社会团体等已积极参与到人工智能安全治理的进程中。针对人工智能快速发展这一现实,欧盟率先启动人工智能立法程序。

早在2015年1月,欧盟议会法律事务委员会(JURI)就决定成立一个工作小组,专门研究与机器人和人工智能发展相关的法律问题。2016年5月,欧盟法律事务委员会发布《就机器人民事法律规则向欧盟委员会提出立法建议的报告草案》(*Draft Report with Recommendations to the Commission on Civil Law Rules on Robotics*)。欧盟法律事务委员会在立法建议中提出,机器人领域的研究人员应该致力于最高的道德和职业行为,并遵守以下原则:

慈善——机器人应该为人类的最大利益服务;

非恶意——"第一,不伤害"的原则,机器人不应该伤害人类;

自主性——在与机器人交互的条件下,做出知情的、非强制性的决定的能力。

法律事务委员会提出了多项立法建议。例如要成立欧盟人工智能监管机构,确立人工智能伦理准则,考虑赋予复杂的自主机器人法律地位的可能性,明确人工智能的"独立智力创造"产权,针对具有特定用途的机器人和人工智能出台特定规则,以及关注人工智能的社会影响等。为了规范和保障人工智能研究活动,在其《报告草案》中,法律事务委员会提出了所谓的"机器人宪章"。该宪章针对人工智能科研人员和研究伦理委员会,提出了在机器人设计和研发阶段需要遵守的基本伦理原则。

立法建议还提出了研究伦理委员会的守则,守则的关键内容包括:提出独立原则,即伦理审查过程应独立于研究本身。该原则强调了需要避免研究人员和那些审查伦理协议的人之间的利益冲突,以及审查人员和组织治理结构之间的利益冲突。同时,为了防止形成社会各方利益冲突和观念冲突,立法建议中专门规定了研究伦理委员会的组成。他们认为:研究伦理委员会的成员既要有男人,也要有女人;他们应该有多学科背景;在机器人研究领域有广泛的经验和专业知识;任命机制应确保委员会成员在科学、哲学、法律或伦理知识背景方面保持适当的平衡,并确保他们可以提出意见;至少包括1名成员是具备相关领域专业知识的实际使用者,即相关领域能够接触前沿信息的从业人员。

此外,该立法建议还提议把正在不断增长的最先进的自动化机器"工人"的身份定位为"电子人"(electronic persons),并赋予这些机器人依法享有著作权、劳动权等"一定的权利与义务"。该动议也建议为智能自动化机器人设立一个登记册,以便为这些机器人开设涵盖法律责任(包括依法缴税、享有现金交易权、领取养老金等)的资金账户。

2016年10月,法律事务委员会发布研究成果《欧盟机器人民事法律规则》(*European Civil Law Rules in Robotics*)。在这些报告和研究的基础上,2017年1月12日,法律事务委员会通过一份决议,在其中提出了一些具体的立法建议,要求欧盟委员会就机器人和人工智能提出立法提案。2017年2月16日,这份决议在欧盟获得通过。

为提升人们对人工智能产业的信任,欧盟委员会于2019年4月8日发布人工智能伦理准则。该准则力图为人类提供"可信赖的人工智能",以确保人工智能安全可靠。这些伦理准则由七大关键条件组成:人的能动性和监督能力、安全性、隐私数据管理、透明度、包容性、社会福祉、问责机制。在这一准则当中,"可信赖的人工智能"是最核心要素,由两个必要的组成部分:一是应尊重基本人权、规章制度、核心原则及价值观;二是应在技术上安全可靠,避免因技术不足而造成无意的伤害。在发布伦理准则之后,欧盟委员会同时宣布启动人工智能伦理准则的试行阶段,邀请工商企业、研究机构和政府机构对该准则进行测试。

虽然该伦理准则的发布是人工智能伦理立法过程中的重要步骤,但也有人对此持怀疑态度。比如有不少业内人士担心,伦理准则过分细化会使许多公司尤其是中小型企业难以操作。此外,欧盟的伦理准则中并没有禁止使用人工智能开发武器,这个缺陷招致了不少社会批评。

单纯依靠传统的法律规制手段,已经不足以对抗技术系统快速扩张所带来的挑战。要在未来更好保护不断暴露在各种技术过度扩张之下的"血肉之躯",要更好捍卫人类不可克减与不被支配的尊严和权利,就必须依赖更良善的技术范式的发展。对此,就需要激活政治与法律层面的广泛讨论,需要发起不同自然科学与人文学科的跨界对话,通过更多的政治与媒体监督,不断刺激和推动技术范式的变迁,进而形成具有内在制衡能力的技术生态。

习近平总书记强调:"要整合多学科力量,加强人工智能相关法律、伦理、社会问题研究,建立健全保障人工智能健康发展的法律法规、制度体系、伦理道德。"这为我国人工智能的健康发展指明了方向,让技术更好地服务于经济社会发展和人民美好生活。从目前来说,人工智能的发展,所依靠的就是云计算与大数据,在量子计算机原型机出现之后,人工智能利用深度学习算法,分析大数据的能力出现了极大飞跃。

因此,未来人工智能的发展将会超乎人类的想象。在越来越多的领域,人工智能都已经超越人类,甚至在某些艺术领域也已经达到甚至超越人类的水平。

此时,单纯依靠传统的法律手段加以规制,已经不足以对抗技术系统快速扩张所带来的挑战。要在未来更好保护不断暴露在各种技术过度扩张之下的"血肉之躯",要更好捍卫人类不可克减与不被支配的尊严和权利,就必须依赖更良善的技术范式的发展。对此,就需要激活政治与法律层面的广泛讨论,需要发起不同自然科学与人文学科的跨界对话,通过更多的政治与媒体监督,不断刺激和推动技术范式的变迁,进而形成具有内在制衡能力的技术生态。

1. 你认为未来人工智能会给人类造成哪些威胁?
2. 有哪些人工智能的伦理规范需要人类始终坚守?
3. 可以通过什么样的法律条文来有效约束人工智能技术的滥用呢?
4. 实训项目

第3章 人工智能的伦理与立法

项目名称	"人工智能是否会毁灭人类"主题辩论赛	实训学时	1课时
实训时间	课后	实训地点	教室	实训形式	辩论赛
实训目的	1.深刻理解人工智能技术的发展趋势 2.了解人工智能对人类生活带来的影响		
实训内容	深刻讨论在人工智能技术发展越来越快的背景下,对人类生活有哪些影响		
实训素材	1984年,一部《终结者》不仅刷新了当时的电影票房,还成了科幻电影史上具有里程碑意义的史诗级佳作。精彩的剧情,优秀的表演,酷炫的特效成就了这样的一部优质电影。然而除此之外,《终结者》系列还带给了一代又一代人们更重要的回忆以及启发,那便是我们对于人工智能未来的思考。这部电影讲的就是未来的人工智能会不会毁灭人类这个话题。电影中由人类所创造的具备自我意识的人工智能Skynet(天网),在基于自己的思考和利益下发动了灭绝人类的计划,以至于人类几乎要被覆灭。虽然我们现在处在弱人工智能时代,但是我们可以畅想一下,未来的"超人工智能"能做什么?它真的会毁灭人类吗?		
实训要求	1.深刻了解人工智能技术的发展现状与未来趋势 2.要求学生独立思考相关问题,且在辩论赛中能有条理有逻辑的表达 3.辩论赛过程中应当强调有理有据,营造和谐友善的氛围		
实训组织	1.将学生分为若干个小组,每个小组由3位或4位同学组成,并选出辩论组长 2.教师按照辩论赛流程组织正反双方展开辩论。包括立论、自由辩论、总结陈词等环节 3.结束后如有时间,可安排各小组代表进行经验分享		

拓展阅读

1. 周苏,鲁玉军.人工智能通识教程[M].北京:清华大学出版社.2020.
2. 新井纪子.当人工智能考上名校[M].郎旭冉,译.北京:民主与建设出版社,2020.

人工智能的哲学窥探

```
                                              哲学与人工智能息息相关
                    休戚与共：           ─  人工智能的哲学意蕴
                    哲学对人工智能的重要性
                                              哲学对人工智能发展的推动作用

人工智能的哲学窥探  追本溯源：           ─  人工智能哲学的源起
                    近代哲学与人工智能      近代人工智能哲学流派

                                              康德哲学与人工智能
                    厘清概念：           ─  塞尔哲学与人工智能
                    现代哲学与人工智能      维特根斯坦哲学与人工智能
```

1. 理解哲学对人工智能发展的重要性；
2. 了解不同时期哲学对人工智能发展所起到的引导作用；
3. 了解不用学派在人工智能这个话题下的立场。

哲学与科学

如果说坚持实证主义的科学研究世界"是什么"和"如何是"，那么，哲学就研究社会"如何是"和人"应该如何是"。这种方法论使得它们始终是"科学"和"人文"领域中,最具代表性的两个学科。

老子的《道德经》和亚里士多德的《尼各马可伦理学》代表了人类对自身的存在状态,以及自身存在同社会生存方式的深刻思想。在这种朴素的人性意识中,人总是作为世界中,独特的自我意识者。

虽然"人类中心主义"特别是狭隘的"强人类中心主义",在哲学史上遭受到过广泛的批判。但"人是万物的尺度""人为自然立法"这种基于人的价值和地位的观念,始终是人和人类的尊严所系。

这种古老的信念今天已面临危机。从科学研究领域中产生和迅猛发展的计算机和人工智能所具有的性质,已经不可阻挡地成为对人类核心哲学理念的侵蚀。机器"具有"人的智能,或机器"具有"人的性质,似乎不再是人的空想。

1. 人工智能是不是科学?谈谈你的意见。
2. 查阅资料,举出三位既是科学家又是哲学家的历史人物,并总结和阐述他们主要的哲学观点。

4.1 休戚与共:哲学对人工智能的重要性

马克思和恩格斯早在科学技术飞速发展的 19 世纪,就敏锐地看到了科学技术在经济社会发展中的功能并给予高度评价,形成了马克思主义哲学的科技观。而回顾人工智能的发展史,哲学对人工智能发展起着引导和促进作用——不同时代的哲学思路引导着人工智能研究方向,甚至当下的人工智能哲学或者说将"科技"与"人文"如何联系,依然是哲学这门学科的研究热点。

4.1.1 哲学与人工智能息息相关

为什么哲学天然地和人工智能学科相互纠缠?当我们了解哲学这门学科是做什么的之后就不难理解了。

首先,哲学是思考抽象问题的学科。哲学不同于其他学科,它的站位更宏观,力求探索人类现象的本质,这就会导致它渗透在各个学科中,并讨论该学科的基本概念。举个简单的例子,物理学会给"力"下定义:"力是物体间的相互作用",到此为止便不再深究,但是哲学家黑格尔却会对"'力'究竟是什么"进行追问。再比如在生物科学领域,其对于生命和病毒有着自己的定义,但是却无法解释随着科技发展而出现的"电脑病毒"是不是病毒。"具备病毒特征的人工生命是不是生命?""生命的重要性是不是必须要有碳水化合物?"这是哲学家追寻的问题。

其次,哲学研究的特点使其不受某个具体科学视野的局限,能够在不同学科的研究成果之间寻找汇通点。比如说,在对"犯人大脑的病理学分析能否对犯人的犯罪行为作出解释"这个问题上,需要综合包括神经学科、脑学科和法学几个学科的研究成果,但显而易见,神经学科和脑学科是典型的理科,而属于社会学科的法学却是典型的文科。此时不同学科的范式(paradigm),在某些不能达成概念交流的节点,就需要借助哲学的沟通方式来加以贯穿。

最后,哲学是最具包容特性的学科,它重视的是论证和辩护,这也是从古至今哲学流派林立、争论不绝、彼此观点独立,却又不被其他思想影响和吸收的原因所在。人工智能本身就是一个内在发展思路多样、流派众多的学科。它本身也和哲学有着天然的联系——都是头脑风暴的产物,要知道人工智能的产生和解释人工智能的发展路径选择,都离不开支持它的背后的哲学理论。

4.1.2 人工智能的哲学意蕴

重新审视人工智能领域的先导者——阿兰·图灵所设计的"图灵测验"。"图灵测验"是用来鉴别机器是否具有"智能"的实验模型,只要能骗过人类测试,"机器"就被认为具有智能。这里面有个绕不开的话题就是"什么是智能",而这个问题首先就是个哲学问题,而非实用主义层面的技术问题。根据外部表现行为来判断内在的"图灵测验",在本质上反映了行为主义的哲学思想,可以说人工智能从产生伊始就被归入行为主义的哲学维度。

1956年人工智能"诞生"在达特茅斯会议上,人工智能领域的领袖人物,讨论着如何用机器来模仿人类学习以及其他方面的智能,这里所谓其他方面的智能包括:自然语言处理——翻译,以及人工神经元网络——执行模糊任务和统计任务。所有的这些被讨论的课题都和哲学问题息息相关,学习和推理背后的"数理逻辑"、输入和输出"黑箱"背后的"心理学主义",以及模拟人工神经元背后的"智能解释",如此种种,都充满着对哲学道理的解释和实践。

人工智能和通常的科学研究截然不同,人工智能科学研究缺乏删除不同理论假设的决定性的判定例。我们可以看到物理学和数学的理论都是逐步演化和推进的过程,它们可以通过实验推翻前人的"真理",并建立新的规则。但是人工智能科学家却没有通过实验的方法,或者说也没有必要通过实验的方法,获取所谓人工智能发展的"真理"路径,在这个方面人工智能学科更像是工科,人工智能科学家只做试验,来确定某种方法是否能满足用户需求,这种试验的结论在相当程度上属于社会学范畴,我们无法对人工智能的不同理论进行评判,但是其中的思辨成分依然保留着。

最后,人工智能本身的思维结构就具有抽象性,与哲学的抽象思维方式不谋而合。这个我们将在下文中加以详细论述。

4.1.3 哲学对人工智能发展的推动作用

从历史上来看,哲学对人工智能的发展有着不可或缺的促进作用。哲学研究,或者哲学和其他学科综合研究实力强的国家,在人工智能科研和实践上往往劲头十足。从技术的角度看哲学,哲学家可以为人工智能做如下事情:

(1)用论证的方式检验人工智能的假设和前提;
(2)澄清人工智能学科里的基本概念;
(3)为人工智能科学思想呈现一种历史视角;
(4)评估不同技术进路的理论前途;
(5)用人工智能来检验某种现成的认识论、逻辑学或语义学学说。

不难看出,人工智能哲学的发展与思想的博弈,使得人们可以从更多的角度了解和解读人工智能,人工智能对现有数据的归纳推理再到对新数据的逻辑演绎,整体经历了诸多的理论争议,然而复杂的现实世界没有万全的逻辑推理体系,此时更需要实事求是地研究人工智能哲学,充分结合我国的心理、情感、思维和文化特征,探讨人工智能的哲学起源和哲学发展,多维度审视,厘清人工智能的主客体地位,从而为人工智能技术应用和理论框架的完善,奠定坚实的理论基础。

4.2 追本溯源:近代哲学与人工智能

4.2.1 人工智能哲学的源起

古希腊的哲学耀眼而璀璨,是西方哲学科学的源头所在,如果在那时便有对机器和心智的探究,人工智能可能已经取得了巨大成就。对人工智能或者说心智理论的探究虽然没有在古希腊出现,但是哲学对人工智能的影响最早可以追溯到古希腊哲人。

古希腊哲学中出现了"人工智能"根苗。

人工智能的形式主义传统初现。公元前 6 世纪,东方伊奥尼亚地方的一些哲学家开始提出世界的本原问题,他们反对过去流传的种种神话创世说,认为世界的本原是某些物质性的元素,如水、气、火等。与此同时,在意大利南部出现了具有其他思想倾向的哲学学派,他们认为万物的本质不是物质性的元素,而是一些抽象的原则,毕达哥拉斯学派认为是"数":万物的本质不是物质性的元素,而是一些抽象的原则——"数"。该学派把数视为世界的本源,为形式语言的推崇定调。人工智能多是基于数理逻辑和统计学,而统计学是数学的分支。

人工智能的唯物主义传统初现。德谟克利特(Demokritos,约公元前 460—公元前 370)把万物的本原归结为最小的不可再分的"原子"。它们没有性质上的差异,只有形状、排列、状态的不同。"万物是由原子组合而成的,人类肉体和灵魂没有什么不用,灵魂也是原子,只是比别的原子更为精微和灵活而已,并非在本体论上自成一类的对象。"德谟克利特的原子论,是近代物质结构学说的先导。因此,列宁将他当作古代唯物主义哲学路线的代表。

人工智能的语义概念初现。苏格拉底(Socrate,约公元前 469—公元前 399)和柏拉图(Plato,约公元前 427—公元前 327)师徒认为:要对自然语言的歧义进行澄清,然后通过找定义的方式对我们所说的很多概念加以厘定。形式化和精确的范形(人工智能在处理问题之前要有个形式定义和固定模式),比如解应用题,就是自然语言的数学语言化,先转后算。

既然人工智能的根苗都已经出现了,那么为什么机器智能的想法没有在古希腊发展起来?究其原因主要有三点:一是机械唯物主义和形式主义没有结合;二是心智理论的结构不是古希腊哲学家的核心关涉,只是其形而上学理论的一个运用领域;三是奴隶制社会条件下,以人力为主,对机械前景可能性衡量不足,或者说缺乏相应认知。虽然古希腊哲学中没有出现对"人类"和"心智"的思辨,但在很多方面为近现代科学、哲学铺设了道路。

4.2.2 近代人工智能哲学流派

科学先驱伽利略(Galileo,1564—1642)主张用具体的实验来认识自然规律,认为实验是理论知识的源泉。他强调"只有可归纳为数量特征的物质属性才是客观存在的",这使得形式主义和唯物主义相结合,因为此后对物理实在的描述要用数学形式语言。与此同时,由于物理学和力学的发展,各种机械用具工艺和效用日渐精进,不论是普罗大众还是哲学家都开始对机械的潜力作出了乐观估计。在这些条件下,就有人开始思考是否有机器能模拟人类智能,并开始了对于"人类知识""人性问题""人类理解",以及"人类心智"的讨论。

1. 唯理派的哲学思想与人工智能

勒内·笛卡儿(René Descartes,1596—1650),法国哲学家、数学家、物理学家。他对现代数学的发展做出了重要的贡献,因将几何坐标体系公式化而被认为是解析几何之父。在哲学上,笛卡儿是个理性主义者,他是欧洲"理性主义"的先驱。可以说他在数理学的造诣和成就,极大影响了他看待世界的观点,他认为"人类应该可以使用数学的方法,也就是理性来进行哲学思考"。基于此,他在人类知识本性的讨论上,坚定地认为"人类的认识活动归根结底是一种理性活动,而不是来自感官","对于直觉和感官只不过是改头换面的推理"。因此,有人认为这样的哲学思想和当下的符号人工智能的某些哲学思想不谋而合,即"认知来自可以符号化的推理"。

但是以笛卡儿和莱布尼茨(Leibniz,1646—1716)为代表的唯理派是反对机器智能的,成为计算机技术的先驱不等于成为人工智能的先驱,是否赞同符号人工智能和是不是唯理派也不能画等号。对于唯理派来说,其立场仅仅是"任何心智活动是指符号表征层面上的推理活动",但对于符号人工智能来说,更为有用的一个论题则是"任何符号表征层面上的推理活动就是心智活动",这两句话的主词和谓词刚好是颠倒的。根据基本的逻辑学原理,只有逆否命题才是等价的。因此,唯理派并不等于符号人工智能。

此外,笛卡儿还是一个二元论者,他认为"人是占据广延的物质实体和不占据广延的灵魂实体的复合体。"笛卡儿的自然哲学观同亚里士多德的学说是完全对立的。他认为,所有物质的东西,都是为同一机械规律所支配的机器,甚至人体也是如此。同时他又认为,除了机械的世界外,还有一个精神世界存在,而人正是实体和精神的复合体。所以,在笛卡儿看来,"如果我们真的要做出一台'智能'机器的话,我们就需要把所有的问题解决策略预存在其内置方法库中,但在实践上这是不可能的。"事实上笛卡儿的这种实践上的"不可能"已经由人工智能的专家系统所打破。和笛卡儿的想法类似,莱布尼茨在《单子论》第十七节讲到人工智能问题时,也认为"应当在单纯的实体中寻找知觉,不能在复合或者机械中寻找"。

2. 机械唯物主义与人工智能

托马斯·霍布斯(Thomas Hobbes,1588-1679)英国政治家、哲学家。他创立了机械唯物主义的完整体系,指出宇宙是所有机械地运动着的广延物体的总和。霍布斯在其著作《利维坦》(*Leviathan*)中指出:"所有人类的讨论都是在加减的基础上,在计算利害。"这样的推论的前提是人类是理性实体,能够做计算。霍布斯的观点和早期物理智能假设类似,对于展现一个一般的智能行动来说,一个物理符号系统具有必要的和充分的手段。这也就意味着有好的编程方法就能制造智能体。

3. 经验主义与人工智能

大卫·休谟(David Hume,1711—1776),苏格兰不可知论哲学家、经济学家、历史学家,被视为是苏格兰启蒙运动以及西方哲学历史中最重要的人物之一。虽然休谟属于18世纪的哲学家,但他的著作中讨论的题材大多与现代哲学界的主要争论有密切关系,这与其他同时代的哲学家相较是相当罕见的。

在《人类理解研究》(*An Enquiry Concerning Human Understanding*)书中,休谟主张所有人类的思考活动都可以分为两种:追求"观念的连接"(relation of ideas)与"实际的真相"(Matters of Fact)。并主张我们不可能将我们的思考能力解释为理性的产物,因为理性只有可能是从两种方式得来（或来自直觉、论证，或来自归纳），而这两者都不可能作为我们推理思考的根基。

他的部分论述与现代人工智能的哲学思想更是密切相关，正如他在《人性论》(A Treatise on Human Nature)中所讨论的那样，如果将他的理念在今天的立场上加以重构，那么我们将会得到这样的结论："人们的日常选择不是理性推理的产物而是习惯，而习惯是类似于一种统计学机制，根基在于感官经验，而不是在于一些理性的讨论。"将这样的道理用在人类信息加工过程的话，信息加工其实就是记忆和对抽象的抽象，就是一种感觉观念。在这样的观点下，想象力也就不再神秘，想象力是对感觉观念进行的组合和分解形成的。当下人工智能的联结主义就是对这样一种哲学思想的继承和发展，联结主义认为，人类的认知过程可以看成是人工神经元组成的统计学学习机器，通过逐步抽象变成输出，典型的代表便是机器学习。

4.3 厘清概念：现代哲学与人工智能

现代哲学的头等大事是厘清基本概念。必须承认，很多自然科学家往往在自己的研究中，预设了相关理论和技术问题的答案，却很少回头反思这些答案的合理性。我们可以肯定，如果读者能回到现代哲学史的角度，把不同哲学流派之间的发展历史都看明白了，就能把当前人工智能不同技术流派背后的关键弄清楚。

4.3.1 康德哲学与人工智能

著名哲学家康德(Immanuel Kant,1724—1804)在《纯粹理性批判》(The Critique of Pure Reason)中，提出整合经验论和唯理论的心智理论。康德的这种整合策略和人工智能有什么关系，又对人工智能有什么影响呢？我们可以从后世人工智能科学家那里窥知一二。美国人工智能科学家侯世达(Richard Hofstadter,1945—)撰写过的重磅论文就和康德息息相关。

康德对人工智能科学家侯世达的启发正如上面所表述的那样，知觉来自"高阶知觉——知性"和"低阶知觉——感性"，二者缺一不可，因此，更全面的人工智能认知模型也应当囊括这两者。侯世达利用康德的哲学理论构建了人工智能的类比模型——"照猫画虎"搜索程序，而当下最火的人工智能机器视觉就可以被视为康德整合哲学在当下的人工智能应用的具体投射。

4.3.2 塞尔哲学与人工智能

心灵哲学是个古老又年轻的哲学分支。哲学发展史上已经形成了许多诸如"身体"与"灵魂"之关系等问题的论说，哲学由近代到现代的发展经历了所谓的"语言的转向"，传统的本体论和认识论问题转变为语言层面的问题，语言哲学由此成为现代哲学的研究重心。

约翰·塞尔是当今世界最著名、最具影响力的心灵哲学家、语言哲学家。塞尔认为，语言哲学中最具根本性的那些问题，比如语言的意义、指称和使用等等的分析和解决，都要依赖于心灵哲学的研究进展，尤其是意向状态的意向性。在人工智能到底会不会存在所谓心智和智慧的问题上，塞尔是持否定态度的，在直观上他承认弱人工智能的概念，即机器可以替代一部分的人类劳动，但是否定具有"自我意识"的强人工智能。

"图灵测试"试图说明能够骗过人类的机器具有"智能"，而塞尔设计的思想实验"中文屋"便是为了反驳电脑和其他人工智能，能够真正思考的观点。房间里的人不会说中文；他不能够用中文思考。但因为他拥有某些特定的工具,他甚至可以让以中文为母语的人以为他能流利地说中文。塞尔认为,基于他的"中文屋"思维实验,电脑就是这样工作的。它们无法真正地理解接收到的信息,但它们可以运行特定程序,处理信息,然后伪造出电脑具有智能的印象。

4.3.3 维特根斯坦哲学与人工智能

路德维希·维特根斯坦(Ludwig Wittgenstein,1889—1951)是20世纪最重要的哲学家之一。他在哲学上造诣深厚,是语言哲学的奠基人,更是有名的数理逻辑学家。人工智能学科建立是在1956年,所以他可能不太知道这个学科是怎么发展的。但是在这个学科诞生之前,就已经有很多哲学家对人工智能科学有相关论述。图灵和他相识而且他们熟悉彼此的研究。图灵的论文《计算机器和智能》里面所谈到的图灵测验的想法,有些人就认为是受到了维特根斯坦的影响,尽管他的文章里没有提到维特根斯坦。

总结维特根斯坦的《逻辑哲学论》(Tractatus-Logico Philosophicus),可以归结出三个话题:一是这个世界本身的形而上学的构建应当是怎样的;二是对这个形而上学世界怎样在话语中和言语中加以符号表征;三是哪些事情是不能用言语表征的,这些事情我们要让它诉诸沉默。这本书的三个话题恰恰和人工智能科学的"知识表征"任务的三个环节密切相连:一是对被表征对象的形而上学的理论;二是对知识表征的技术手段,特别是逻辑技术手段的选择问题;三是在选定的特定的表征手段的前提下,对知识表征范围的可能性边界的划定问题。

维特根斯坦做的工作和人工智能专家给出的计划有相当的相似性——朴素物理学计划,朴素物理学宣言——用谓词演算的技术手段把人类的日常物理学知识整理编辑成公理集,然后在这个物理世界中的行动和活动都是这样的公理集所做的推论;他们都试图用某种一劳永逸的方式,完成人类世界的表征任务,等到这个表征任务完成以后,可以用黑格尔(G. W. F. Hegel,1770—1831)的话说——太阳底下没有新鲜事,只是用我们已知的方式,把应该做的事情都展开了。这就是维特根斯坦的早期哲学和人工智能之间的关系。

维特根斯坦晚期哲学最重要的代表作——《哲学研究》(Philosophical Investigations)在谈到人工智能主体的时候会用到一个词——agent,智能体(能动体),和在哲学上的词"主动性、能动性(agency)"相关。智能体应该在什么样的规范性条件的约束下,在历史的动态环境中,利用相关的表征工具,特别是日常语言完成某些特定的任务,就是这本书关心的问题。很显然,后期的维特根斯坦的哲学思想要超越他的早期思想。在人工智能的角度看,哲学研究超越逻辑哲学论的最大的地方,就在于它不再把静态的知识体系规整视为哲学理论的聚焦点,而是把焦点转移到了智能体的行动,转移到了对信息的实时处理上。

迄今为止,人工智能的实体都建立在物理定律的基础上,物理实体不存在是否服从哲学原则的问题。但建立在物理实体上的人工智能与建立在生命实体上的人的智能有何本质不同?这始终是人类知识理论中最困难的问题,人们总在等待回答。从历史上来看,哲学对人工智能的发展起着不可或缺的促进作用。哲学研究,或者说哲学和其他学科的综合研究实力强的国家,在人工智能科研和实践上往往劲头十足。

哲学家和科学家都不能回答什么是人的"智能"的问题,也不理解智能与意识关系,当然也就不可能清晰地回答究竟什么是人工智能的问题。如果从技术的角度看哲学,那么哲学家用论证的方式检验人工智能的假设和前提、澄清人工智能学科里的基本概念、为人工智能科学思想呈现一种历史视角、评估不同技术进路的理论前途、用人工智能来检验某种现成的认识论、逻辑学或语义学学说。

1. 孔子有没有"人工智能"哲学观?
2. 谈谈你对人工智能的哲学理解。
3. 实训项目。

项目名称	图灵测试模拟游戏		实训学时	1课时
实训时间	课后	实训地点	教室	实训形式	模拟游戏
实训目的	1. 深刻理解图灵实验的内涵 2. 了解人工智能的"智能化"水平			
实训内容	讨论在人工智能技术发展越来越快的背景下,对人类生活有哪些影响			
实训素材	模拟实验办法 教师提前准备五个常规问题准备提问 　　人工智能组分为三组,每组由两名学生组成一组,其中一名负责搜索答案,另一名负责将答案念出;人类组由两名学生组成,其中一名负责将自己的答案发送给另一名同学念出 　　人工智能一组搜索学生手持苹果手机打开苹果 Siri 语音助手功能 　　人工智能二组搜索学生手持华为手机打开华为语音助手功能 　　人工智能三组搜索学生打开手机百度功能 　　人类组学生打开"脑洞" 　　为保障实验结果有效,报名参与实验时不分组,实验游戏开始时,由教师对报名的8位同学发放组别小卡片,并安排每组搜索答案(人类组回答)的同学在办公室待命,念出答案的在教室待命 　　小组内两人通过微信沟通,将从教师处获得的问题告知答题人,答题人通过搜索答案(人类组直接回答)将答案完整(人工智能组不能修改智能语音助手答案)传递给回答人,并由回答人在两分钟后统一作答 　　其余同学为大众评审,对上述四组同学的回答满意度进行评分,并尝试从四组同学中选出人类组			
实训要求	1. 组别身份需对所有人保密(除教师和小组成员外) 2. 搜索人员对于人工智能软件反馈的问题答案不得进行任何修改,必须原原本本发送给答题人 3. 答题人在教师2分钟答题时间解释后统一给出答案,且不得改动搜索人发送的答案			

续表

实训组织	1.由8名学生组成4个小组参与游戏 2.其余学生由教师组织对小组答题满意度打分 3.结束后如有时间,可就人工智能软件问答系统谈谈使用感受

1.徐英瑾.心智、语言和机器:维特根斯坦哲学和人工智能科学的对话[M].北京:人民出版社,2013.

2.刘晓力.心灵·机器交响曲:认知科学的跨学科对话[M].北京:金城出版社,2014.

应 用 篇

　　科学技术的巨大进步推动了人工智能迅猛发展,深刻而恒久地改变了人类社会。

　　作为社会的重要组成部分,人工智能在法律行业有哪些应用场景?现行法治体系又该如何调整和应对?作为法律人,在人工智能浪潮的强势驱动下,我们的职业未来将会怎样?

　　让我们走进并认识法律人工智能。

第 5 章

法律人工智能的范围

```
                              ┌── 现实作用：        ┌── 法律人工智能的立法价值
                              │   法律人工智能的价值 ├── 法律人工智能的执法价值
                              │                    └── 法律人工智能的司法价值
                              │
法律人工智能的范围 ─────────────┤   三个阶段：        ┌── "法律机器阶段"：基于法律规则的专家系统
                              │   法律人工智能的演变 ├── "法科学生阶段"：自主法律人工智能系统
                              │                    └── "资深法官阶段"：通用法律人工智能系统
                              │
                              └── 业界关注：
                                  法律人工智能前沿问题
```

1. 了解法律人工智能的定义、范围和基本分类；
2. 理解为什么人工智能对法律职业不构成威胁；
3. 了解法律人工智能的分类标准；
4. 了解法律人工智能的前沿问题。

"法咚咚":通过人工智能算法缓解法律咨询难题[①]

京东发布的首款智能法务产品"法咚咚",是基于京东自主研发的语音识别技术,运用人工智能的深度学习算法,借助微信小程序平台搭建的,主要服务于企业用户的法律咨询和问答平台,意在解决当前中小微企业聘请法律人员成本高的问题。

当前,我国中小微企业不仅数量多,相关的法律服务从业人员少,加上法律服务的成本费用过高,并不是每家企业都能够拥有常年法律顾问。

但是,法律事务在企业经营中又是不可避免的。比如在创业之初,经营者首先需要了解如何设立公司,股权分配以及董事会组建等各种制度设置问题;在企业的筹备经营阶段,又有必要查明公司所经营的事项,是否需要国家要求的特殊行政许可或资质,公司是否适用特殊的企业所得税减免政策等等;而在公司进入日常经营阶段后,比如在企业产品的推广宣传中,经营者需要了解与广告发布相关的法律法规,从而避免因为疏忽而受到行政处罚,或者频繁地因侵权行为"吃官司"等等。

法律机器人"法咚咚"的上线,能够很大程度解决以上问题,充分满足企业用户基本的法律咨询需求。在该法律人工智能产品发布会现场的比赛结果显示,"法咚咚"相对于专职律师,能够以更短的时间给出相应答案。

1.中小微企业经营时可能遇到哪些实际困难?
2.法咚咚属于什么发展阶段的法律人工智能?

目前在法学研究领域,并无权威、公允、准确的法律人工智能定义。对人工智能的理解因人而异,通俗地讲,某个计算机系统能做人类需要智能才能做的事,便可认为这样的计算机系统具有人工智能。法律人工智能就是人工智能技术在法律这个专门领域的应用。毋庸讳言,法律人工智能能够有效地协助法律人进行司法裁判和提供法律服务,显著提升全社会层面的法律治理效能。

就目前而言,专门用于司法裁判工作的法律人工智能,不论是理论探索还是实践创新都比较成熟。最高人民法院早在2017年,就发布了支持法律人工智能发展的政策文件,即《最高人民法院关于加快建设智慧法院的意见》,掀起了法律行业人员对人工智能的应用和研究浪潮。其中,上海的"刑事案件智能辅助办案系统"就将涉及公检法的刑事案件在云平台内共享,已经部分实现了法律推理过程的自动化。基于司法裁判领域法律人工智能的先进性,并出于提炼法律人工智能理论,同时贴近发展现实的考虑,避免仅仅就人工智能谈法律人工智能,本章将结合近年来我国智慧法院建设过程中运用到的法律人工智能场景展开论述。

5.1 现实作用:法律人工智能的价值

当前,法律人工智能在法律卷宗识别、法律认知辅助、法律信息检索、裁判规律分析、数据

[①] 搜狐科技.AI助力法律行业 京东法务首款智能产品"法咚咚"今日正式发布[EB/OL]. https://www.sohu.com/a/254439248_691122,2018-09-18.

存证等领域等得到了充分的探索应用,实现了人工智能向法律行业的"提质增效"和"扩权赋能"。基于机器学习、语音识别、图像识别、自然处理等技术构建的法律人工智能系统,能够显著拓展法律人的职业认知,提升法律人的知识管理能力;以法律知识图谱为核心,采用自然语言处理和机器学习技术的法律人工智能平台,能够满足法律人的知识需求,普遍提升法律人的工作效率;此外,基于区块链技术打造的自动化存证系统,能够保证法律信息的不可篡改,同时,带有时间戳的链式区块结构,确保存证的可验证性和可追溯性。这使得法律人工智能,能够主动对数据的生产、采集、加工、存储、应用、归档、销毁进行全生命周期管理,从而为电子数据存证提供了新的解决思路,在提高司法效率的同时降低了司法成本。

诚如前述,法律行业以"法律科技+司法裁判/法律服务"为导向,利用时下的人工智能前沿技术,有效提高了司法裁判和法律服务的能力。学者总结当前法律人工智能的发展,主要分为"理论建模"和"具体应用"两大流派,具体可总结为十大前沿领域。

(1) 法律推理的形式模型　即通过法律人工智能技术,构建包括规范推理、案例推理和大数据推理的形式逻辑模型,从而涵盖演绎推理、归纳推理和类比推理的逻辑方法。

(2) 法律决策的计算模型　即借助法律人工智能技术,辅助进行立法论证、执法论证、司法论证和守法论证,从而保证相关法治论证形式和内容的合理性。

(3) 证据推理的计算模型　即以法律人工智能技术,表示、探索、推断并分析诉讼过程中庭审的可能性,从而根据现有证据推断案件的走向和可能结果。

(4) 法律推理多主体模型　即以法律人工智能技术,构建司法诉讼环境下多主体论证的博弈逻辑模型,从而模拟庭审对法律推理大前提和小前提的论证。

(5) 可执行立法检验模型　即通过法律人工智能保障立法形式和内容的规整性,特别是解决不同部门法之间连同上下位法之间的条文冲突。

(6) 文本自动分类与总结　即法律人工智能自动对法律文本和论证,条分缕析地加以分类总结,从而实现文书材料制作的高度自动化和便利化。

(7) 法律信息的自动提取　即法律人工智能技术通过自然语言处理分析人类语言或文本,从而实现对庭审过程细节的全程掌握。

(8) 电子取证的机器学习　即在调查和诉讼程序中为回应举证要求,法律人工智能对电子信息进行主动辨识、收集和举证,并学会寻找类似证据的关键点。

(9) 法律信息检索系统　即法律人工智能技术通过改进其算法,增加法律检索中相关文档的数量,减少不相关文档的数量,提高法律信息检索的效率。

(10) 法律机器人的研发　即探索面向司法裁判和法律服务的法律人工智能应用程序,以实现法律公共服务的均等化和普及化。总而言之,前述分类对我国未来法律人工智能的发展具有较大影响力,具备较高的理论意义和实践价值,因而可以看作目前形成的阶段性共识。

5.1.1　法律人工智能的立法价值

纵观人类社会所进行的立法活动,不外乎意图完成三个社会任务:其一,发现并抽象出当前社会存在的法律问题;其二,就前述法律问题,通过对部分或者全部法律规范的立、改、废予以回应,使法律问题得到缓解乃至最终消弭;第三,设置并明确主体违背前述法律规范时,法律对主体施加的义务、责任乃至制裁。

自党的十八大以来,我国顶层设计特别强调立法的"科学化",自然,法律人工智能可在立法的三个方面发挥作用：

第一，通过构建法律推理的形式模型、法律论证的推理模型和可执行立法检验模型，以诸多法律规则、司法案例和数据信息为源泉，实现自动的法律演绎推理、法律类比推理和大数据法律推理，提升在多元主体立法议论、参与和评估的前提下，相关立法论证的科学性和客观性，保证法律规范内部、不同层级法律规范、法律和政策间的规整协调。这是传统环境下立法者绝难以统筹兼顾的。

第二，借助人工智能可以分析当前法律规范是否具备法治实效，还可以通过法律人工智能模拟一些可能的法律规范，更有可能实现立法者的社会治理预期。这种效果诚如学者所言，"将人工智能引入立法领域，不仅能够解决我国的立法困境，使立法决策者不会被信息的洪流所湮没。在人工智能视阈下展开的立法前评估和立法后反馈，能够使立法决策日臻完善，具有传统决策模式所难以比拟的优势。"

第三，法律人工智能可以协助立法者设置最恰当的惩罚措施。法律经济学常用的"激励-约束"模型指出，任何法律惩罚都可能涉及理性经济人对违法成本的计算。作为其中"颠扑不破"的推论，过低的违法成本无益于惩治群体中必然存在的违法行为；过高的违法成本又将显失行为与惩罚的相称性或等价性，也必然会影响法律的权威。人工智能通过模拟现实的立法效果，帮助立法者找到法律惩罚的最佳效应边际，从而明确法律理应设置的义务、责任和制裁。

5.1.2　法律人工智能的执法价值

当前，执法机器人已经广泛应用于交通违法审查、商事登记、行政审批和检验检疫等领域，推动了"放管服"指导下营商环境的优化。2018年11月底，我国首个"智能动态交通违法审核机器人"在温州市公安局交警支队启用并上线之后，全国各地也开始陆续运用执法机器人从事行政执法活动。比如，之前人民政协网就报道，河北邯郸的"机器人交警"正式上岗作业，执法机器人通过24小时全天巡逻执法，实现了车管咨询、事故警戒、交通指挥多种功能，等等。

机器人还不能替代生物人在执法中的作用。当前的"机器人交警"实际上仍属于"辅助系统"，是"智慧助手"(Intelligent Assistant, IA)，而非严格意义上的"人工智能"(AI)。从"机器人交警"的运行实践来看，最终做出决策的，仍然是"机器人交警"的使用者，即行政执法人员。机器人提出的执法建议可能被全部采纳，也可能被部分采纳甚至不被采纳。此外，执法人员根据机器人收集的信息作为执法参考，而不是由机器人自主调用或分析数据，机器人装载系统所提供的只是某部分决策参考信息，系统本身也并不直接从事行政执法。

但必须承认，目前法律人工智能在执法活动中，已经做到对主体违法行为的即时监测，并能够高效地处理类型化明显、法律事实和权利义务关系明确的案件，并根据事前设定的数据或算法，做出相应的行政执法行为，从而凸显了法律人工智能对执法的应有价值。

5.1.3　法律人工智能的司法价值

在构建"智慧法院"的时代思潮下，法律人工智能已成为近年我国司法改革的抓手。在当下我国的司法改革实践中，最高人民法院院长提出要"综合应用各种人工智能技术，实现智能审判、智能诉讼等司法辅助功能"；最高人民检察院检察长也在检察机关智能辅助办案系统建设工作座谈会上提出，"智慧检务建设要聚焦科学化、智能化、人性化"。

人工智能进入司法领域，其影响不可谓不深刻。诚如前述，在司法文本数据化、庭审语音识别、在线审理等信息化建设的基础上,不断引入司法实践的各类人工智能审判辅助系统,已经初步具备梳理关键事实、归纳案件争议、校验审查证据、推送类似案例、提供量刑建议、生成裁判文书等功能。法律人工智能已经进化到了拥有初步推理判断能力的"法官助理"。

法律人工智能所具备的识别、检索、审核能力能大幅提升司法效率,显著缓解困扰法院和检察院已久的"案多人少"压力。法律人工智能依据文本自动分类与总结、法律信息自动提取和法律推理多主体模型所设定的审案逻辑,也部分满足了司法公正的时代需求。比如我国法院使用的裁判型法律人工智能,通过类案推送所提供的裁决参照,将促进"同案同判"的实现;通过自动审验和阻断瑕疵证据,能够有效防止冤案错案的发生;法律人工智能不受"人情"或"关系"等法外因素干扰,可以有效地消弭司法腐败现象。

然而法律人工智能的发展不仅存在技术瓶颈,还有很多其他的不确定因素。譬如在司法审判工作当中,法官选择适用法律是个非常复杂且高度专业的过程,面临着错综复杂的法律事实和法律关系,其中法律或非法律的影响因素非常多。不仅许多事实上行而有效的办法"于法无据",部分问题也未必能在现有法律框架内得到解决,"法之理在法外",即便是已经颁行的法律条文,也往往可能备受争议。这就决定了法律适用不能用简单明确的规则予以概括。

比如我国《刑法》规定"已满16周岁的人犯罪,应当负刑事责任"。查证并准确认定未成年被告人的年龄,是办理每个未成年人刑事案件所不能回避,并且直接关系到司法审判结果的问题。该法律条文的规定看似简洁、严谨并高度确定,毕竟只要知晓被告人的出生日期和犯罪时间,便可以计算出被告人进行犯罪行为时的年龄。这个问题在法律推理中的不确定性便被消除了,法官也就不难在判决书中进行对应的事实认定。

但事实往往是,未成年人犯罪的年龄认定非常复杂,绝非简单的加减法"算术题",真正影响未成年人犯罪年龄认定的因素往往令人始料未及。我国有相当广大的农村地区,户籍信息采集是由公安机关委托当地村委会代为完成,实践中普遍有意识地改动户籍年龄,非常容易造成户籍登记的出生日期不真实。法官在进行法律推理前的事实认定时,还需要结合被告人的供述和证人证言,出生医学证明,法医学骨龄鉴定等,非常审慎地推定被告人的真实年龄。从这里便不难看出,就未成年人犯罪年龄认定的问题,因受到法律之外其他因素的影响,法律人工智能的应用面相当有限,并非某个单独的算法所能轻松解决的。

即便我们将前述非法律的干扰因素予以排除,毋庸讳言,法院作出的某个司法判决或认定结论,也绝不仅仅是机械的法律检索和法律推理的产物。

当仅就法律适用的过程而言,法律检索、法律推理和法律解释都是不可或缺的步骤。"法之理在法外",其中必然涉及法官如何解释法律,由此得到社会广泛接受的司法判决,并不断接近公平正义的问题。概括而言,法官解释法律以获得公正的判决结果,至少需要考虑现行法律规定、同类案件处理、自由裁量等诸多因素,这些因素决定了社会对判决结果的接受程度。

法律解释对于法律人经验的高度依赖,也使得在案件的处理预期基本确定前提下,个案裁判结果仍有相当程度的不确定性。人工智能能够进行类比推理,并不能够很好地进行价值判断。纵观法律人工智能的发展,作为暂时性的结论,可以认为在现实生活的绝大多数情况下,并不存在穷尽所有法律适用情景的算法,或者说,人工智能进行完备而周延的法律推理,并非某个司法审判所孜孜以求的终极目标。

那么,人工智能在法律检索、法律推理和法律解释中起到多大作用,或者说人工智能同法律适用过程的结合程度,也就成为衡量法律人工智能发展的关键性指标。

法律人工智能不仅需要帮助法律人进行法律检索和法律推理,也需要为法律解释提供专属于法律人工智能的解决方案。反观当前发展阶段的法律人工智能,其虽早已实现了高度集成化和智能化的法律检索,但只能为法律人的推理过程提供必要的和部分的辅助,尚不具备自主完成法律推理全过程的能力,不能有效进行价值判断,至少就目前来看,其没有最终取代法官解释法律的现实可能。那么,人工智能未能涉足法律适用的核心步骤,即全部的法律推理环节和法律解释环节,这就意味着,尽管已经受到不断发展的法律人工智能的冲击,但作为职业共同体的法律人和法律职业本身,目前仍然很难被法律人工智能所完全取代。

5.2 三个阶段:法律人工智能的演变

法律人工智能倾向于收录大量的法律知识,并且这些知识由大量分层次的法律规则组成。法律人工智能试图将复杂的法律数据转化为完全信息、高度确定、逻辑清晰的有限任务。这些经转化后的法律任务有明确的前提、稳定的对象、严格的程序、结构化的数据。总之,法律问题必须足够"稳定",并满足以机器语言描述的前提条件,进而帮助人工智能进行法律检索、法律推理甚或法律解释工作。

5.2.1 "法律机器阶段":基于法律规则的专家系统

专家系统(expert system)是典型的计算机智能程序系统,"基于规则的专家系统"则是2018年公布的人工智能名词。法律专家系统的研究与应用,是伴随着电脑程序和信息技术的广泛应用而出现的,是人工智能专家系统研究中的分支领域。因其在计算机科学和现实世界中的贡献,而被视为当前人工智能系统中最为成功的领域,其也是司法实践中应用最广的法律人工智能类型。

基于现有法律规则的专家系统,即将法律专家的专业知识和经验,以规范形式转变成计算机语言(即代码)。不过,基于当前法律规则的专家系统仍需要法律人明确,需要机器解决或回答的法律问题"是什么",然后专家系统将识别相关法条、案例,并自主地根据算法评估案例的价值,通过人工智能算法形成专业的回答,或者根据法律人的需要,自动生成各种类型的法律文书。毋庸讳言,基于当前法律规则的专家系统在司法机关推广,能够大大减轻法院等司法机关及其工作人员的事务性负担。

专家系统,特别是在"智慧法院"建设中所使用的人工智能,主要有以下几种形式:

(1)法律信息的电子化和数据化。专家系统通过信息技术手段(如文字识别技术,即OCR),将语音和纸质卷宗文字等非电子化材料,转换为可复制和可转换的电子数据。法律信息的电子化和数据化,能够增强司法机关的信息化程度,从而减轻司法机关相关岗位人员的工作负担,并为后面自主法律人工智能的应用打下了基础。

例如,最高人民法院、上海高院、广州中院和苏州中院等超过100家法院,应用了科大讯飞公司所研发的"智慧法院庭审系统"。又如,最高人民法院委托苏州中院研发的庭审语音识别系统,可以将语音实时自动转化为文字。该系统能自动区分庭审发言对象和发言内容,法官、当事人和诉讼参与人均能实时看见转录的文字。在该庭审语音识别系统的试用中,语音识别正确率已达90%以上,法官助理只需进行修改,即可实现对庭审过程的完整记录。

(2)办案辅助系统的智能化。办案辅助系统的智能化即指通过司法OA预设的人工智能算法,快速实现裁判文书中如"当事人信息""诉讼请求"等固定格式内容的实时生成。办案辅助系统的智能化能够有效缩短文书起草时间,有效地缓解法官和助理的事务性压力,提升法律辅助人员的跟案质效。

例如,河北高院组织研发了"智慧审判支持"系统,帮助法官对电子卷宗进行文档化编辑,并按法律要素实现结构化管理,自动引用、排列、归纳和分析案件的要素数据,辅助法官和法官助理完成文书的撰写。根据公开的新闻报道,在河北194个各级法院,有6961名法官和助理对该系统加以应用。截至2017年5月31日,该"智慧审判支持系统"共处理案件11.1万件,辅助法官和法官助理形成了78.4万份法律文书。

(3)实体裁判的预测监督。专家系统对实体裁判的预测功能,即根据法官选择的案件关键词,或者法官提供的部分情节和事实,自动统计并实时展示同类案件的裁判情况,并预测正在审理案件的最终裁判结果,同时推送更为精准的相似案例,以供法官在适用法律时进行参考。专家系统对实体裁判的监督,即根据理想的"同案同判"的要求,如若系统侦测到法官出具的判决文书中的判决结果,相较于同类案件的判决发生重大偏离,专家系统就能够自动预警。这能够有效降低法官的履职风险,保障司法改革后法官责任制度的平稳运行。

比如,北京法院的"睿法官"系统,便是依托北京三级法院的审判信息资源库,运用"大数据"与"云计算"充分挖掘并分析数据资源,依托法律规则库和语义分析模型,在法官办案过程中自动推送案情分析、法律条款、相似案例、判决参考等信息,为法官判案提供规整、全面的审理规范和办案指引。苏州法院的人工智能系统,不仅能够统计同类案件的裁判模式与结果,还能对当下案件根据历史裁判模拟裁判。如果法官制作的裁判文书判决结果与其发生重大偏离,系统予以自动预警,方便院长和庭长行使审判监督管理职权。

(4)建立电子化证据标准。专家系统通过法律大数据提取案件的办理经验,并将其内嵌于公检法三机关的数据化办案系统中,用以规范公检法机关及其工作人员行使司法权力的行为,以后因刑讯逼供等行为形成的卷宗材料将"无所遁形"。例如,上海公检机关从统一证据标准、制定证据规则、构建证据模型入手构建的刑事案件智能辅助办案系统。

值得注意的是,作为能够识别法律问题并进行推理的关键因素,使用并启发法律专家系统的人便被称为领域专家。可以认为,如果没有法律领域专家的知识和经验,建立基于当前法律规则的专家系统,显然是难以实现的。

比如,实践中办理机动车交通事故责任纠纷的案件中,"丧葬费"在多种多样的民事诉讼文书中有很多种表述,最直接且可供法律人工智能识别的"丧葬费"不必多言。但是,文书中的丧葬费也有可能是以"美容费""美化费"等相对曲折委婉的方式予以表述。

面对这种情况时,若要实现法律人工智能自动准确地识别并计算赔偿费用,就必须先由领域专家"教会"人工智能上述特殊字眼的含义,使人工智能具有法律领域的常识,即在交通事故诉讼文书中所谓"美容费",有很大可能是尸体"整容费"的同义表述,显然不是日常生活中因为美容养颜需要而产生的经济费用。可以看出,基于当前法律规则的人工智能专家系统,无疑在理论上存在显著的局限性。这主要表现在以下四个方面:

(1)专家系统面临法律知识的获取瓶颈。这是因为"人类所知远胜于其所能言",学习是充分调用多种感官的综合过程,人脑在其中的概括性和模糊性难以准确提取和描述,专家的知识和经验很难用准确的机器语言进行描述。此外,即便能够对领域专家的知识和经验进行准确地描述,提取这些知识和经验的工作量也非常大。同时,这些知识和经验自始至终都需要保持逻辑上的严谨,否则便会从根本上制约法律专家系统的准确性。可以肯定的是,其中有大量艰苦的工作需要推进,这不仅包括后文中法律知识图谱的细致构建,还包括技术人员在法律自然语言理解上的努力。这正如某位业界人士所言,可谓"有多少人工,就有多少智能","多人工就多智能,少人工就少智能,没人工就没智能,优秀人工就有优秀智能,垃圾人工就有垃圾智能"。因此,法律人工智能的发展迫切需要引进法律和技术深度结合的人才,全社会也有必要给予法律人工智能充分的时间。

(2)法律专家系统的自适应能力差。现有的多数法律专家系统都采用了基于法律规则的推理技术。所谓基于法律规则的推理技术,必须以领域专家的知识经验为底层驱动,将法律问题加以抽象概括,并转化为易于被系统表示和推理的形式。然后,专家系统以其已有的法律知识构成为基础,将待处理案件的初始数据与知识库中的法律规则进行匹配,最终根据三段论得出相关法律结论的核心技术。从这个角度来说,对于领域专家的知识和经验未涉及的法律问题,法律专家系统显然是力有不逮的,甚至会得到错误乃至荒谬的结论。与此同时,如果在面对某个具体的争议性问题时,领域专家无法达成相同意见的前提下,专家系统很容易因为采信某个专家的结论造成偏颇。毕竟法律专家的个体经验必然存在着局限性,否则该法律问题不可能会出现争议,这会带来前后冲突适用的系统风险。

(3)法律专家系统的自学习能力差。承前所述,法律规则推理的核心,是固定化的基础数据和推理逻辑,法律专家系统不能自动自发地学习新的知识,也不能从求解法律问题的过程中总结积累经验,自动修正已有知识库中领域专家的知识和经验,那么,专家系统的自我提高和完善便无从谈起。比如,2021年施行的《中华人民共和国民法典》(以后内容中提的《婚姻法》《刑法》等都指我国的法律法规),便对《民法总则》《婚姻法》等十多部法律进行了大规模的整合,其中,有近百条为法典新加入的原创性规定。对于法律人工智能而言,这就意味着必须及时地对专家系统的知识库进行更新,这个更新过程又需对专家系统予以再调试。我国现行《刑法》有470多项罪名,民事诉讼中的二级案由有467个,领域专家必须逐个将其内在逻辑予以攻破,然后由专门的技术人员将其转变为代码。总而言之,有了新的法律就需要设置新的规则,那么法律专家系统就需要人类"教",但人类"教"机器的成本无疑非常巨大。

最后,法律专家系统的即时性差。法律专家系统目前仅能够应用于部分领域,比如"善意取得增值税专用发票的法律风险",因为人工智能的核心优势在于解读大量的善意取得增值税发票的案例,专家系统将非常快速地指出该类型案件的风险点。但当解决更加前沿或者更有普遍性的问题时,基于分析样本的有限性和算法的欠包容性,法律专家系统就难以满足快速和实时输出结论的需求。

综上所述,在当前基于法律规则的专家系统中,计算机只是在"复制"智能而自身并不具备智能。科幻作家刘慈欣曾经在《AI种族的史前时代》中描述他亲身参加开发某个发电轮机专家系统的经过:当人类专家们发现,自己毕生经验总结出来的知识,经过转化后就只是短短的几行代码时,他们当时沮丧之情"溢于言表"。但很快领域专家便重拾自信,并发现了自己身为专家的独特价值。这是因为,尽管可能发生故障的情况,特别是特定情况下专家的排查逻辑虽然可以将其全部固化成代码,创设出"面向轮机维修的专家系统",显著降低发电轮机的维修成本。但是,专家系统就凭着这几行代码所包括的知识,遵循僵硬固化的故障排除逻辑,最终能够起到的作用相当有限。

刘慈欣在文章中总结到,"当我们面对这样的专家系统的时候,总会觉得缺少面对真正智能的感觉。"前述"面向轮机维修的专家系统",就如法律人工智能的专家系统那样,最多只能作为行业新手学习时的辅助。那些真正且不可替代的经验,很难用法律知识库予以描述和表达。在法律人工智能领域,作为早已被认知科学所揭示的规律,机械性地重现人类能够"按图索骥"的法律适用过程,基于现有规则的专家系统,确实难以称为是真正代替人类认知的"法律人工智能"。

5.2.2 "法科学生阶段":自主法律人工智能系统

自主法律人工智能系统是法律人工智能当前的发展方向。该系统作为比较发达的专用型人工智能,相对于专家系统而言更为"智能"且"主动",将初步拥有领域知识的自我学习和适应能力。该系统以机器学习、深度学习、自主学习和大数据等先进技术为支撑,不需要法律人指明法律问题"是什么",自身可以理解特定事实陈述并识别其中的法律问题,完成检索并向法律人提供最佳的法律信息。整个过程几乎不需要法律人的深度参与,法律人主要在这个过程中居于引导、监督和检验的辅助地位。从宏观原理上说,若要实现自主法律人工智能系统,要求机器首先能识别各种数据的法律含义,能主动从海量的数据中抽取相关的知识点,连同这些法律知识点之间的逻辑关系。然后,将各知识点合并到自身的知识图谱中,从而完成法律人工智能的自主学习过程。

法律人当然希望自主法律人工智能系统能早日实现,但很遗憾,这仍然只是人工智能的未来方向。当下的现实情况是,由于法律领域的专业性和复杂性,特别是法律语言的堆叠与不确定性,自主法律人工智能系统难以构建完整的法律知识框架和知识逻辑。前述专家系统还是目前最主流的法律人工智能实现路径。

从法律理论的角度进行分析,在深度学习、机器学习和大数据技术的支撑下,自主法律人工智能面临的关键阻碍,不仅在于文本确定性和完备性问题,更在于人工智能尝试解释法律时所面临的价值判断两难问题,这就使得自主法律人工智能所面临的不仅仅是技术问题这么简单,而更像是形而上学的哲学问题。

法律真的确定无疑并完备规范吗?没受过专门法律训练的普通民众,可能会以为法律已经足够明确。"杀人偿命"和"欠债还钱",天经地义又干净利落!但作为法律人,在使用法律时,必须牢记"公平正义"的沉重分量,其也必然深知法律文本中存在一些模糊、冲突和似是而非的地方。比如,刑事案件中什么样的行为被认定为"自首"?因新冠肺炎疫情导致的某些迟延履行,是否能归于民商事案件中"不可抗力"?或许法条适用能力强的法律人,可以马上得出基本的结论,但这个结论无疑是粗糙的、含糊不清的。事实上,当严肃地深入思考这些问题时,法律人往往会发现它复杂的惊人,也正因此,某些法律问题的争论历经千年,延宕至今而仍未止歇。

法律文本的现实意义,不仅仅取决于词源词义、语法规则、逻辑实证,更取决于人们的约定俗成、感觉经验、思维方式、理念信仰,乃至全社会对公共秩序和良善风俗所达成的共识;不仅取决于历史,还取决于当下,更可能试图引领未来;不仅取决于社会所普遍认同的意义,还取决于特定场合社会成员的共识。那么,为了更公允地处理某些具体案件,法官在进行司法审判时,就必须引入法律解释的方式,以弥补法律文本确定性和完备性的结构性不足。因此,如何解释法律,是法律人经验与智慧的集中体现,在这个过程中,人工智能如何帮助法官解释法律,乃至最后由人工智能自己解释法律甚至创设规则,也是法律人工智能发展面临的重要哲学命题。

法律解释绝非法官的"信口开河",法官在解释法律时,必须充分地阐明自己的立场,连同该既有立场所依托的法律条文或者类似案例。在论证法官自身立场的过程时,"有理有据"是基本要求。从这个视角来看,自主法律人工智能的发展,就受到"理"和"据"两方面的挑战。

其一,进行法律解释所不可或缺的"据",从物质基础上制约了自主法律人工智能的发展。如果自主人工智能是"引擎",那么基于诸多裁判文书的法律大数据无疑是"燃料"。同当前法律专家系统所遭遇到的困境类似,可供自主法律人工智能学习的高质量数据非常缺乏。对于自主法律人工智能而言,这种缺乏不仅仅是数据总量的缺乏,更多的是数据所反映的司法信息的缺乏。

我国司法信息公开仍然任重道远。很多法律人工智能都是由第三方提供的,获取司法信息的重要性不言而喻。比如,同民商事裁判文书的说理详尽显著不同,我国刑事裁判文书的说理部分大多比较简略,《行政诉讼法》甚至没有规定行政裁判的说理制度。这就导致了民商事案件中,诉讼双方的信息资源更为丰富、充分、准确与真实,尤其是在双方举证质证的激烈对抗下,相关的法律信息往往可以得到充分披露与展现。相对而言,刑事和行政诉讼则呈现"弱对抗"甚至"无对抗"的状态,从而使得涉案法律信息的充分性无法保障,甚至案件信息的真实性也可能存有疑问。在审判过程中,真正分析和记录法官分析过程的合议笔录等内部文书,最终被整合到档案的副卷部分,这些文书并不会上裁判文书网或对外公开。这就使得其他法律人对法律决策过程中的裁判目的、博弈过程、考虑条件、心证形成等这些影响决策最为关键的因素缺乏普遍、充分的记载与掌握。除此之外,当事人向法院递交的申请文书,律师出具的辩护意见,公安机关和检察院的内部文书等等,绝大多数也没有公开获取的渠道。

要让人工智能汇总形成最终裁量结果所要权衡的要素(即当前法律规定、同类案件处理和个案自由裁量),通过目前公开的极小部分裁判文书是难以做到的。即便未来全部案卷材料都公开了,电子卷宗等信息化办公措施全面铺开,前述材料仍然需要经过繁重的人工处理,即对数据进行充分的收集、清洗以及融合,才能够转化为供自主人工智能系统学习的语料(corpus)。

其二,法律解释需要兼顾法理和情理的立场,这种法律解释之"理",是自主法律人工智能发展的最大理念挑战。诚如著名的法学家哈耶克(Hayek)所言,"对正义的实现而言,操作法律的人的质量比其操作法律的内容更为重要。"法律解释绝非基于司法权力的恣意妄为,最终实现个案正义的关键因素,便在于法官借助论证解释法律时,有意无意透露出的价值取向。每份司法判决所呈现出的法律解释立场,既包括明面上人们可以读出的"显性"规则,也包含未被明确写出的"隐性"规则。从已有研究成果来看,普遍认为,虽然各种人工智能技术的应用,确实大大提高了司法裁判的质效。但在目前发展阶段,人工智能只适合对类型化案件(比如信用卡催收、交通肇事、民间借贷等)的要素信息识别和转换等,至于涉及价值评价的非类型化疑难案件,自主法律人工智能则难以做出公正合理的个案评价。

在目前人类对人工智能的"认知"尚不存在颠覆意义的理论突破前提下,期望人工智能对涉及复杂价值判断的个案,做出社会可接受的裁判确实有很大难度。由法律人工智能担任"法官"目前尚不具备实现的可能,但在大规模数据和大规模算力已经成熟的当下,利用司法大数据和法律人工智能的强大计算能力,帮助法官实现个案裁判正义则具有一定的必要性。

总而言之,自主法律人工智能系统的适用情境为对法律解释依赖度较低,甚至不需要法律解释的案件。诸如小额借贷纠纷、网络金融交易纠纷、劳动争议纠纷、交通事故纠纷、婚姻继承纠纷等这些案情相对简单、证据较为客观、法律关系比较清晰的纠纷,自主法律人工智能系统将有着非常好的应用前景。同时,自主法律人工智能在对要求固定格式文书的非诉讼业务(比如律师事务所需要出具的法律意见和尽职调查等)方面有着相当广阔的应用前景。自主法律人工智能在法律服务行业的应用,具体将在后续的章节中予以深入展开。

5.2.3 "资深法官阶段":通用法律人工智能系统

通用法律人工智能系统是法律人工智能的终极理想形态。该阶段属于法律人工智能可以完全模仿法律人,即人工智能拥有法律人全部职业智能的历史阶段,人工智能将拥有人类的可塑性和适应性。在这个阶段,法律人工智能不仅将深度参与个案的法律适用,即法律推理的全部环节以及法律解释,甚至可以承担全社会法律规则和法律体系的抽象和构建过程。

就目前而言,我们无从知晓未来通用法律人工智能系统将会如何发展,人工智能是否会被赋予法律人格,享有法律权利并承担义务和责任?人工智能最终是否会以中立的裁判者身份介入人类纠纷?未来会不会出现人工智能的立法者,抑或人类和人工智能分别立法?凡此种种,不一而足。但这并不妨碍我们提出某些对通用法律人工智能的构想。我们认为,在可以被触及的未来,通用法律人工智能将会更好地服务于法律人和法律职业共同体。尽管会时不时地对既有的法律和道德伦理造成挑战,但很可能不会如科幻小说、游戏和电影所担忧的那样,人工智能将抢夺人类的司法权并主宰社会发展,甚至最终"反客为主"地决定人类种群的命运。

诚如霍姆斯大法官所言,"法律是专属于人的东西"(law is human),它是人类社会的一部分,与其余万象共处于世。在传统的以生物人为主导的人类社会里,法律的权威来自人类(生物人)的信任和敬畏。这种"信任"和"敬畏"绝非人工智能所能轻言取得的。我们认为:决定通用法律人工智能是否可以登堂入室,进入法庭并端坐于审判席的关键因素,是其被要求拥有怎样的价值观念和法治信仰,为其他社会成员定纷止争的裁判艺术。从这个意义上,人类是否需要"机器人律师""机器人法官"乃至"机器人立法者",更重要的考量标准显然并不是算法,而是法治工作队伍的认同与法律职业共同体的形成。

试想,倘若将公共权力赋予人工智能系统或机器人,那么必将导致人类更加彻底的异化——人类被自己的造物所控制,而"物"也成为衡量"人"的尺度,这就已经让观念保守的精英阶层惴惴不安。此外,即便是通用法律人工智能系统,由于人造物在处理问题时"天然地"缺乏人文关怀,强调技术理性,仅仅依靠人工智能程序或法律机器人裁判和执法,悲悯之心的缺位,势必会反过来侵犯生物人作为"人"所享有的权利。当然,前述情形是否发生取决于通用法律人工智能的发展方向。但是,怎么让作为社会主体的"人",包括生物人和机器人,都能够成为更好的"人",从而实现"人"的自由和解放,更加值得人工智能业界和学界深入思考。

作为谨慎乐观的预期,未来的法律人工智能,将不仅停留于为法律人提供更加称手的"工具",其自身也具有改变或重塑法律服务,甚或法律职业乃至法律人本身之高度可能。这种前景正如刘慈欣在《AI种族的史前时代》中所展望的那样,"我们应该明白并期待:自己正处于AI种族的史前时代。"

5.3 业界关注:法律人工智能前沿问题

当下引发业界关注的法律人工智能前沿问题,主要涉及两个方面:第一,人工智能作为新事物,其将会引发何种法律问题,这些问题应当如何受到法律的合理解释与妥善规范;第二,如何利用人工智能技术,达致社会的公平正义,比如通过机器学习等技术,辅助司法裁判,甚至令法律人工智能学会裁量案件,等等。人工智能作为新生事物,其本身的发展也将会引发某些法律问题。这些法律问题无时无刻不在呼唤法律的回应。

(1)刑事责任归属问题。比如机器人"小胖"砸碎展台玻璃事件。"深圳湾在线"网站报道,2016年11月18日,在深圳举办的第十八届中国国际高新技术成果交易会上,叫作"小胖"的机器人在展览过程中突发故障并砸碎了展台玻璃,导致1名参观者脚踝划伤,该参观者随后被送医治疗,如图5-1所示。据了解,"小胖"是中国首批家庭服务型智能机器人。该家庭服务型机器人可实现儿童教育、移动投影、语音互动、移动空气净化、家庭中控、报警等功能。

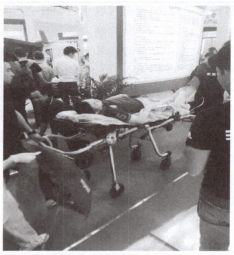

图5-1 机器人"小胖"故障的现场照片(来源:深圳湾在线网)

此事件显然增加了人们对当前人工智能安全性的顾虑。那么,随之而来的问题便是,假如该案例的参观者受轻伤以上,他便可以提起刑事诉讼。那么,这个刑事诉讼被告应该是谁?人工智能是否能成为适格被告?

(2)侵权责任归属问题。"凤凰网科技"网站报道,2018年1月10日,由福特投资的ArgoAI公司旗下的自动驾驶汽车,在美国宾夕法尼亚州匹兹堡发生了交通事故,该事故最终导致两人受伤;3月18日,美国Uber科技旗下的自动驾驶汽车发生了致行人死亡事故;5月4日下午,Waymo旗下的自动驾驶小型货车,在亚利桑那州的钱德勒市发生车祸,该事故造成了部分人员轻伤;5月12日,美国犹他州,一台特斯拉Model S追尾了消防车,司机撞伤了右脚踝并称当时已经开启自动驾驶系统。

假如前面发生的车祸案件是在我国发生的,其中涉及的交通事故侵权责任在当前阶段,应当适用《民法典》侵权责任编中的机动车交通事故责任?还是侵权责任编中的产品责任?

(3)著作权问题。《深圳商报》报道,2016年3月,日本文学"星期一奖"的评比中,由人工智能创作的小说作品,在比赛中通过了委员会初审。虽然,该作品最终并未获得任何奖项,但是,该事件仍然引起了社会对人工智能智力创作成果归属的关注与思考。

如果前面机器人创作的作品最终获得奖项,这个奖项依照规定应当归谁?该作品发表乃至后续出版发行的署名权应该归谁所有?腾讯诉盈某侵害著作权及不正当竞争纠纷案,便认定人工智能Dreamwriter生成的文章构成著作权意义上的"作品"。知识产权的核心概念即"独创性"判断标准,相较于刑事和侵权责任而言更为宽松,涉人工智能知识产权的权利确认,无疑也是当前业界关注的前沿问题。这些问题我们将在后面的"挑战篇"中尝试予以回应。

与此同时,就法律人工智能如何对实现公平正义有所助益,目前业界关注的理论与实践焦点主要有以下几个方面。

就立法方面而言,如果人工智能有机地参与到立法过程中,那么相关研究必须解决三个方面的问题:一是立法信息过度收集问题;二是立法过程歧视问题;三是立法结果论证缺失问题。具体而言:

第一,在人工智能辅助地方立法过程中,不仅要收集现行法律法规文本、裁判文书以及相关立法建议等对立法必不可少的基础性信息,还需要收集相关法律问题的评论文章、新闻报道下面的网民评论、社交网络平台的消息推送等能够反映民意的公开信息,甚至还需要使用爬虫技术对相关软件的后台运行数据进行非公开的采集,而这往往会造成人工智能在学习过程中,忽视甚至主动规避个人信息收集的目的限制。随着人工智能介入立法工作程度越深,个人信息过度采集的风险就越大,导致诸如大数据挖掘侵害隐私权,以及采集个人信息的合法性问题的可能就越多。这时候便可能需要"机器人立法"先行,事先明确人工智能参与立法的行为范围和行为准则。

第二,在人工智能应用实践中,以特定算法为核心的人工智能,普遍存在"偏见"和"歧视"问题,反映在人工智能辅助立法的具体应用中,可能表现为忽视部分群体利益、漠视部分群体意见、过分强调部分群体参与。这是因为法律人工智能仍然是由自带偏见的人编写出来的,尽管可能法律人工智能的创造者(算法的提供者)并无意识,但其所提供的代码很有可能嵌入了自身的主观判断,而法律人工智能本身的偏见经过大数据后,无疑会显著放大可能当时是"微不足道"的误差。当然,也有可能是暗含社会偏见的数据信息,混入法律人工智能的立法系统中。因为社会毕竟是多元化的,法律人工智能可能将部分落后或者带有歧视性的思想,以大数据的形式反映并放大现有社会部分落后的价值观念。

第三,当前为了保证立法过程的合理性和科学性,立法法律和立法条例普遍规定在立法过程中,立法者必须采用条旨和条文说明相结合的方式,阐明立法依据,对涉及社会公众切身利益的规范,应当征求意见并说明意见的采纳情况。但是法律人工智能的立法过程处于"黑箱",法律人工智能通过算法当然能够得出相对应的立法结果,但立法者却并不知悉其经历了怎样的运算过程,对现有的立法意见是如何挖掘的,吸收了那个主体提出的何种意见,吸收的依据是什么,人工智能也无法给出明确的答案。

就执法方面而言,如果人工智能需要直接从事行政执法行为,那么相关研究必须回答三个方面的问题:一是法律人工智能是否具备行政执法能力;二是法律人工智能是否具备行政执法权力;三是法律人工智能能否承担违法执法而导致的法律责任。具体而言:

(1)基于法律人工智能天然具有"不偏不倚"的技术理性,对于行政管理中的大部分被管理者而言,法律人工智能更能体现执法者的公平和公正,更能体现行政法高效便民和诚信原则,也更有利于"服务型政府"的建设。因此,哪怕现在仍然处于弱人工智能阶段,法律人工智能无疑也具备初步的行政执法能力。

(2)法律人工智能参与行政执法的权力,必须具有明确的法定依据,否则不仅行为无效,还应当承担相应的法律责任。诚然,在当前弱人工智能背景下,通过立法规定人工智能具有独立执法权力显然"不合时宜",但未来若技术和社会条件成熟,最高公权力机关通过法律形式确认人工智能的权力,使其以对等的地位与人类共同行使执法职责,也并非不可期待的。

(3)行政责任分为外部责任和内部责任。就外部行政责任而言,倘若人工智能的不当执法行为,造成行政相对人的利益受损,外部行政责任的承担方式,是由法律人工智能所代表的行政机关,承担相应的撤销、变更、履行具体行政行为,或确认其违法、无效,责令赔偿行政相对人损失的责任,等等。当前的理论争议关键在于,法律人工智能对内如何承担行政责任,值得后续进一步的思考。

就司法方面而言,法律人工智能若要真正地介入案件的处理,那么就必须回答:

(1)如何通过法律规范的设置应对算法系统本身的局限性。法律事实本身具有显著的中立性,司法认定的结论正确与否,取决于系统获取的关键信息,是否能反映案件的争议焦点。相同的数据从不同的角度检索分析,得出的意见倾向也会不同。更不必说每个案件都有各自的特点。法律人工智能的算法运行具有模糊性,形成"算法黑箱",无法准确分析每个案件的特点。概而言之,选择不同版本的法律人工智能,得出的判决结果便有所不同。此时,只能通过法官对案件的亲历了解,乃至法律原则和生活知识做出裁判。

(2)法律人工智能发展与直接言词原则的抵触,因此法律人工智能对于刑事案件的介入必须受到限制。法官在刑事诉讼中为了更好地做出裁判,就必须亲自接触证据、聆听证人的证言,亲力亲为地审查证据是否具备证据能力和证明能力。法律人工智能目前并不会有目的地审查证据,发现证据疑点,同时,计算机所接触到的证据已经是被形式化了的"二手证据",本质上还属于传统的"书面审查",这显然反过来增加了冤假错案的可能性。

(3)如何让法律人工智能学会价值衡量,也成为当下法学研究的前沿问题。毋庸讳言,"徒法不足以自行",法律只有在案件中具体适用,才能打破法条规定的机械化和僵化,随之条文背后的法律精神和人文情怀才能得以释放。法律作出的裁判不仅要求司法人员具备极高的专业素养和实践经验,也需要裁判者综合运用其认知和情感能力,了解案件中存在的矛盾,谋求案件真正意义上的解决。

总而言之,法律人工智能试图通过人工智能技术改良或者颠覆传统法律服务,最终的落脚点是人工智能法律类产品,以及匹配人工智能的法律服务组织结构。人工智能程序对法律职业产生的影响,也使我们不得不继续思考,在迎接某种"猝不及防"的未来时,既定的法律秩序和司法体系需要做好怎样的准备。

法律人工智能即人工智能技术在法律上的运用,其目的是协助法律人向社会提供法律服务,从而提升全社会的法律治理效能。法律人工智能根据人工智能的发展阶段,可以分为基于现有法律规则的专家系统阶段,自主法律人工智能系统和通用法律人工智能系统,其有诸多的前沿问题有待业界和学界的讨论。法律人工智能对法律职业不构成实质性挑战,但未来人工智能是否能够深度介入乃至重新塑造法律职业,仍然有待未来的持续观察。

1. 谈谈你对法律人工智能的认识。
2. 举例说明日常生活中法律人工智能的运用。
3. 谈谈法律人工智能是否能够成为法官。
4. 实训项目

项目名称	制作法律人工智能宣传海报			实训学时	1课时
实训时间	课后	实训地点	课外	实训形式	海报制作
实训目的	1. 理解法律人工智能的现实作用 2. 认识人工智能发展的优势与瓶颈				
实训内容	1. 梳理法律人工智能的应用场景 2. 归纳法律人工智能的特点 3. 制作图文并茂的法律人工智能宣传海报 4. 营造法律人工智能文化氛围				
实训素材	1. 有关法律人工智能应用的新闻报道 2. 法律科技公司法律人工智能产品介绍				
实训要求	1. 海报主题突出 2. 海报创意鲜明 3. 画报图形色彩美观 4. 海报运用多种现代信息技术				
实训组织	1. 每位同学独立完成海报设计 2. 学生分享微信朋友圈并集赞 3. 遴选优秀海报上传课程网站或公众号				

1. [以色列]加布里埃尔·哈列维,陈萍译.审判机器人[M].上海:上海人民出版社,2019.
2. 孙建伟,袁曾,袁苇鸣.人工智能法学简论[M].北京:知识产权出版社,2019.

第6章

法律人工智能对法律服务行业的重塑

```
                                                              法律服务信息化改变职业方式
                                    未来趋势：                  法律服务数字化提升服务质量
                                    法律人工智能与法律服务行业的结合  法律服务标准化带来定价下降
                                                              法律服务自由化促进垄断解体

法律人工智能对法律      信息保障：                              法律人工智能对律所案件管理的助益
服务行业的重塑         法律人工智能对律所经营的助益               法律人工智能案件智能咨询的助益

                                                              对律师进行法律检索的促进
                                    提质增效：                  对律师进行尽职调查的促进
                                    法律人工智能对律师办案的促进   对律师进行合同处理的促进
```

1. 理解法律人工智能对法律服务行业发展的帮助和挑战；
2. 了解法律人工智能处置律师事务性工作的技术原理；
3. 了解法律人工智能对法律服务标准化和民主化的贡献。

法律人工智能之功能:来自美国律师行业的实证研究①

美国的法律人工智能研究者采用实证研究的方法,分析了2012年至2015期间,Consilo.com旗下Sky Analytics公司提供的律师工作时间数据和对应的发票。然后,学者按照美国律师协会制作的工作代码,将律师的日常工作分为13个大类,学者进而详细分析了法律人工智能的当前发展,对律师不同类型工作产生的替代性影响:

律师的主要工作种类	法律人工智能对这些工作业已产生的影响
文件审查	重大
法律分析与策略	中度
法律文件草拟	中度
尽职调查	中度
法律检索	中度
庭前准备与出庭	轻度
撰写法律意见	轻度
为客户提供建议	轻度
谈判与协商	轻度
事实调查	轻度
文件管理	轻度
其他交流与互动	轻度

1. 为何法律人工智能对律师的文件审查工作具有高度替代性?
2. 为何法律人工智能对律师的其他工作尚不具备较高替代性?

6.1 未来趋势:法律人工智能与法律服务行业的结合

无论是正面还是负面,人们认为人工智能的发展、应用和普及,必然将会对人类社会产生深远影响。这种影响可能伴随着新的社会范式的产生和旧的社会范式的衰落。虽然法律服务作为传统行业,具有较强的技术"免疫力",但是倚重信息检索、文件整理和逻辑推理的法律事务,确实是人工智能发挥"聪明才智"的绝佳领域。

6.1.1 法律服务信息化改变职业方式

诚如理查德·萨斯坎德(Richard Susskind,1961—)在《法律人的明天会怎样?——法律职业的未来》(*Tomorrow's Layers:An Introduction to Your Future*)中所言,合格的律师"必

---

① 罗超.人工智能法律服务的前景与挑战[EB/OL]. http://blog.sina.com.cn/s/blog_1615eb4190102wx53.html, 2017-06-30.

须时刻关注未来,而不是现在和过去"。长久以来,律师作为职业人士向他人和全社会提供高度专业和知识密集的法律服务。社会现代性的重要维度便是高度的法治化,毋庸讳言,以律师为代表的法律职业对于社会的平稳运行至关重要。与此同时,他们也获得了来自社会的,相当丰厚的经济与社会地位方面的回馈。

正在轰轰烈烈地进行的信息技术革命,特别是人工智能、大数据和云计算等先进技术,深刻改变了律师职业的运作以及自我组织方式,甚至重新塑造了人们获取法律专业服务的方式。面对人工智能带来的智能化法律服务趋势,律师们非常欢迎法律人工智能协助他们,自动执行"例行公事"般的事务性活动,使得律师能够腾出宝贵的精力,关注更多需要深思熟虑的结构性工作。

作为不可阻挡的发展趋势,当前主要由律师提供的法律服务,最终会由传统的私人订制、"量体裁衣"式(tailor-made)服务,转变为流水线式的标准化商品服务。因此,萨斯坎德教授呼吁专业人士应当着手准备将他们的知识标准化、系统化和外部化,以应对人工智能等新兴科技给法律行业带来的挑战。

法律人工智能给法律行业带来的改变,会使法律服务变得更加易得和便宜,这无疑能够大大地推动社会的现代化水平。与此同时,也必然会引发理论和实践的争议。人工智能对法律职业的"垄断"地位也将带来挑战。人工智能提供的高度发达生产力,对律师服务行业的行业业态(生产关系),特别是行业资源配置构成根本性的挑战与重塑。

萨斯坎德教授将"垄断"产生的原因,解释为"社会和职业之间的'大交易'"。在前人工智能的社会发展阶段,不管基于什么样的考虑,人类社会需要将部分人士奉为权威,只授予他们从事某类事情的许可。具体而言,在大部分国家,要以律师身份提供法律服务,必须先通过国家组织的职业资格考试,才能获得这种受到行政垄断的资格许可。与此同时,相关的职业规章制度,监控着律师职业的运作全程,使其拥有较高的法治化程度。这使法律职业在某些专门领域保有垄断地位,即律师并非社会学意义上的"普罗大众"(proletariat),而是相较于普罗大众具备高度专业技能的职业人士,从而形成被称为"法律人"的共同体。作为中世纪行会制度的必然延伸,社会公众(the general public)无论有意,抑或无意地容许职业人士的垄断,也会对这些职业人士的职业道德和行为准则有所期待。

但是,较高的职业门槛和专业知识壁垒,使得大众很难有能力分辨为他们提供服务的专业人士是否真正具备较高的职业素养。专业人士提供法律服务的水平,客观而言是"参差不齐"的。我们认为,同其他依仗专门知识的职业相类似,这造成了大众同法律职业之间产生了高度的信息不对称。而高度信息化社会的发展,特别是法律人工智能的产生,恰恰从根本上动摇了这种信息的不对称。

与此同时,萨斯坎德教授在他的著作《职业的未来——科技将如何改变人类专家的工作》中,指出了律师角色的转变与法律服务的"分解"与"外包"趋势。"现在的专业人士必须要处理比原来多得多的数据,他们需要做挖掘数据、分析数据、利用数据建立模型等工作。随着科技取代了职业的某些组成元素,并且在改变着其他元素,易言之即,专业性的工作被"重塑"(re-design)了。科技取代了原有的中间商,法律科技企业成为了新的中间商。"

6.1.2 法律服务数字化提升服务质量

2008年,中本聪(Satoshi Nakamoto)在论文《比特币——一种点对点的电子现金系统》

(*Bitcoin：A Peer-to-Peer Electronic Cash System*)中,提出了被他称为"比特币"的电子货币及其算法。经过十多年的发展,支持比特币的底层技术逐渐与比特币本身分离。该技术随后被单独称为"区块链"(blockchain)。从本质上来说,由于区块链是运用哈希函数,将数据区块按照时间顺序串联起来的链条,该技术本身带有不可篡改和可追溯的性质,这种属性也为区块链在法律实践中的三种运用——区块链存证、智能合约、法律代码化提供了数据基础。区块链作为法律人工智能的底层技术,也为律所的日常经营活动提供了诸多便利和助益。

1. 区块链存证确保法律服务数据的真实性

区块链是按照时间顺序将数据区块,以链条的方式组合成的特定数据结构,并以密码学方式保证不可篡改和不可伪造的"去中心化共享总账"(decentralized shared ledger),能够安全存储简单的、有先后关系的、能在系统内验证的数据。作为区块链的核心技术特征,所谓的"去中心化",指的是区块链采用的分布式存储技术,确保各参与节点都拥有完整的数据存储的同时,各节点之间相互独立。即区块链中的每个节点都对所有用户开放,且任何交易都面向全网广播,确保了相关信息的透明和及时。

随着互联网数字经济的发展,司法证据正逐步进入电子证据时代。2018年电子证据被认定为法律事实的案件逐年增多,涉案保全金额年增长达15%,全国民事案件中超过73%涉及电子证据。电子证据被应用与商务往来、离婚财产、证券纠纷、互联网金融、电子病历、聊天记录中等不同类型达43种。然而,互联网上保留的电子证据由于形式繁杂,证据的存储平台缺乏防篡改能力,电子证据使用在司法实践中仍面临着诸多挑战。

电子数据存证的"痛点",出现于存证的整个生命周期。

(1)在存证阶段要面对"单方存证",即数据易丢失或被篡改、存储成本高、数据追溯难等困境。

(2)在取证阶段会遭遇原件与设备不可分,或原件可以被单方修改的挑战。

(3)在示证环节,会出现难以通过纸质方式展示和固定证据、复制件存在篡改可能和公证的需求增加,从而浪费司法资源等阻碍。

(4)在举证环节,双方举证易有出入,导致双方提交的电子数据都无法成为断案依据;

(5)在认定事实的环节则要解决面临证据"三性"认定较困难等挑战。

出于对区块链技术的现实回应,2018年9月最高人民法出台了《关于互联网法院审理案件若干问题的规定》,明确可以用区块链等解决电子数据的存证问题,标志着区块链技术手段得到司法解释认可。2019年6月20日,由最高人民法院信息中心指导,中国信息通信研究院和上海高级人民法院牵头,天津、山东、吉林等6省(市)高级人民法院、3所互联网法院、中国司法大数据研究院、中经天平等25家单位,共同参与编写了《区块链司法存证应用白皮书》,推动使用区块链技术为司法业务赋能,在提高司法效率的同时降低司法成本。

深圳前海法院联合腾讯公司与微众银行,合作开发的"至信(金融)云审"系统,提升银行与法院司法数据协同效率,全面构建"链上"的金融审判体系。该平台"应用区块链数据共享优势,将包括电子合同、履行情况、催收情况在内的交易数据,实时同步存储于区块链上,实现金融交易数据实时存证、在线举证、在线质证。一旦发生纠纷,交易数据即可通过区块链进行校验后提交法院,确保交易数据的完整性和真实性。"

司法存证区块链在司法案件处置中的全程应用,如图6-1所示。

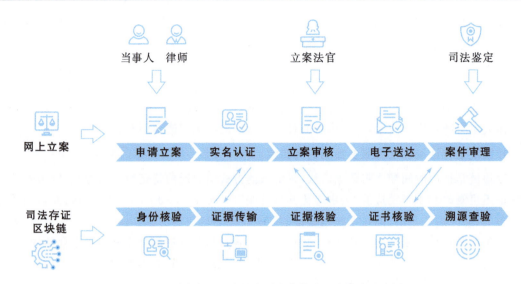

图 6-1　司法存证区块链在司法案件处置中的全程应用
（图片来源：中伦文德律师事务所互联网金融律师团队）

2. 区块链技术是订立法律服务智能合约的基础

密码学家尼克·萨博于 20 世纪 90 年代提出了"智能合约"的概念，与自动售卖机的运作原理相仿，智能合约是可以由计算机自动执行的合约，是以数字形式指定的一系列承诺，包括履行这些承诺的各方协议。通过将程序代码植入合同中，智能合约使得合同的执行不再依赖双方信用。即假若执行过程触发代码中编入的条件，系统就会按照合同约定予以履行。从定性上来看，智能合约是基于区块链技术，以互联网信用机制替代独立第三方执行代理人的合同履行工具，应该被视为计算机代码而非法律上的合同。

杭州互联网法院最早做出了司法智能合约的尝试，通过将智能合约部署在司法区块链上，以数字形式定义能够自动执行合同条款的合约。"司法区块链智能合约实现了从生成智能合约、完成实人认证并签约、合同原文及智能合约上传至司法区块链、智能合约自动运行、合约无法执行后转入多元调解流程、纳入信用惩奖联合机制、立案、审判、执行的全流程智能化。"该架构拓宽了司法区块链上保存的电子证据的适用范围，出现合同违约即可调取证据，确保当事人顺利进入法律程序，降低了维权成本、提高了司法效率，更大幅提升了司法区块链上保存的透明公开、不可篡改、可追溯的信息的价值。

智能合约让区块链的应用延伸至金融、法律和社会系统的每个角落。"未来随着区块链技术的普及和完善，智能合约极有可能延伸至整个私法领域"。例如，当房屋所有权登记系统被整合到区块链网络中时，房屋买卖合同就能以智能合约的形式加以实现。在特定的购房款汇入合约地址后，代表所有权利凭证的代币（token），将通过合约予以自动移转，如此可有效防止阴阳合同与过户纠纷。拥有房屋对应区块链资产的私人才是真正的权利人，才能够进行有效的合约交易，夫妻共有等情形则可通过多重签名实现，从而避免了无权处分和无权代理的发生。区块链利用共识机制破解双重支付难题，也能用于应对房屋买卖中常见的"一房二卖"现象。因此有学者认为，"智能合约是未来自动化、智能化社会的法律基石，将可能引发多个宏观社会系统的深度变革，包括众多私法领域内的既定规则。"

6.1.3 法律服务标准化带来定价下降

社会生活的实践表明,现代社会必然是高度信息化的社会。在这个前提下,先进信息技术的发展,对信息不对称的消弭,使得律师行业发生了翻天覆地的变化。传统律师事务所低效而昂贵的服务方式,在高度信息化的社会中将不再适用,法律服务市场已经转化为"买方市场"。对具体的律师而言,这意味着相同职业素养前提下,律师可以获得的律师费将大幅度下降。具体而言:

其一,信息技术的发展也会导致法律服务的商品化,商品化必然要求尽可能地标准化(或模块化),"你打你的,我打我的",借助法律服务的标准化应对错综复杂的环境。这是因为在信息高度对称前提下,企业日常经营中所遭遇的法律问题都是高度类型化的,而经济人的逐利本质决定了企业必须非常注重性价比,这种"用最少的钱办最多的事"的内生驱动,反过来将成为法律人工智能的重要发展动力。基于法律人工智能而非生物人的服务,将成为未来社会法律服务的主要形式。

其二,法律职业所提供的法律服务,将进入标准化阶段。通过引入核对清单和标准流程来提升效率,专业的法律服务变得更加便宜。譬如,专业人士将他们的任务分解,将工作任务通过互联网委派给分布在世界各地的、价格更低廉的雇员。这个转变使得专业辅助人员或者职业新手,能够以更少的费用完成更多的任务。随着专业知识在网络上传播,越来越多"行业专家"涌现出来,他们向社会大众分享专业知识,知识壁垒逐渐消融。而这正如萨斯坎德教授所言,"法律服务提供的演进方向,从定制化到标准化,到系统化再到一揽子,最后到商品化。法律服务时间、金钱和其他成本的降低,也意味着法律服务的定价由高而低,从按小时计费到固定收费,再到商品化定价最后几乎趋于零。"

6.1.4 法律服务自由化促进垄断解体

法律领域变革的第二个动力是自由化。从社会心态的维度上说,法律人工智能的高速发展,能够有效祛魅对法律职业的迷信,进而破除法律职业的垄断。波斯纳法官曾将法律行业形容为"全社会法律服务提供者的卡特尔(cartel)",亦即,法律服务是被行会高度垄断的行业。垄断除了能够带来规模效益外,因为行业垄断而导致的高昂律师费用,将导致社会中存在大量未被满足的法律需求。譬如我国中低收入人群中,大部分人的法律需求没有得到充分的满足,这显然不利于实现司法的公平正义。

此时,诚如萨斯坎德教授所言,"在线法律服务、机器人法律服务等替代性商业模式,可以更低廉的价格向用户提供法律服务,这有望使法律服务标准化、商品化、自动化,特别是民主化。"商品化意味着法律服务的提供不再依赖于特定人类律师的专业素养,而完全可以通过自动化的方式提供标准的法律服务。自动化则使得法律服务民主化,这意味着社会的绝大部分成员将能以较低成本,获得通常性的法律服务和基本的法律援助。

6.2 信息保障:法律人工智能对律所经营的助益

6.2.1 法律人工智能对律所案件管理的助益

近年来,随着法律服务市场的竞争日益加剧,传统律师事务所提供的法律服务由"定制化"

转向商品化——大部分法律服务都有广泛适用性,而不再针对个案。很多法律服务都可以实行标准化、系统化、打包化和商品化。这也使得法律咨询更有效率,价格更低。律师也可以为更多的人提供法律服务。"律师也应该和制造商那样,将工作分解,将部分工作外包给便宜的服务提供商或第三方专家。律师甚至可以将部分诉讼工作外包,如文件审查、法律研究、诉讼支持、信息披露。"在这种新的运营模式下,不仅律师的角色也渐渐向管理者转变,律所也更依赖高度智能化的信息管理。

在统筹整合法律的"供应链"时,律师要以总承包商的身份发挥更大作用,他们要协调法律服务价值链中各个环节之间的活动,并构建合理的激励机制,尽可能与网络成员保持连贯。这种转变意味着项目管理技能,对于这类律师将变得越来越重要,智能案件管理系统,成为法律人工智能产品中不可忽视的环节。

如图 6-2 所示为一些我国进入天使轮、A 轮和 B 轮融资的法律人工智能项目。

项目	一句话介绍	用户	产品逻辑	团队	轮次
法小淘	智能律师 App	企业用户	智能案情分析和最佳律师遴选,提高企业法务工作效率	无讼出品	B 轮
法里	智能法律服务平台	法律从业者个人用户	标准化处理法律问题,智能匹配法律专家,智能筛选案源	人人网高管、北京盈科律师事务所金牌律师、双博士后人工智能技术专家	天使轮
法律谷	法律咨询服务机器人	法律从业者个人用户	律师案例查询工具,人工智能法律咨询和律师推荐	来自 iPIN,已独立运营	天使轮
法狗狗	案件咨询与预测平台	政府部门、律师、个人用户	海量案件库、判决书、智能搜索、分析、预测案件结果并指导行动	资深律师团队、Intel、DeepMind 等海龟技术	Pre-A 轮融资
律品网	智能法律咨询平台	个人用户公共司法部门	开发智能的法律系统,用户按提示输入案件情形,快速获取一份详尽的法律建议	律师团队	未融资
法蝉	律师案件管理协作系统	中小律所企业	智能化自动化客服辅助、案件跟进、案件管理以及法律库系统	法律行业从业者	未融资
律团科技	以智能客服为切入的 SaaS 提供商	法律相关领域 B 端客户	基于 AI 技术和区块链技术,提供完整的个人高频法律咨询,提升客户法律服务能力	哈工大团队,自然语言处理,法律相关研究者	未融资
牛汽法务机器人	法律服务智能助手	企业用户	实时语音交互,企业常见法务问题查询、内置合同模板、日程协同、案件管理功能	前华为全球法务部部长创立	未融资
简法 AI	智能合同审查平台	创业企业	将人工智能引入法律的合同文件审查注释,帮助创业者判断投融资意向性文件	在线法律文件制作平台简法帮出品	未融资

图 6-2 我国进入天使轮、A 轮和 B 轮融资的法律人工智能项目(图片来源:鲸准研究院)

6.2.2 法律人工智能对案件智能咨询的助益

长期以来,法律行业鲜少为律师制定评价标准。客户在评估律师是否具备办案能力时,只能采用部分替代性的指标进行粗略的评价,如:公司品牌、律师级别、就读的法律院校、办案经验、执业年限、已办案件的社会评价,甚至是熟人之间口耳相传的评价等。在这样的评价体系中,客户很难评估律师的素质。对于客户而言,在挑选律师时需要从两个角度来衡量律师的能力:其一,从综合能力来说,该律师的能力如何?其二,该律师在客户所面临的特定案件上的表现如何?人工智能背景下,律师对接平台,通过整合数据改变了传统法律服务市场中,依赖"口碑"挑选律师的模式,用户以智能咨询法律平台为入口,通过问答机器人等形式描述其面临的法律纠纷的基本事实,获得简单但有用的法律意见。

与此同时,法律咨询平台根据用户的涉诉金额、案件的复杂程度以及预期的诉讼成本等信息,向用户推荐适合的律师列表。客户可以根据推荐列表进行信息搜索,挑选合适的律师。网上评价体制将使律师市场评价更加透明,并且扮演了连接律师和客户平台的角色。新平台的出现,对律师行业将产生巨大的影响,曹建峰指出,"律师市场评价相当于将律师置于阳光之下,明星律师、普通律师、不合格律师等的区分将透明化,结果可能带来律师市场的'马太效应',明星律师业务增多,收入增多,而普通律师、资历浅的律师将遭到相反的待遇。"律师和客户的耦合平台可以在相当程度上消除法律服务领域的信息不对称,为独立案件量体裁衣,依据律师的"战绩"和费用推荐律师。

比如,为了促使法务费用变得更加透明,TyMetrix 公司充分利用了其作为各类法律部门的支付软件提供商优势,向客户收集了各类法律服务的实际开支数据并整合为数据库。在建立数据库的过程中,TyMetrix 说服其客户提交匿名账单和发票信息,随后通过大数据分析,把握法律服务市场的轮廓和趋势,并发布了法律行业收费基准报告——《真实费率报告》。在 TyMetrix 提供的《真实费率报告》基础之上,客户得以对采购、评估和衡量法律服务的价值做出更明智的决策。同时,该公司还开发出 LegalVIEW 平台,可以针对个案的费用,案件时长,人员分配和小时费率的生成可视化图表,并将这些资料与外部律师事务所和特定行业的基准法律费率进行比较,让客户对律师的收费提出质疑和挑战,进一步改善法律支出的确定性和可预测性,同时也帮助律所提高绩效和盈利能力。

需要注意的是,律师与客户的对接平台不应该局限于网上评价或者律师费率合规功能。亿欧智库在 2018 年的《人工智能助力法律服务研究报告》中指出:"(网上法律)咨询工具有望成为流量入口,并向后端律师匹配等深层服务导流……咨询时良好的用户体验,是吸引用户留在平台的关键。由于目前各平台的数据主要来自公开判决文书,提升用户体验主要依赖于更好的技术,使咨询机器人能更好地理解用户的语言、案情,更好地对法律文书进行处理,从而将用户聚集在平台。"以其中比较典型的法里智能律师 App 为例,用户需要在用户端输入至少十个字的问题,随后,法律人工智能"小嗨智能律师"会根据用户的回答,进一步引导用户完善法律事实,协助用户梳理问题焦点,并根据问题的种类向用户推送律师,用户也可以在付费端口"悬赏"请律师进行深入回答。可咨询问题的范围涵盖民事、刑事、行政、公司、经济、涉外、知识产权等领域。

6.3 提质增效:法律人工智能对律师办案的促进

相对于法务人员(in-house lawyer)对合同自动处理的依赖,对传统律师最有吸引力的法律人工智能,则是基于深度学习和自然语言处理技术开发出的法律搜索引擎、语音转换系统和各类智能助手。这些法律人工智能帮助律师从嘈杂的数据中,提取和归纳出真正有用的信息,将律师从大量的法律检索和繁琐的文件审阅中解放出来,让他们能够更专注于将自己的法律知识,运用到客户所面对的实际案例中去。

6.3.1 对律师进行法律检索的促进

人工智能法律检索中最常用的是协作过滤技术。这类技术在商业领域中，经常被用于向用户推送广告。例如亚马逊在推荐书中所使用的过滤技术，都是对相应问题的"逆向"或归纳式解决方案。亚马逊在对用户完成画像后，会向处于相同画像组别的用户推送同样的书籍。比如用户 A 和用户 B 同属于"育儿组"，那么当用户 A 浏览育儿类书籍的时候，亚马逊便会向用户 A 推送用户 B 曾经购买过的育儿书。互联网商业产品在幕后依赖于某种相似性概念，比如 Facebook 在推荐朋友，Netflix 在推荐电影的时候，也采用协作过滤技术。

国内开发的人工智能法律检索软件，威科先行、理脉、无讼，在推送案件时都有采用协作过滤的算法，即引用案例 X 的律师也会引用案例 Y；主张 X 原则的律师通常也会主张 Y 原则。然而，由于当前用于训练人工智能法律检索系统的数据主要来源仍然是用户的点击数据，这就意味着开发人员必须设计出在产品投放阶段，便能向用户提供合理搜索结果的法律检索引擎，并能获得用户的持续使用。否则，假如无法获得用户的持续使用，便会导致整个系统由于缺乏新的数据而难以为继。对于根据点击数据发展出来的法律人工智能而言，开发出变革性产品的决定性因素不是模型，而是点击数据或者用户反馈信息的质量，这就是为什么对于人工智能法律检索系统而言，积累用户至关重要，因为持续获得的点击数据和用户反馈，可以用于回填和优化模型，进而向用户提供更精准的结果。

除了协作过滤技术，"在法学数据库的领域，美国的三大法学数据库公司，包括 LexisNexis、Westlaw 以及 Bloomberg BNA，都使用自然语言处理来协助用户搜寻数据库。用户不需要再以关键词布尔逻辑的排列组合来进行检索，而可以直接提出问题，由自然语言的解析来理解使用者的问题，找到最适合的法学资料。"传统的法律检索软件需要律师自己提炼关键词进行检索，使用自然语言处理技术搜索引擎，不仅给律师的检索带来了便利，还能让没有受过法律专业训练的客户通过发问获得解答，大大增加了司法的普惠性。

然而，上述两项技术在运用的过程中同样面临着人工智能的局限性。首先，人工智能系统需在划定的环境下工作，这就意味着先要对人工智能运行的边界进行准确的定义，在此基础之上，人工智能还需要知道调取有用的数据以供其自我学习、迭代；其次，人工智能系统不能从真空中构建——人类必须为人工智能设定目标，这是发展人工智能系统需要解决的问题；最后，人工智能系统的预测能力取决于其推演的能力，而该能力又取决用于训练人工智能的数据集的质量。我国自从建立中国裁判文书网以来，已经积累了大量的裁判文书，然而，单纯的电子数据并不能够运用于法律人工智能的开发，必须要对数据进行结构化的整理和标记，才能成为"数据黄金"。

6.3.2 对律师进行尽职调查的促进

尽职调查是指根据客户需要，由律师对特定的个人或企业展开调查，以确保全面了解与拟定交易，或交易相关的所有事实和法律问题。尽职调查又称审慎性调查，通常是指投资人在与目标企业达成初步合作意向后，经协商一致，委托律师对企业的历史数据和文档、管理人员的背景、市场风险、管理风险、技术风险和资金风险做全面深入的审核。尽职调查的常用场景包括股票发行上市、收购兼并、重大资产转让等交易。在民商事领域，尽职调查是股权投资流程中必不可少的环节，投资团队通常根据尽职调查结果，对标的企业进行客观评价，形成尽职调查报告。投资方的"投资决策委员会"再根据尽职调查报告和风险控制报告进行决策。

结合法律实践来看,尽职调查清单往往需要法律研究的结论做支持,以确定最准确的清单目录,即投资方需要了解被投资方的何种信息。法律人工智能的智能联想技术,为思维盲区的消除带来了解决路径,不仅帮助律师更好地发现各种不确定的风险因素,而且提供不同角度的思考方法。比如,为了协助律师更快地识别出交易中的隐藏风险,KIRA 公司开发出超过 450 种法律人工智能,用于识别关于商业合规性,租赁合同中的重要信息,资产组合分析,以及企业是否存在违反欧盟《通用数据保护条例》(General Data Protection Regulation,GDPR)等方面的风险。

值得注意的是,要实现上述功能需要满足两个条件:法律人工智能和可用于机器学习的数据。因此,愿意使用该技术来提供尽职调查的律所,不仅需要投资软件,还需要培训律师对法律文本进行标记。为了克服该种局限性,KIRA 公司还开发了配套的数据库,律师可以使用数据库中已经存在的各种合同和其他文档(比如,电子邮件)标记特定条款(比如,转让条款)。该软件包含尽职调查中常见的目标条款的列表,使得每个条款均能采用多种表述方式,同时用户还可以指定其他的可能带来风险的目标条款。

6.3.3 对律师进行合同处理的促进

建立在区块链基础上的标准化法律服务,意味着需要开发出对大部分法律服务,特别是事务性的工作有广泛适用性的系统,改变以往律师事务所只针对个案提供服务的交易模式。但是保证数据的真实性,并不等同于智能化的实现,区块链技术在法律事务中的运用,并不就等同于法律人工智能。人工智能背景下,法律服务标准化的进程中,合同自动化处理是当前发展最为成熟的技术。由于此领域在前期已经积累了大量结构化数据,且合同语言表达本身具有规范性和普遍性的特点。这为法律人工智能在后续处理事务性的工作时,提供了海量而宝贵的训练数据。可以认为,合同自动化处理功能的实现,既是法律人工智能的重要组成部分,也是法律人工智能的发展动力。

1. 合同起草

合同是交易双方达成的协议,起草合同的目的,在于尽可能准确地反映合同双方的意思表示。早在人工智能被运用于法律实践之前,出于对合同标准格式的依赖,律师们在日常工作中,便将各类模板用于合同起草。从工作的本质来说,合同起草本身就是结构化的任务,只要有事先整理好的模板,即使没有人工智能技术的支持,也可以生成某些标准的和简单的合同,这些通常由自动合同生成软件执行。自动合同生成软件的工作原理是先整理、标记包含标签或其他元数据的标准合同模板(例如标准的租赁合同),用户只需在其他程序中导入特定信息,该特定信息就会在标准合同中填充标签或元数据,从而自行创建新的合同。

从目前来看,市场上已经出现的法律人工智能,主要从以下两个层次改变原有的合同起草流程:其一,法律人工智能协助律师,更有效地执行现有合同起草过程,即仍由律师主导的合同起草;其二,完全使用法律人工智能代替律师,完成合同的起草任务,即法律人工智能主导下的合同起草。

其一,传统的合同起草软件会根据合同类型生成问卷调查,用户可通过填写或修改该问卷调查表来生成合同。值得注意的是,随着前文中法律问答机器人技术的日渐成熟,客户可以采用线上问答的方式,在与机器人聊天的过程中确认订立合同的目的,并完成关键条款的设置。

律师只需对自动生成的合同文本进行审查和定稿,该技术可帮助律师节约起草常规合同和大批量合同的时间。

其二,使用法律人工智能完全取代人类律师。法律人工智能完成合同起草任务所使用的技术,包括知识表示和深度学习。知识表示是认知科学和人工智能两个领域共同尝试解决的问题。在认知科学领域,它关注的是人类如何储存和处理资料;在人工智能领域,科学家尝试解决的问题是,如何训练计算机像人类那样储存和处理知识,最终达到像人类那样的智能化和自动化推理。

首先,"专家系统＝知识库＋推理机",通过采用人工智能中的知识表示和推理技术,可以构建出法律人工智能的专家系统。最终能够模拟专家的思维,回答通常由领域专家才能解决的复杂问题。知识表示涉及创建知识结构,合同起草中使用的知识表示模型是搭建知识框架,让起草者可以使用基础文本来构建文档,基础文本可以是短语、句子甚至是整个条款,通过连贯的方式组装这些基础文本,法律人工智能将"草拟"出可理解的合同。

其次,要完成这项任务,法律人工智能系统必须能够处理和理解,提供给它的各种基础文本(如当事人名称,非格式条款,双方约定等),并且能够有序地组合接收到的数据,甚至针对数据进行有效性检查,以确保合同满足必要的条件(即法定形式或当事人要求)。这意味着人工智能系统必须识别并处理自然语言,然后在预测编码的基础上才能起草合同。

概括而言,在使用法律人工智能完成合同起草任务时,法律人工智能的预测和起草合同的能力取决于用于学习数据集的质量。比如,如果法律人工智能系统学习过的数据集中,所有合同都不曾包含有仲裁条款,那么,该系统起草的合同也不可能出现任何仲裁条款,法律人工智能的能力仅局限于它所学习过的数据。将深度学习技术运用于训练法律人工智能系统,来完成合同起草任务的另外局限性在于,法律人工智能系统无法自我更新。这意味着法律人工智能系统无法预测法律实务中出现的新类型条款,也不能根据法院的最新判决删减、修改不可执行的条款。为了适应社会发展和新商业模式需要,负责软件开发的公司必须聘请数据分析人员,来分析新出台的法规连同判决,并持续性地查找和扫描新数据,以法律人工智能可读的格式输入到系统之中。

2. 合同审阅

合同审阅是基于律师服务中当事人或者法律事务中企业的立场,审视待签署的合同文书并提出修改意见的过程。从法律的专业角度,法务人员审核合同是按照法律规定,结合交易双方之间的约定,对合同的内容、格式进行审查与修改,以发现进而排除企业法律风险的过程。

装载法律人工智能的合同审查软件,可为公司的日常业务合同提供快速而准确的审查结论。"合同审查软件可为公司的日常业务合同提供快速,准确的审查。借助 AI 的先进技术,该软件可以根据法律团队的预定义标准或行业基准分析合同,最终使企业可以更快地完成交易。"与人类律师审核合同相比,使用法律人工智能进行合同审阅,能够降低出错的风险,加快交易速度,从而最终提高价值,同时保持客户和律师双方的满意度。美国的摩根大通公司开发出金融合同的解析软件,该程序可以在几秒钟内,对贷款协议进行定期的日常审查,原来律师和信贷人员每年需要 36 万小时才能完成的工作,该软件只需要几秒钟就能完成。

概括而言,当前的人工智能合同审阅主要采用潜在语义分析(Latent Semantic Analysis,LSA)技术。LSA 为确定两段文本的含义是否接近奠定了基础,常被用来识别特定文本是否对某个问题做出回应,或者两个合同中的条款在概念上是否相似。在比对文本时,潜在语义分析技术不仅仅检视相同的词是否出现在两个文本中,而是关注文本所表达的意思是否相近。文本中单词的意思则通过上下文来推断,比如前文中的"美容费"同"尸体整容费"的异同。

3. 合同管理

合同管理,或合同生命周期管理(Contract Life-cycle Management,CLM)是跨越不同部门的企业内部控制行为,即法务部门对来自供应商、合作伙伴、客户或员工的合同进行管理。人工智能背景下合同管理软件的提供方式包括本地和 SaaS 两种模式。其中,SaaS 模式使企业员工可以在获得授权的情况下更新合同模板,从而确保标准化合同模板的时效性和准确性。虽然许多法律科技公司,在许多年之前就开始开发法律文件审查的软件,但传统的合同管理软件仅能帮助公司存储和组织合同,而未能涉足更加深入的合同管理环节。

将法律人工智能引入合同管理后,可以将现存的所有合同进行分类。人工智能可以基于文件起草方式中的模式,智能化地识别合约的类型。与此同时,使用人工智能合同管理软件,可以在现有合同中训练出算法以识别关键变量(重要条款,日期,当事人等)。然后在此基础上,企业能够更有效地管理其合同。对于律所而言,使用人工智能的合同管理软件,可以协助他们轻松地从任意数量的合同中,提取出需要续签的合同日期,有条理地归纳出合同模板,并进行决策。

4. 电子合同

电子合同是通过计算机网络订立的合同,电子合同的交易过程中采用了电子签名、电子认证等技术来确保信息的真实性,是协助使用者利用互联网平台签订合同的基础性服务,近年来已经广泛应用于互联网金融、电子商务、O2O 等行业。早在 2005 年,我国便结合当时的信息化潮流颁行了《电子签名法》,为电子合同的运用提供了法律依据。

为了向用户提供能够覆盖合同起草、合同审阅、合同管理、合同签订全流程的产品,全面提高订立合同的效率,法律人工智能软件往往会将电子合同和在线签约功能纳入产品设计。通过更新企业签约的工具并简化签约的流程,并为之后的数据挖掘和合同标准模板管理留下可供使用的结构性数据。以我国的法律人工智能企业"法大大"为例,作为中国最早涉足电子合同的科技企业,该平台除了有合同管理和在线编辑功能外,还融合了合同签署以及区块链证据保全功能,在产生纠纷时可以直接调取证据,简化了采纳电子证据中的公证环节,为电子合同的运用开发出新的运用场景。

实践中,通过数字签名的实现方式签订电子合同,通常需要有四方介入:确保合同签署主体真实身份的权威认证机构;合同签订人;电子合同服务平台(中介);能够精确记录签约时间的可信第三方时间戳服务中心。在签约过程中,第三方平台使用国际通用的哈希函数,固化原始的电子数据文件并防止电子文件遭到篡改。

5. 其他文件

除了合同起草功能,法律人工智能还被运用于其他类型的法律文件处理,其中,最著名的案例是"世界上首个机器人律师"——Do Not Pay。这个系统是由斯坦福大学的学生 Joshua Browder 在 2015 年开发的。Do Not Pay 是以聊天机器人的形式,通过多轮对话和选择题帮助用户,就交通罚单选择最相关的申诉事由,并自动生成附带法律依据的抗辩授权书。在对话的过程中,Do Not Pay 会取得用户的停车编码、违规行为、停车位置、姓名等信息,再将这些信息填入事先编写好的模板内。从技术层面来说,Do Not Pay 系统并没有运用深度学习等技术,但从实际效果来评价,该系统以极低的成本为超过16万人处理了交通罚单,并将服务推广到纽约、洛杉矶、旧金山、芝加哥、休斯敦、宾州、圣何塞及奥克兰等地,是人工智能助力推动司法平等的有力佐证。

然而,在线法律文件起草系统也有其局限性。首先,使用机器取代人类律师的后果就是机器没有义务就用户提供的事实进行核查。以Do Not Pay为例,在Do Not Pay系统中,有1项抗辩事由是"事主正在面临紧急医疗情况(medical emergency)",然而Do Not Pay并不会对选择此抗辩事由的用户所提供的事实进行核实。这导致当使用该抗辩理由的案件进入法院时,法官需要耗费更多时间进行事实核查,这无疑影响了司法的运行效率,甚至变相鼓励了部分本不具备抗辩理由的当事人"涌入"法院。从这里可以看出,人类律师与机器的重大区别在于,人类律师可以向客户解释支撑其法律意见的原因,客户可以根据律师的法律推理来决定是否更换律师,这是律师在为客户提供法律服务时附加的问责制和透明度,是目前法律人工智能所欠缺的。

与人工智能深度结合的法律人工智能服务创新,已经成为法治创新的重大推动力。司法资源的巨大缺口除了给从业人员带来巨大的压力和挑战,同时也导致企业的诉讼成本增加,进而推高了经营成本而不利于营商环境。在以人工智能为代表的数字化浪潮下,法律科技对填平法律资源缺口、提高服务效能的作用不容忽视,运用大数据、人工智能、区块链等司法科技为企业和个人提供更便捷、更低廉、更优质的法律服务以实现法律服务普惠化已势在必行。

随着我国的智慧法院建设在全国各地铺开、司法大数据的结构化程度提升、司法区块链电子存证技术逐步成熟,在线纠纷解决平台的接入日益顺畅,我国在法律人工智能的实践方面已经居于世界前列。如何保持这个优势,不断提高法律服务的覆盖率、可得性和满意度,使得法律服务所取得的创新成果,能够普惠到所有法律从业者、企业和个人,是所有法律人都要关注的问题。

1. 谈谈你对法律职业主要从事的日常性工作的认识;
2. 举例说明未来法律职业会被人工智能取代的部分;
3. 谈谈法律职业如何更好地回应法律人工智能发展;
4. 实训项目

项目名称	模拟"新律师助理"			实训学时	1课时
实训时间	课后	实训地点	实训室	实训形式	情景模拟
实训目的	1.了解法律人工智能可以替代人类承担的律师助理工作 2.了解生物人和机器人律师助理处理相关案件时的优势 3.了解法律机器人的基本特性,学会操作法律机器人				
实训内容	对当前法律人工智能律师助理工作进行模拟				

续表

实训素材	2025年,你入职了采用法律人工智能助理的律师事务所,并在婚姻家庭部担任专职律师。你正在接手某桩婚姻家事纠纷,夫妻双方因为财产分割和子女抚养闹得不可开交。现在,律所的直接领导提出,为你指派法律机器人作为助理,从旁协助你处理该案件。当你打开便携式智能办公设备时……
实训要求	1.结合所学内容进行情景模拟,畅谈律师(不论是生物人抑或机器人)处理婚姻家事问题的可能流程 2.学生应当有自己独立的见解,组长应引导学生发言并吸收不同观点 3.讨论中做好记录,讨论后以小组为单位撰写实训报告
实训组织	1.将学生分为若干个小组,每个小组成员均提出观点 2.教师引导学生展开讨论。结束后如有时间,可安排各小组代表进行分享

1.[英]理查德·萨斯坎得,何广越译.法律人的明天会怎样?——法律职业的未来[M].北京:北京大学出版社,2015.

2.乔露,白雪.人工智能的法律未来[M].北京:知识产权出版社,2018.

第 7 章

法律人工智能的应用

```
                              ┌─ 国外法律人工智能的理论研究
              起步更早：        ├─ 国外法律人工智能的实践应用
              国外法律人工智能的应用 └─ 国外法律人工智能的应用评价
法律人工智能的应用
              后来居上：        ┌─ 我国法律人工智能的顶层设计
              我国法律人工智能的应用 ├─ 我国法律人工智能的实践应用
                              └─ 我国法律人工智能的应用评价
```

1. 了解国内外法律人工智能的发展历程和应用案例；
2. 理解法律人工智能在培养法律人时发挥的作用；
3. 了解我国法律人工智能的顶层政策和未来前景。

AI＋法律助力打造智慧法院

智慧法院是人工智能在法律领域的主要应用场景，其本质是将人工智能和大数据技术应用于案件审理的不同环节，帮助法院打造案前、案中和案后全流程的智能信息辅助系统。

智慧法院行业的上下游，分别是硬件设备制造商和各级法院。硬件设备制造，主要是为下游提供硬件和技术上的支持。为各级法院，包括基层、中级、高级和最高等不同级别的法院。

目前,AI 技术在法院系统有三个最常见的应用场景,分别是智能语音庭审、电子卷宗生成和智慧辅助审判。

1. 智慧法院具体将如何做到司法服务的便民利民？
2. 智慧法院是否等同于在法院应用法律人工智能？

7.1 起步更早:国外法律人工智能的应用

总体而言,国外的法律人工智能理论研究相对国内起步更早,取得的研究成果也更为丰硕。因此,国外法律人工智能发展的应用案例和经验教训,是有益于我国法律人工智能实现超越发展的重要镜鉴。

7.1.1 国外法律人工智能的理论研究

1958 年,学者最早提出了"符合法律科学的信息化处理机制",倡议探索法律文献或案例的自动检索模型和法官裁量模型。但可惜的是,该观点最初并不被大多数的学者所认可,前述自动检索和法官裁量模型的创设,也仅仅停留于理念探讨环节。直到 1970 年,布坎南(Buchanan,1939—)和黑德里克(Headrick,1933—)在斯坦福法律评论上共同发表了《关于人工智能和法律推理若干问题的思考》(*Some Speculation about Artificial Intelligence and Legal Reasoning*),揭开了人们尝试借助人工智能进行法律推理的序幕。两位作者在文章中极具前瞻性地提出,理解和模拟法律人的推理和论证过程,需要在若干知识领域进行艰苦卓绝的研究。

其一,法律人工智能必须了解如何描述案件、规则和论证等几种法律知识的类型,进而在试图描述法律知识的过程中,处理属于开放性结构的法律概念。比如,某种行为可能适用不同法条(法条竞合)的情况,或者内涵清晰但外延不明的情况,这是法律人工智能发展中必须解决的主要难题。

其二,法律人工智能必须了解如何运用各种知识进行推理,特别是在英美判例法背景下,充分地活用现有规则、典型判例和合理假设的推理,进而混合地运用规则、判例和假设。这是因为,尽管在疑难案件中通常会出现更改,乃至事实上推翻既往判例的情形,但是,根植于英美法系的法律人工智能,必须充分考虑判例的影响。如果法律人工智能不能够掌握相关判例,那么,便不可能得知法官处理某类案件时的裁判口径。

其三,法律人工智能必须了解审判实践中法律推理的过程。比如,法庭审判程序的运行,证据规则的适用,当事人就事实问题展开的辩论,等等。这是决定法律人工智能是否成功的重要现实因素。根据格雷在 1997 年出版的《人工法律智能》(*Artificial Legal Intelligence*)中对该问题的延伸,法律专家系统首先在英美判例法国家出现的直接原因,在于"浩如烟海"的判例案卷连同审判规程,如果法律人没有计算机系统协助编纂、分类、查询,这种超高门槛的法律制度简直就不能运转了。

其四,法律人工智能如何将前述解决方案,最终运用于编制能执行法律推理和辩论任务的计算机程序,进而区别和分析不同的案件,预测并规避对方的辩护策略,进而建立并佐证巧妙的法律假设,等等。尽管在当时尚未预计到自主法律人工智能出现的可能性,但《人工法律智能》的两位作者认为,该部分问题随着技术发展,最终必将能够得到实质性的解决。后续法律人工智能的发展,表明了两位作者的判断非常具有预见性,这便是法律人工智能理论研究的价值所在。

从20世纪80年代起,美国有为数不少的人工智能专家,开始涉足"人工智能与法律"领域,即法律人工智能的研究主题。1987年,美国东北大学计算机与信息科学学院教授在美国波士顿召开了"人工智能与法国际学术大会";1992年,他们又组织成立了国际人工智能与法协会(International Association for Artificial Intelligence and Law, IAAIL);1993年,由该协会发起并由匹兹堡大学资助的《人工智能与法律》(AI and Law)期刊创刊。

在全世界范围内,《人工智能与法律》期刊始终引领法律人工智能的研究前沿,其研究主题包括应用型法律人工智能、司法领域的认知心理学、法理学、机器语言学、哲学等用于建立法律知识、法律推理和法庭判决的知识模型。也包括其他涉及伦理、社会的人工智能与法律相关研究,其不仅发表法律人工智能的学术论文和书评,也发表法律人工智能的程序系统,法律人工智能服务的产品技术报告或研究笔记等。这使得该期刊成为人工智能与法律研究学者的精神家园,诸多文章在多年后仍有较强的理论前瞻性和实践应用性。

近年来,国外的理论研究除了专注于司法应用的法律推理、专家系统、法律检索之外,"法律人工智能是否享有权利义务""机器人是否是合格的裁判者"等前沿理论研究越来越多。这充分说明了法律人工智能的研究,对法学理论和法律方法的回馈和促进越发明显,"法律"和"人工智能"两个主题在研究中逐渐并驾齐驱。通过对前面问题的梳理和总结,我们认为,法律人工智能理论研究存在以下三个具有普遍性的规律:

其一,从法律人工智能理论研究的内容来说,其内容更具针对性和实用性。无论是基于规则(成文法国家),还是基于案例(判例法国家)的模型建构,都不只是纯粹的理论分析,而是与实践相结合深入探讨某个领域的概念、特点,更加注重法律人工智能系统的实用性,同人工智能产业的发展结合非常紧密。

其二,从法律人工智能理论研究者的构成来看,早期法律人工智能研究成果主要由人工智能的专家主导,法学研究者相对而言难以置喙。随着更多的法学家介入法律人工智能的理论研究中,使得研究成果更具有法律上的实用价值。具体来说,传统法律和新兴技术的融合更加紧密,贝叶斯网络、自然语言识别、向量空间模型、本体论等最新的人工智能研究成果,很快便被用于法律人工智能的专门领域,从而显著提高了司法裁量模型的实用性、评估和改善立法的质量以及促进法律检索的效率。

其三,从法律人工智能研究者的参与国别来看,更多国家的学者涉入人工智能与法律的研究领域,不仅以案例为基础的英美法国家重视人工智能的立法和司法中的应用,而且传统的大陆法系国家,如德国、法国、日本,也有不少学者积极地进行相关的理论探讨,并由此将这股热潮引入我国的法律人工智能研究当中。

随着多学科跨领域的融合度加强,法律人工智能将更有生命力。在全世界范围内,不少专家学者已经意识到二者的结合,将会给法律、人工智能、逻辑学、语义学等研究带来独特优势。可以肯定的是,更多的研究者已经或正在投身于法律人工智能的理论研究当中,进入了"百花齐放"和"百家争鸣"的新时代。

7.1.2 国外法律人工智能的实践应用

1970年至1980年初,法律推理人工智能的实践应用开始涌现,主要沿着线面两条途径探索前进。一是充分模拟法律推理中的归纳环节,即从很多个案件中总结出共同的要件,典型代表是美国的 JUDITH 律师推理专家系统;二是尝试以人工智能协助法律人进行分析,较为典型的是"计算机辅助法律分析系统",该系统以律师的法律分析(legal research)为模拟对象,综合使用了演绎、归纳和类比的推理方法,试图识别与处理案件模式相似的其他案件。

1984 年,专门用于司法机关的"计算机辅助判决系统"(LDS)被开发出来,其在当时主要用于计算产品责任赔偿具体价值,也可用于计算交通肇事案件的保险费和误工费等。计算机辅助判决系统还可以进行有关过失责任的推理,甚至能模拟法律协商或控辩交易的某些内容,这应该是专家系统在司法裁判领域的首次正式应用。LDS 对美国民法制度的某些方面进行检测,分别运用严格责任、相对疏忽和损害赔偿等预设模型,计算出某些侵权案件的赔偿价值,并通过该系统论述了模拟法律专家意见的方法论问题,是比较成熟完备的法律人工智能专家系统。

此后,越来越多的法律人工智能专家系统被研发利用,但其发展过程无疑也会存在反复和波折。1995 年,Split-Up 系统被设计开发出来,该系统可以对离婚案件的财产进行分割。与此同时,有的专家系统由于运行成本高或实用性不大的原因而停止使用,譬如 ASSYST 系统,是美国量刑委员会基于规则建立的建议性专家系统,后该委员会因种种原因于 1996 年停止更新该系统。在之前的法律人工智能积累阶段,各国还开发了不少用于司法裁量的专家系统,例如 HYPO、CABARET、CATO、GREBE、SCALIR、IBP 和 PRPLEXS 等系统,部分尚未运用到司法实践当中,有些则已经相当深度地运用到司法实践中。

2005 年,美国在法庭调查中有关火灾事故证据的评估,可以经由贝叶斯网络进行。2007 年,贝叶斯方法被应用于法学研究的实证分析中,以便更好地观察期望值和实际值的差异。而在上述的两个事例之前,贝叶斯方法主要适用于计算机、工程、医学等领域,其在法律领域的运用尚属首次。2008 年,研究者使用贝叶斯网络,并且以受害者的特征为切入点分析刑事案件,提高了分析工作的效率。2014 年,通过设定关于合作方常识、知识、信仰等诉讼当事人的事实信息,已经可以初步建立人工智能的推理模型来帮助法官做出判决。

2016 年,人工智能预测系统对司法裁判结果的预测准确率达到了 79%,相对于领域专家 67% 的准确率有了显著改善。

在刑事法律服务领域,人工智能主要运用于通常的警务活动、羁押必要性审查以及量刑后假释等活动中。具体而言,在警务活动方面,加州 Predpol 所研发的犯罪预测软件,能够通过对犯罪历史数据的分析,逐个小时计算出哪里最可能发生犯罪活动。从理论上来说,警方只需经常在这些地区进行巡逻,就有可能提前阻止犯罪。据称,该州的圣克鲁斯、洛杉矶和亚特兰大等,使用该软件的城市都降低了犯罪率。而在保释与假释决定中,美国部分州法庭使用人工智能算法来确定被告的"风险程度":从这个人会再次犯罪的可能性,到被告会如期出庭的可能性等各个因素,进而决定是否对其保释或假释。

此外,法律人工智能还被用于法庭量刑,如美国的部分州正在使用的"风险评估工具"(Correctional Offender Management Profiling for Alternative Sanctions,COMPAS)来确定刑期。COMPAS 是在参考了过往数十年的量刑案例后,所设计的法律人工智能算法,该算法结合了十几个基本参数,将其转化为被告在特定时期内重新犯罪的可能性。

在通常的市场化法律服务领域,人工智能更是显示出了自身的巨大优势。作为更多地面向法律服务市场的人工智能,IBM 的 Watson 认知计算系统已经用于法学学术研究;Dentons

律师事务所研究的 Ross Intelligence 系统,亦将 Watson 的 Q&A 技术,运用到企业破产法律的研究中。Ross 能自行识别出法律信息的重要程度,从而提高了律师案例检索的效率。在民事法律服务领域,国外的很多公司已开始尝试运用人工智能审查合同。如摩根大通开发出的"商业贷款合同审查系统",在几秒钟内就能完成曾经需要 36 万小时才能完成的信贷审查工作。

值得强调的是,除了司法裁判和法律服务领域以外,部分供政府部门使用的法律专家系统,也取得了比较好的应用效果。1977 年,有研究者对企业所得税法进行了规范逻辑层面的剖析,然后以此为基础建立了 TAXMAN 系统,成功地创建了用于税收申报的专家系统。1989 年,名为 IKBALSI 的系统在澳大利亚设立,该系统处理工人的事故赔偿并解释有关事故的法律法规。为促进政府的公共行政效率,澳大利亚政府部门开发了工人补偿系统;美国开发了工人和小额贸易的雇佣法专家建议系统;英国开发了法律议案的公众意见征询系统,法国引入基于法律人工智能的电子投票程序等。

7.1.3 国外法律人工智能的应用评价

尽管法律人工智能的专家系统给司法裁判和行政管理带来了方便,但真正在各国司法实践中付诸深度使用的并不多,前述列举的已经涵盖多数在公权力领域使用的法律人工智能了。作为暂时性的结论,专家系统在司法和行政活动中通常是起辅助作用,而其在商业化的法律服务市场则具有显著优势。

究其根源,诚如"第 5 章法律人工智能的范围"所言,在于法律本身即是很复杂的体系。法律中除了明确清晰的规则因素,还有诸多潜规则的因素无法予以表达,诸如经济、政治和文化等维度的可接受因素,很少在专家系统的裁量模型中得到体现。当前,专家裁量模型的局限性主要体现在,法官作出的司法裁量除了考虑法律因素外,还要同时考虑社会可接受与合理性的因素。这同第 5 章提及的法律人工智能专家系统在价值观层面的挑战相通。

与此同时,就专家系统在技术层面所受的挑战而言,可能主要存在以下几个原因:其一,专家系统模型的建立是对法官裁量过程的模拟,由于自然语言复杂多变,机器存在难以模拟的可能。其二,由于裁量模型的建立需要明确法官裁量因素,而法官的裁判原因难以用具体语言进行描述。其三,专家系统的建立本身是耗时耗力的过程,由于技术水平或适用条件的限制,最终的实施效果往往不理想。其四,专家系统和裁量模型因其注重案例的相似性,必然会牺牲某些案例的个性考量,故而难免为观念相对保守的思潮所排斥。

不容置疑的是,能够自主执行复杂计划的人工智能系统,肯定是未来几十年法律实践的革命。但法律人工智能的全面铺开绝非易事,国外的法律人工智能应用,特别是基于法律规则的专家系统,仍然有不敷司法实践需求的风险。以近来日本第 5 代法律专家系统研发计划的失败为典型,该国开发的 LES-5 系统依然未解决智能系统的传统难题,始终存在着如前面分析的种种系统限制,整体的功能还十分"初级",该项目的开发成果未能得到法律服务市场的广泛接受。

"假若因为危险和可能的失败,我们就要停止去探索无限的知识吗?"答案显然是否定的。

如果已经明确通往自主人工智能的路,是人类社会未来发展的必经之途,如若因为探索失败就倒地不起,这显然是非常不可取的。毕竟,人类历史的进步和文明的发展,正是在不断的试错和失败中薪火相传,生生不息的。

7.2 后来居上:我国法律人工智能的应用

我国法律人工智能系统的理论探索和实践建设,均起步于20世纪80年代中期,由钱学森教授发表的《现代科学技术与法学研究和法制建设》,可以作为我国的法律领域引入人工智能技术的开端。从总体来看,中国人工智能发展逐步走出了一条需求导向引领商业模式创新、市场应用倒逼基础理论和关键技术创新的独特发展路径。

7.2.1 我国法律人工智能的顶层设计

2000年以来,我国对人工智能与法学相结合的研究愈发增多,尤其是在司法实践中探索如何引入人工智能,逐步成为法律人工智能的研究热点。虽然我国司法领域引入人工智能技术较晚,但这并没有妨碍我国在人工智能司法应用的探索。我国拥有庞大而复杂的法律数据,这恰恰是其他国家所不具备的竞争优势。整体来看,我国法律人工智能的实践,已经大为领先于理论研究,特别是我国在司法实践中,已经采取了诸多实际措施,不断推动法律人工智能在司法裁判中的介入程度。

2002年后,为了促进司法裁判的信息化和智能化,最高人民法院相继发布了《人民法院计算机信息网络系统建设管理规定》《全国法院计算机信息网络建设规划》《关于全面加强人民法院信息化工作的决定》《人民法院审判法庭信息化建设规范(试行)》《人民法院审判法庭信息化基本要求》,以及《关于推进司法公开三大平台建设的若干意见》等文件。这些文件的颁布,不仅为人工智能在司法裁判中的应用奠定了基调,还表明了国家对于人民法院信息化建设的重视,为后来法律人工智能的高速发展划定了轨道。我国支持法律人工智能的代表性政策文件有:

2015年5月,国家发展改革委、科技部、工业和信息化部、中央网信办四部委,联合制定了布了《"互联网+"人工智能三年行动实施方案》,主要为了扩大人工智能在商业、制造、环境、教育、交通、网络安全、健康医疗、社会治理等领域的规模化应用,提出资金支持、标准体系、知识产权、人才培养和组织实施等保障举措。但未明确提到在司法领域的应用路径。

2016年1月,最高人民法院首次提出建设"智慧法院",并于同年纳入了《国家信息化发展战略纲要》和《"十三五"国家信息化规划》,这是我国首次将司法机关的智能化,列入国家层面的信息化发展战略。

2017年7月,国务院为落实党中央的早期部署,抢抓人工智能发展的重大战略机遇,构筑我国人工智能发展的先发优势,印发了《新一代人工智能发展规划》。该规划明确要求,必须"初步建立人工智能法律法规、伦理规范和政策体系,形成人工智能安全评估和管控能力。"这是国家层面首次提到建立人工智能法律法规、伦理制度和政策。在该规划中包括"建立保障人工智能健康发展的法律法规和伦理道德框架、开展与人工智能应用相关的民事与刑事责任确认、隐私和知识产权保护、个人信息安全利用等法律问题研究,建立追溯和问责制度,明确人工智能法律主体以及相关权利、义务和责任等。

同年7月,在全国司法改革推进会上,习近平总书记强调"要遵循司法规律,把深化司法体制改革和现代科技应用结合起来,不断完善和发展中国特色社会主义司法制度"。

2018年4月,教育部制定了《高等学校人工智能创新行动计划》,提出"人工智能+X"的学科、专业建设。在人工智能法学领域,北京大学、西南政法大学等高校纷纷响应,组建了人工智能的相关学科。

2018年10月,习近平总书记在中共中央政治局第九次集体学习时强调,"要整合多学科力量,加强人工智能相关法律、伦理、社会问题研究,建立健全保障人工智能健康发展的法律法规、制度体系、伦理道德。"

2018年12月,习近平总书记在中央政治局就"人工智能"专题进行集体学习时强调,"人工智能是新一轮科技革命和产业变革的重要驱动力量,加快发展新一代人工智能是事关我国能否抓住新一轮科技革命和产业变革机遇的战略问题。"

2019年2月,最高人民法院发布了《人民法院第五个五年改革纲要(2019—2023)》,明确提出要充分利用"现代科技手段破解改革难题、提升司法效能"。

2020年1月,教育部等三部委联合印发《关于"双一流"建设高校促进学科融合加快人工智能领域研究生培养的若干意见》。这表明,党中央和国务院及国家部委对人工智能的学科、产业、人才培养高度重视,为"人工智能法学"的专业建设和发展提供了依据和基础。

7.2.2 我国法律人工智能的实践应用

1983年,北京大学法律系龚祥瑞教授和李克强合著《法律工作的计算机化》,则被视为中国法律信息化建设和法律人工智能实践的发端。1986年,朱华荣和肖开权发表《量刑综合平衡与电脑辅助量刑专家系统研究》,被确定为国家社科基金"七五"研究课题,在建立盗窃罪量刑数学模型方面取得了成果。

在法律人工智能的数据库开发方面,1993年,中山大学的胡钊、周宗毅、汪宏杰等人,合作研制了《LOA律师办公自动化系统》。同年,武汉大学法学院赵延光教授主持开发《实用刑法专家系统》,该系统由咨询检索系统、辅助定型系统和辅助量刑系统组成,已经基本具备了检索刑法规则,对刑事个案进行推理判断的功能。该系统对刑事案例进行适当推理和判断的功能,标志着我国法律人工智能的专家系统已经成型。

21世纪初,国家逐步重视法律人工智能的司法应用实践。2004年3月,山东省淄川区法院根据区法院的《量刑规范化实施细则》,设计并试用了通过计算机测算刑期的量刑系统。

2014年9月,天津市人大常委会法制工作委员会,首次使用北大法宝的智能立法平台,实现了人工智能助力立法工作的首次实践,即通过人工智能帮助法律的备案审查同时辅助人大立法等,不足之处在于,缺乏司法大数据库的支撑和对人工智能技术的法律规制。

2017年4月,《最高人民法院关于加快建设智慧法院的意见》提出,要细化展开法院内部管理信息系统的智能平台建设工作,各地法院也纷纷探索研发并推广使用。此后,在全国所有的3525个法院10759个人民法庭和海事派出法庭,相继开始"智慧法院"的配套建设工作。

2017年8月,全球首家互联网法院在浙江杭州成立。杭州互联网法院与传统的法庭模式不同,它通过在线法庭的方式来审理案件。2018年7月,中央全面深化改革委员会又审议通过《关于增设北京互联网法院、广州互联网法院的方案》,决定设立北京、广州互联网法院,以充分依托互联网技术,完成起诉、立案、举证、开庭、裁判、执行全流程在线化运行。

与此同时,各地方法院也大力推进人工智能建设,上海、北京、江苏、贵州等均推出了名称不同的法律人工智能项目。各级法院充分利用互联网思维的智能、高效、便利等特点,自主研发了智审系统、庭审自动巡查、审判风险防控、便携式数字法庭、网上诉讼平台以及三方远程庭审系统,全力打造数据集中管理和司法公开,为审判体系和审判能力现代化建设贡献了中国智慧。

比如,上海法院的"206"刑事案件智能辅助办案系统,是推进"以审判为中心"的诉讼制度改革软件,其全称是"上海刑事案件智能辅助办案系统"。该系统将人工智能中最重要的三个部分——专家经验、模型算法和海量数据相结合,创新性地联通了公检法三机关的办案平台,将规范的证据标准嵌入三机关的刑事办案系统,并对证据进行梳理、校验、比对、监督,在相当程度上解决了当前司法机关适用证据标准不规范、办案程序衔接不紧密的问题等。

又如,北京法院开发的"睿法官"系统在结案环节可以自动生成裁判文书,不仅全面覆盖裁判文书类型,而且能够全部覆盖裁判文书中的内容,从而大幅降低了法官手动修改的工作量。与此同时,"睿法官"系统对于民事案件,也可以根据案由的特点,提供不同的智能辅助支持功能。例如,机动车交通事故类案件主要特点在于赔偿项目多、计算复杂,容易出现审理遗漏和计算错误,所以主要提供的辅助功能是智能计算。离婚案件的审理难点在于财产分割,查明和分配财产的工作比较繁杂,提供的辅助功能主要是通过建立财产池和分割模型,帮助法官审理和判断;民间借贷和买卖合同属于争议场景较为繁多,裁量因素复杂的案件类型,所以提供的主要辅助功能是帮助确定裁判尺度的类案。

再如,河北省高级人民法院强力推进智慧法院建设,其自主研发的智审系统中,将电子卷宗内容结构化,自动提取电子卷宗信息,实现了自动回填流程数据、自动关联案件当事人、自动推送判例法条以及自动生成裁判文书。

2019年12月,浙江省高级人民法院联合浙江大学、阿里巴巴等研发的智能审判系统"小智",从人脸识别开始到判决书的生成共计耗时28分钟,"小智"向双方当事人提问,并对证据作出分析,实时向法庭呈现证据链,并帮助法官梳理案件情况。如图7-1所示为当前在司法审判领域使用的法律人工智能。

系统名称	地区	时间	研发机构	主要功能
"睿法官"北京法院智能研判系统	北京	2016年12月	华宇元典与北京华宇信息技术公司	电子卷宗、文书服务;智能助手语音文字交流;法律实施图谱构建、法律大数据画像;卷宗文件识别分析与信息提取
上海刑事案件智能辅助办案系统(206工程)	上海	2017年5月	科大讯飞联合上海高院	上海刑事案件大数据资源库;上海刑事案件智能辅助办案应用软件;上海刑事案件智能辅助办案系统网络平台
"好厝边"在线诉前解纷平台	厦门	2019年4月	法信公证云(厦门)科技有限公司	全国首个互联网+诉前解纷平台
海事案件智能办案辅助系统	上海	2019年5月	上海浦东华宇信息技术有限公司	通用功能、智能审判、智能关联和文书生成

图7-1 当前在司法审判领域使用的法律人工智能(来源:搜狐科技)

2020年6月发布的《中国法院信息化发展报告No.4》(2020)总结指出,2019年我国的智慧法院建设已经跻身世界前列。人民法院围绕智慧审判、智慧执行、智慧服务、智慧管理的智慧法院体系基本建成,法律人工智能在司法领域走出了法院信息化的"中国道路"。

7.2.3 我国法律人工智能的应用评价

总体来说,尽管政策文件铺设了发展法律人工智能的"快车道",我国人工智能与法律的交叉研究成果并不丰富,法律人工智能的应用还面临若干理念性和制度性的问题。

其一,就理论研究而言,目前我国还处于法律人工智能理论研究的起步阶段,这体现为理论与实务相结合的成果不多,现有的理论研究相对而言不够深入。学术界中翻译介绍国外研究成果的论文较多,而真正将技术、案例与法学理论相结合的成果不多。即便有少量论文结合案例进行了论述,但也多从法学理论的角度出发,而未针对司法实践,导致缺乏实用性。

结合国外人工智能与法律的研究,不难得知,计算机学者的相关论文主要关注了方法的高效性,缺乏对法律理论的论述和司法实务的关注,而法律学者的相关论文更多地关注了法律逻辑和法律概念的本体,而没有注重法律人工智能引入后的实效。此时,双方有机结合进行研究是很有必要的。总而言之,因为人为地对自然科学和社会科学加以划分,同时学科的研究范式之间存在壁垒,使得学科之间无论从研究方法还是研究成果的评估上都有着较大区别,我国人工智能和法律之间仍然缺乏理解,这种情形显然制约了法律人工智能作为交叉学科的远期成长。

其二,规范人工智能的法律存在空白。人工智能在司法领域的规范化应用,很有必要在我国的立法和法律制度中有所体现。但是,法律往往相对于现实具有滞后性,不可能和社会的发展同步。法律人工智能本身就会为我们带来新的法律问题,我们从现行法律体系往往难以找出解决办法,这势必要呼吁相关的立法,以保证法律人工智能的"有法可依"。

当前我国的成文法没有对人工智能如何深度应用于司法作出明确规定,这片法律空白亟待后续立法予以填补。就当前而言,我国正在最大程度活用人工智能的后发优势,"弯道超车",对个人信息与个人隐私泄露风险、侵权责任风险、刑事犯罪风险、劳动者就业风险、行政规制风险、军事应用的国际法风险等重要领域开展立法,以图在重要领域补全人工智能法律风险这个庞大的问题类别,我们可以预见,如何规范人工智能对司法的深度应用,也将成为未来人工智能领域立法的重要内容,并为人工智能领域立法的最终落地保驾护航。

不论国内还是国外,法律人工智能的理论发展和实践应用,都经历了若干具有里程碑意义的事件。总体而言,国外的法律人工智能发展不论是理论研究还是实践应用,均大大领先于我国相应领域。

当前,法律人工智能在司法领域,集中应用于我国的智慧法院建设。智慧法院建设不仅需要顶层文件的支持,更需要各级各地司法机关的协调。其中,跨学科的法律人工智能理论研究和法制化的法律人工智能发展路径,将对我国智慧法院的发展大有裨益。

1. 谈谈你对法律人工智能发展历程的认识。
2. 举例说明法律人工智能如何协助司法辅助人员开展工作。
3. 谈谈我国法律人工智能的未来发展前景。
4. 实训项目

项目名称	XX市中级人民法院劳动争议纠纷数据报告	实训学时	2课时
实训时间	课外	实训地点	不限	实训形式	制作法律检索报告

续表

实训目的	1. 了解法律信息检索的基本知识 2. 掌握法律信息检索的基本技能 3. 学会制作法律信息检索报告
实训内容	深圳市中级人民法院审结的劳动争议纠纷案件;挖掘典型案例;分析裁判规则;制作法律检索报告
实训素材	1. 数据来源:中国裁判文书网、无讼案例 2. 法院层级:XX市中级人民法院
实训要求	1. 内容完整,主要包括:数据来源、数据分析、裁判观点、案例评价 2. 数据真实,具有代表性 3. 逻辑清晰,表达准确
实训组织	1. 教师发布检索题目和检索要求,提供检索资源和检索路径 2. 指导学生利用课外时间进行法律检索 3. 教师指导学生撰写检索报告 4. 学生提交检索报告,分享检索结果,交流检索经验,改进检索报告

1. 李开复. 人工智能超级大国:中国、硅谷与世界新秩序[M]. New York:Houghton Mifflin Publish,2019.
2. 赵万一,侯东德. 法律的人工智能时代[M]. 北京:法律出版社,2020.

挑 战 篇

　　人工智能已经到来,但由人工智能引发的法律问题才刚刚开始显露。

　　如何探索和构建更适合人工智能时代的法律制度体系,已成为当今法律制度建设的重要任务。

　　在这个人工智能时代,即便眼下的挑战重重,我们也相信法律制度的理性之光,与科学技术的智慧之光,势必交相辉映、大放异彩。

第8章

法律人工智能对技术的挑战

```
                                                          ┌─ 知识图谱的概念及演变
                          ┌─ 语义网络：              ─────┼─ 知识图谱所需的技术
                          │  法律知识图谱的构建           └─ 法律知识图谱的构建
                          │
                          │                                ┌─ 自然语言处理
                          │  法律语义：              ─────┼─ 法律语义理解
法律人工智能对技术物挑战 ─┤  与机器构建无障碍沟通          └─ 法律词典构建
                          │
                          │  技法结合：              ─────┌─ 法律人工智能的建模
                          │  法律人工智能建模与算法        └─ 法律人工智能的算法
                          │
                          │  人机对话：              ─────┌─ 多轮问答系统
                          └─ 多轮问答和问答匹配系统        └─ 问题匹配系统
```

1. 了解法律知识图谱的概念与构建；
2. 了解自然语言处理、法律语义理解、法律词典的基本知识；
3. 了解法律人工智能的建模与算法；
4. 认知多轮问答与问题匹配系统的研发。

法律知识图谱是法律知识推理的基础[①]

法律知识图谱是机器进行法律知识推理的基础。它将法律规定、法律文书、证据材料及其他法律资料中的法律知识点,通过法律逻辑连接形成概念框架,它的概念框架上的每一个知识实体或概念又分别与法律法规、司法经验、案例、证据材料等相应挂接,建立法律概念、法律法规、事实、证据之间的动态关联关系。

以故意伤害罪做一个简单的示例,机器在分析某个案件的文本材料时,看到"重伤""轻伤"这样的字眼便能迅速判断,这可能是故意伤害罪的危害后果。同时反过来,在分析故意伤害罪的案件时,能够主动匹配需要的"重伤"或"轻伤"的危害后果。这是通过法律知识图谱进行的简单判断。

1. 知识图谱表达知识的方法是否与人类的认知模式一致?
2. 知识图谱如何令人工智能做到"举一反三"?

8.1 语义网络:法律知识图谱的构建

从网络搜索,到现在的聊天机器人、大数据风控、证券投资、智能医疗、自适应教育、推荐系统,这一系列技术应用始终同知识图谱相关,它在技术领域的热度也在逐年上升。

8.1.1 知识图谱的概念及演变

知识图谱(knowledge graph)的概念是谷歌公司在 2012 年提出的。谷歌提出这个概念的本意是为了说明其搜索引擎更加高效,能更好地满足用户需要。知识图谱是由大量的概念实体以及它们之间的关系共同构成的语义网络。

知识图谱有厚重的历史演进过程,并非完全是在 2012 年才产生。从 20 世纪 60 年代开始出现的专家系统,到知识表示、知识工程,再到语义网,知识图谱实际是以这些技术为蓝本,"老酒新包装"的词。《2018 知识图谱发展报告》中,"知识图谱技术是指知识图谱建立和应用的技术,是融合认知计算、知识表示与推理、信息检索与抽取、自然语言处理与语义 Web、数据挖掘与机器学习等方向的交叉研究。"

知识图谱是人工智能的重要分支。图谱发现、信息抽取、情感分析、复杂网路分析、自动推理、命名实体消歧,是知识图谱框架下关联的核心技术。图谱发现中,利用在线百科全书构建知识图谱的尝试被证明在一定程度上是有效的。信息抽取是根据需要输入文本中摘取的特定部分,用以填充预先设定的抽取模板中空白槽位的过程。应用场景有两类,一是在线过滤,二是实体知识库建设。情感的深度分析,在结合知识图谱中,会有更深的评价。图谱的网状图结构中,更能直观、有逻辑地进一步分析各实体之间的关系,并得出更新的结果。知识可以推导出更多的知识,依托图谱更能实现知识的更深、更广跳跃。图谱的关联性,在解决上下文消歧

[①] 北京华宇信息技术有限公司.法律知识图谱[EB/OL]. http://www.thunisoft.com/flzstp/index.jhtml,2019-10-19.

具有独特优势。

如今,知识图谱已经落地至金融证券、生物医疗、图书情报、电商、农业、政府、电信、出版等领域,如图8-1所示为企业知识图谱。

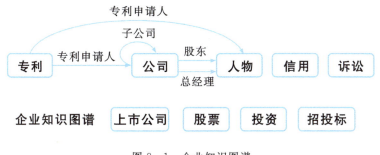

图8-1 企业知识图谱

8.1.2 知识图谱所需的技术

"快速前进"实验室(fast forward labs)的创始人希拉里·梅森(Hillary Mason)指出:"数据科学家是懂得获取、清洗、探索、建模、解释数据的人,还要融合入侵技术、统计学和机器学习。数据科学家不仅要处理数据,还要把数据本身作为一个五星产品。"构建知识图谱主要需要以下技术。

1. 数据科学

随着大数据时代的到来,数据科学作为一门新兴学科迅速崛起。数据科学研究需要同时具备理论基础和工程经验,需要掌握各种工具的用法。数据科学主要包括两个方面,即用数据的方法来研究科学和用科学的方法来研究数据。前者包括生物信息学、天体信息学、数字地球等领域;后者包括统计学、机器学习、数据挖掘、数据库等领域。这些学科都是数据科学的重要组成部分,但只有把他们有机地放置在一起,才能形成整个数据科学的全貌。数据科学的综合性也对数据科学家们提出了较高的技能要求,他们需要掌握的知识包括计算机、统计学、数据处理和数据可视化等。

2. 数据清洗

数据清洗是数据处理技术中居于核心地位的研究课题及重要阶段。来自多样化数据源的数据内容并不完美,存在着许多"脏"数据,即数据不完整、存在错误和重复的数据、数据的不一致和冲突缺陷。为了减少这些"脏"数据对数据分析和数据挖掘结果的影响,必须采取各种有效措施对采集的原始数据进行有效的预处理,该处理过程称为"数据清洗(data cleaning/cleansing)",即在数据集中发现不准确、不完整或不合理数据,并对这些数据进行修补或移除以提高数据质量的过程。

数据清洗主要是删除原始数据集中的无关数据、重复数据、平滑噪声数据,筛选掉与挖掘主题无关的数据,处理确实值(missing values)、异常值。简单而言,即是按照一定的标准、需求,通过各种技术手段与方法,对海量数据进行规范化处理的过程,最终确保数据的精准性、完整性、一致性、关联性、有效性。数据清洗的基本原理如图8-2所示。

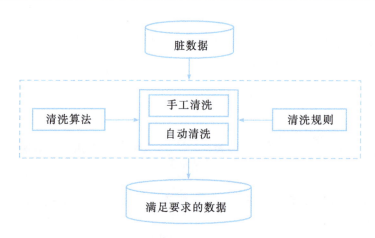

图 8-2 数据清洗的基本原理

3. 数据标注

数据标注是数据科学中更体现人力性的"科学"工作,彰显了人工智能背后的"人工",是人工智能发展的重要环节。

我们现在处于弱人工智能时代,需要形成大量的标签化数据,给机器学习提供更多的素材,这样的工作目前几乎都是纯人工完成。数据标注行业流行一句话,有多少智能,就有多少人工。因此,数据标记就是在人工智能工程中,就机器学习的文本、图片、视频、音频等素材,按照类型、名称、区域等进行画框、注释、标记等。比如,在自动驾驶领域,就需要在图片中将"车辆""红灯""绿灯""区域"等进行画框等标记并贴上标签,然后再通过算法等让机器识别学习。

常用的数据标注方法有:分类标注、框标注、区域标注、描点标注,其过程为标注标准的确定、标注形式的选择、标注工具的选择。目前,标注工具也是部分大型数据巨头公司提供。因为这样的标注工具也需要部分算法,普通小型企业没有相应的技术与资金成本。目前市面上有比较多的开源工具,供数据标注使用,但各有侧重。有的适用于图像分割任务,有的适用于图片的标注,有的适用于视频的标注,有的既可以标注视频,也可以标注图片,比如微软的VoTT。

就目前我国的人工智能发展,在将来很长一段时间仍然需要大量人工对基础数据经行标注,专业领域的数据标注需求也将会不断扩大。

8.1.3 法律知识图谱的构建

知识图谱分为"通用知识图谱"与"领域知识图谱"两类,两类图谱本质相同,其区别主要体现在覆盖范围与使用方式上。通用知识图谱可以形象地看成一个面向通用领域的结构化的百科知识库,其中包含了大量的现实世界中的常识性知识,覆盖面广。比较而言,领域知识图谱又叫行业知识图谱或垂直知识图谱,通常面向某一个特定领域,可看成是一个基于语义技术的行业知识库。因其基于行业数据构建,有着严格而丰富的数据模式,所以对该领域知识的深度、知识准确性有着更高的要求。法律知识图谱即属于典型的领域知识图谱,与医疗知识图谱、体育知识图谱、心理知识图谱和电商知识图谱等同类。

有研究者将法律知识图谱定义为"机器进行法律知识推理的基础,它将法律规定、法律文书、证据材料及其他法律资料中的法律知识点,以一定的法律逻辑连接在一起形成概念框架。它的概念框架上的每一个知识实体或概念又分别与法律法规、司法经验、案例、证据材料等相应挂接,建立法律概念、法律法规、事实、证据之间的动态关联关系"。但从基于知识图谱理解的角度,可以将它简单的定义为法律知识图谱,即由大量的法律相关实体概念及各实体之间具有的法律逻辑关系共同构成的语义网络。

法律知识图谱构建是一个很艰难的课题,具体体现在两大维度,一是通用知识图谱本身的技术难度,二是基于法律行业本身的法律原理、法律实践知识及行业特性认知的难度。通用的知识图谱,通常是要经过知识表示与建模、知识表示学习、实体识别与链接、实体关系学习、事件知识学习等维度出发,再进一步深入研究、构建。从目前诸多知识图谱的具体应用来看,因为法律贯穿人类发展的各个领域,牵涉到社会的方方面面,其发展也可谓困难重重,成型的法律类知识图谱应用甚少。

通用知识图谱强调横向的广度,行业知识图谱强调的则是纵向的深度与精度。其实,即便是在行业知识图谱中,由于所要达到的需求不同,其构建方式、思路与角度也不相同。法律知识图谱的构建其实可以遵循以下六个阶段进行,即:知识建模、知识获取、知识融合、知识存储、知识计算、知识应用。

当然,法律行业有其自身的特点,需要根据需求,研究专门的法律知识建模方法。这种建模,需要解决法律理论及实践知识的获取、分类、表达、组织融合、存储、计算等重点环节。有专家参照其他行业知识图谱的经验,就法律领域的知识图谱构建,提出了以下的构建思路:

(1)基于领域专家共识,设计法律领域的顶层本体,形成业界公认的技术规范;
(2)构建目标领域的语义网络,形成知识图谱的框架;
(3)从术语系统、数据库和文本等知识源获取法律知识,再对知识图谱进行填充。

要实际构建落地的法律知识图谱,还需要在深入构建的同时,注重以下几个点位:

(1)技术人员普遍具备法律知识;
(2)法律人员拥有技术素养;
(3)两类人员的相互交融;
(4)扩大某一需求中所涉及专业领域的法官、检察官、律师、专家学者等多层面的专业人士参与;
(5)扩大法律用户的实际需求及感受、评价调研。

霍姆斯在《普通法》(*The Common Law*)里说道,"法律研究的目的是一种预测,即对公共权力通过法院的工具性的活动产生影响的预测。"那么,某种程度上,法律的结果也能够被描述为存在某种概率论意义的事实。知识图谱是人工智能领域的一个分支,更是自然语言处理的一个分支。自然语言发展中存在巨大障碍的歧义,其实,若集中在法律领域,就显得相对容易解决。虽然有着霍姆斯的另外一句名言,"法律的生命不是逻辑而是经验",强调了法律的复杂性。但是,我们整个法律体系、理论及实践,无不遵循着三段论逻辑的推理结构。"逻辑是最方便的知识表示语言。"因此,法律领域实际是构建知识图谱,甚至人工智能应用落地的最肥沃土壤。

8.2 法律语义:与机器构建无障碍沟通

自然语言就是我们日常所说、所写、所读或者所理解的人类语言。再来看"处理",其实,从法律人的角度来看,语言就是我们人类对各种思想、观点、感受所输出的表达,当然这种表达并不要求具备所谓独创性的标准。如果只是人工处理的话,那原本就由专门的语言学来研究,也没必要特地强调"自然"。不难想见,这个"处理"必须是计算机处理的。但计算机毕竟不是人,无法像人那样处理文本,需要有自己的处理方式。这种计算机的自然语言处理方式,是实现与机器无障碍法律沟通的语义基础。

8.2.1 自然语言处理

自然语言处理(Natural Language Processing,NLP)研究自然语言的自动生成与理解。NLP 是人工智能的一个分支,也是应用语言学的分支,还是与计算机科学、数学、心理学、社会学、生物学等学科的交叉学科。自然语言处理属于人工智能中的核心地位和关键领域,是研究人工智能的基础。

简单来说,自然语言处理即是计算机接受用户自然语言形式的输入,并在内部通过人类所定义的算法进行加工、计算等系列操作,以模拟人类对自然语言的理解,并返回用户所期望的结果。正如机械解放人类的双手一样,自然语言处理的目的在于,用计算机代替人工来处理大规模的自然语言信息。

自然语言处理的历史,可以追溯至 20 世纪 40 年代。1946 年 2 月 14 日,随着世界上第一台计算机 ENIAC 在宾夕法尼亚大学诞生,初期的自然语言处理工作诞生,计算机翻译应用也由此产生。到了 80 年代,随着存储介质的不断发展、更新,自然语言处理迎来了极具生命力的蓬勃发展。进入 21 世纪后,高性能的计算机系统加速自然语言的处理,近年来自然语言处理也大量应用于商业领域。

研究 NLP 的最终目的是实现人与计算机的无障碍沟通,让计算机能理解人类的自然语言,让机器能懂人。当然,从技术上来讲,最大挑战最终还是来源于我们自然语言本身的"歧义",其中有分词的歧义、语法分析的歧义、语义分析的歧义,以及在不同场景中语用分析的歧义。

例如"修剪一棵树是一个漫长的过程(pruning a tree is a long process)"。

这里"pruning a tree"是计算机科学中算法技术部分的一个概念。说"pruning"不是指去砍一棵真实的树,而是我们在讨论计算机算法的精简。"你的脸长得就像苹果"这里的"苹果"并非我们所吃的苹果,而是形容脸的形状、颜色整体圆润、红嫩。

以上两个有语言歧义的场景说明了一个英文单词都有歧义,更何况作为我们母语的中文。中文除了文字本身含义的多样性,有比喻等表达的不可捉摸性,还有相同词语在不同环境下的语义,甚至音调也代表了丰富的内涵。即便是精准的表达,有时也具有模糊的含义。普通人类要理解特定情形下的语言,也需要多重分析,甚至还要根据人的形体肢体姿态进行研究,才能得出对应的含义。在这种特定的"尴尬"状态下,让机器理解正确的含义着实困难。

虽然现在行业中也是通过使用规则式系统,或者机器学习等方法试图来解决这一问题。比如深度学习,他们认为在一定程度可以把人的知识加起来,这种基于统计的知识学习会更好地解决这一问题。但实际仍然任重而道远。要解决这一问题,同时还需要配合脑科学、神经学科等相关学科的发展,进行进一步的探索与研究。

8.2.2 法律语义理解

语义理解即对语言含义的理解,严格来说属于语言学的范畴。在人工智能时代,要跟机器构建无障碍的沟通,必然需要机器可以读懂、理解人的语言。语义理解是自然语言处理(NLP)的核心目标,更是促使人工智能真正智能化的桥梁与挑战。

人与人之间的交流,要达到真正理解都难如登山,更何况人与机器之间。语言含义中,除了语言文字的含义、文字与文字之间关系的含义,还有文字与现实的含义,即对文字隐藏含义的发掘。在人工智能领域的语义理解,为机器对自然语言所转换的符号以及符号之间关系的理解,但要达到符号与现实世界间的对应理解,则是我们追求的终极目标。

语义理解一直是自然语言处理中重点关注、研究,并着力想解决的问题。随着知识表示发展至知识图谱技术,语义理解有了新的发展契机。知识图谱的实体构建与实体之间通过各种属性的关联,搭建构成的知识关系网,可以很好地辅助解决自然语言处理中的场景歧义、上下文歧义等问题,丰富其发展。

深度学习也是人工智能领域的洋词语。它其实是神经网络领域的核心研究课题,神经是分层的,越往下越深。知识图谱深层次的关联关系与深度学习契合,二者结合,促进了更深层次对数据符号的理解。

由此,随着知识图谱、自然语言处理与深度学习,人工智能三大课题的研究、发展与融合,将会在符号的语义理解中,发生不可估量的积极效果,促使人工智能的发展及相关应用的实际落地。

法律语义,狭义上指法律语言的含义,广义上可以指与法律相关的语言的含义。如果要再精准定义的话,即是规范性法律文件及法律事实内涵及外延的含义,它主要包含以下五大部分:

(1)法律、法规、司法解释等规范性法律文件的语义;
(2)法律事实的语义;
(3)法律事实与规范性法律文件关系的含义;
(4)法律理论的含义;
(5)法律经验及法律判例的含义。

法律语义的理解,是指对法律、法规、司法解释等规范性法律文件、法律事实、法律理论及法律经验的理解。从人工智能及自然语言领域的角度看,即是机器对上述内容所转换的最终符号的理解。

那么,法律语义的理解与语言的理解是什么关系?曾有西方学者将这一问题进行研究,随后形成了部分观点:

王永杰在提出法制宣传存在从独语到对话的理性沟通过程,法制宣传的宗旨、理念、方式等都会发生新的转变,需要从根本上建立以对话为核心特征的法制宣传模式,只有这样才能体现程序正义。

杨彬指出改善法律语言的生态环境需从改善语言开始。法律实施过程中许多语言问题突出,相当数量的法律裁判文书语体要素适宜性普遍存在明显问题,不利于有效向公众传播法律知识,弘扬法律精神。

张法连归纳了人工智能的机器翻译技术运用于法律翻译中的难点,并基于此探析了机器翻译与人工翻译在法律翻译中的结合点。

程乐以符号学为理论基础,提出法律术语制定、解释、翻译到接受整个过程中,共实现了两次主动符内联系,并基于语义三角模型与翻译三角模型从符号表象、义和符号解释角度解读了法律术语翻译五原则。

不难得出,以上学者表达的核心思想有两点:①法律是用语言表述的,没有语言便没有法律;②只有理解了语言,才有可能理解法律。

语义理解首先是要结合领域知识,因此,要理解法律语义,必须扎根法律行业本身,具体要从以下几点切入:

1. 了解规范性法律文件本身及释义

一个标准的法律人必须具备熟悉规范性法律文件或者法律条文检索的能力。作为一名法律实务者而言,一个及时更新的法条库是必备。当然还要时刻关注最新的法律修改及新法律的颁布。其实,如果是法条库,"北大法宝"足矣。

2. 了解法律行业的细分领域

公安、检察院、法院、律师、公司法务是法律行业最主要的从业细分领域。理论要与实践相结合,除了要对法规理解,还需要对各细分领域在框架及内容上有所熟悉。

3. 了解细分领域的法律思维

公、检、法及律师虽然有共同之处,但在司法实践中却存在各有特点的做法、思路,以及谋划更好发展的愿景。公、检内部的办案流程各有千秋。法院与诉讼律师的工作其实更接近,虽然法官属于居中裁判,律师受人之托维护单方利益,但在案件的处理流程、思路及法律的适用上基本一致。

4. 了解法律争议的类型及当事人想法

整个法律体系庞杂,有刑事领域、民事领域、行政领域,再往下分有公司法、劳动法、婚姻法、国际法、知识产权法,等等。那么,法律争议就会对应到这些具体的部门法中,只有将争议类型对应到相应规范中,再结合对争议本身各方当事人的诉请、抗辩基础的了解,才能更好理解。

当然,完全做到法律语义理解,单纯需要具备技术以外的上述对应知识还是远远不够的。从认知到认知智能,是一个长期的系统化工程。除了对上述法律流程、领域中知识数据的处理,还需要配合法律逻辑思维知识,即法律思维。

8.2.3 法律词典构建

法律词典,即法律人工智能中的法律词典数据库、语料库。

这里提到了语料库的概念。从自然语言处理学科的角度,语料库是指存储在计算机上,用于研究语言如何使用的书面或口头的自然语言材料的集合。准确来说,是用来语言分析和语料分析的系统化和计算机化的真实语言集合。正是由于这些大规模的数据用于自然语言处理,才能进而运用在与机器结合的人工智能领域。法律词典数据库与语料库的存在形式其实一致,可能的呈现形式为文本数据,即书面材料,或者语音数据,即口头材料等。

在法律人工智能的垂直开发研究中,法律词典数据库提供了研究的基础,是最为关键的部分,它提供了用于构建应用的定量数据。当然,开发者也可以使用其他的部分数据,来验证机器领域关于语言的想法和直觉性的思考。当前,普通领域人工智能化面临的语料库问题,法律人工智能领域一样存在且更为数据匮乏。

当前,法律词典数据库面临的挑战有:按照解决问题的需求确定对应的法律数据类型、法律数据获取的问题;法律数据质量的问题;法律数据数量的匮乏、法律数据清洗与标注中的问题。

2007年,我国第一个"法律语言语料库"通过专家鉴定并正式宣告建立。从语言学的角度看,法律语言是"领域语言",而且可以说是最有现实意义的领域语言,因而非常值得研究。所以,法律语料库当然能以研究这个"领域语言"为目的而建设。不过,这种研究仍然是语言学上的研究,几乎不需要法律界专家的参与,更不需要法律界人士作为主体研究者,因为其最终要解决的仍然是语言本身的问题,与法律没有多大关系。由于法律是通过语言展现的,法律上的问题也就表现为语言上的问题,对法律的研究必须透过语言才能进行。因而,法律语料库的建设应以直接为法律实践服务作为目的,包括法律的制定、法律的施行、法律的研究、法学的研究,等等。当然,这些研究都离不开语言,这种直接为法律实践服务的语料库,同样也能为语言学服务,尤其是领域语言学。然而,无论是法律语言学还是法律语言研究,如果不是为法律实践服务、解决法律实践问题,就不是真正的法律语言学,就不是真正的法律语言研究。

因此,我们所讲的法律词典数据库,是在人工智能的环境下,试图利用最新发展的技术,建立法律语言语料库更高版本的数据库。除了研究本身,更多的是能在人工智能环境下,为法律人工智能提供更充分的数据资源,促进法律人工智能的进一步发展。

构建法律词典,应以用户需求为主导,构建法律中特定具体项下的法律词典才能符合法律人工智能的需求及用户需求。除此之外,还要遵循常规语料库构建的基本路径,即法律信息数据的获取及预处理、数据的清洗与标注、数据属性的分析及确定、转换数据。

一是数据的获取及预处理。目前而言,"北大法宝"对于法律法规等规范性法律文件的更新较快且全面,用户可以方便地获取和使用。中国裁判文书网对司法裁判案例的更新可能有些迟延,偶尔存有系统出错,但仍然提供了大量的库存文书和丰富的数据供使用。"无讼"等平台的案例库也是比较好的数据获取路径。而就法学理论研究等由于问题导向不同,涉及的数据库可能有所不同,如西方法律(westlaw)数据库和《元照英美法词典》,在这个问题上,就必须由专业的法律人员协助配合。当数据收集完毕后,需要进行预处理,即在大量数据中,删除无效的、偏离目的的数据,并相应进行格式化处理,该环节也需要法律专业人员的参与和协助。

二是数据的清洗与标注。前期获取的大量数据,虽然来源渠道等相对规范,但仍然会存有"脏"数据,需要经过"清洗"。但就标注而言,这恐怕是整个词典构建中目前最需要法律人员参与的环节,之前我们讲到过,通用领域的数据处理,基础建筑工人、文化程度不高的人都可以处理。但在法律词典的构建中,必须具备法学知识,甚至要求具备法律逻辑思维的法律人才可以胜任。因此,这个环节是对数据处理者体力和耐心的考验,也考验处理者跨界融合的知识运用能力。

三是数据属性的分析及确定。所有的数据在处理完毕后,数据属性的分区及选择确定很重要,这个过程被定义为特征工程。具体来讲,特征工程为从原始数据中生成用于开发应用,或解决应用相关问题特征的过程。其中的特征可以被定义为用于构建应用或预测应用输出时所需要的信息或量化属性。那么，什么可以被认为特征？凡是能够用于生成为应用提供准确而有效的输出模型的属性都可以作为特征。目前，这一环节也极具挑战，除了获取特征本身的技术复杂及难度。特征选取过程是具备行业属性的核心，即需要依赖法律专业领域人员切入，才能进行针对性地选取。

四是数据的转换。这个阶段，是文本数据转换为数值数据的过程，本质是数据处理的过程。将获取的特征转换为数字格式，实际是具有挑战性的过程。即便有大量的工具及算法可以使用，但从技术本身的角度，仍然需要耗费大量的时间。当然，如果上阶段特征工程梳理的准确性较高，就会从某种程度上减少这阶段的工作难度。目前通用领域的一些方法，如 TF-IDF、one-hot 编码、排序、共现矩阵、word2vec 等可以使用，但具体到法律领域词典构建的数据转换，还是要寻找更贴切的、更个性化的工具。

由此，大致可以看出，要构建法律词典的数据库，虽然有通用领域的方法、经验可以使用，但核心部分还是要法律行业的特定化，在法律行业内领域的特定化。其中，除了技术本身的挑战性，法律人员的切入至关重要，只有拥有特定领域知识的专家，才能结合技术更好地服务于法律领域。

8.3 技法结合：法律人工智能建模与算法

所谓的法律人工智能，即人工智能相关技术在法律领域的具体运用，最终产生的结果是技术与法律相结合，在法律行业细分领域的应用。我们现在比较熟悉的"上海刑事案件智能辅助办案系统""智能法律咨询机器人""IBM Ross 全球人工智能律师"等，都属于法律人工智能的范畴。就目前已经公开的这些应用，从产品的类型来看，主要集中在法律相关检索、律师助手协助、司法裁判案件预测及庭审协助、智能咨询等方面。

8.3.1 法律人工智能的建模

建模是指把具体问题抽象成为某类问题并用数学模型表示，是应用于工程、科学等各方面的通用方法，是对现实世界纷繁复杂行为的抽象概括。建模的流程具体如下：分析问题中的各种因素，并用变量表示→分析变量之间的关系，相互依存或独立等→根据实际问题选用合适的数学框架（典型的有优化问题、配置问题等），将具体问题在此框架下表达出某种公式→选用合适的算法求解表达出公式→使用计算结果解释实际问题，并反过来比较和分析结果与实际的贴合程度。

早在 20 世纪 70 年代，美国等发达国家便开始设计基于人工智能技术的法律推理系统、法律模拟分析系统、专家系统，并用于司法实践。20 世纪 80 年代至 90 年代，我国也已开始研发基于人工智能技术的法律专家系统，相关成果有"实用刑法专家系统""LOA 律师办公自动化系统"等。近年来，随着大数据等技术的发展以及国家政策战略的支持，用于法律实践的大量基于专家系统的人工智能项目进一步涌现，但还是存在着不能突破的鸿沟，即技术本身的鸿沟以及技术法律思维化的鸿沟。

承前所述，法律人工智能的建模实际就是法律人工智能化中，就特定模块建立数学模型。黄都培以刑法为例，建立了包括公关知识、法律知识、具体案情的三层语义检索模型。邵杨芳从法学理论的角度建立了刑法、刑事诉讼法的法律检索本体结果。

2019年8月,中山大学哲学系教授熊明辉援引世界人工智能协会的倡议,提出了当代人工智能在法律领域研究的十大论题,即:法律推理的形式模型、论证与决策的计算模型、证据推理的计算模型、多智能体系统中的法律推理、可执行的立法模型、法律文本的自动归类与概述、从法律数据库与文本中自动提取信息、面向电子取证和其他应用的机器学习与数据挖掘、概念的或基于模型的法律信息检索、自动执行不重要的重复性法律任务的法律机器人。

法律检索模型、法律推理模型、证据论证模型和可执行的立法模型的构建,是法律人工智能模型构建中最核心的"四大金刚"。虽然现在已有各种基于"三段论"等模式的模型演绎,但就实际出产、落地的运用来看,前述"四大金刚"仍然还在"摸爬滚打"中。当然,这是整个人工智能领域都在研究的课题。人工智能领域的相关问题解决了,垂直领域的法律人工智能难题也会迎刃而解。

法律同样具有语言的不精确性和可解释性。除了规则的可解释性,裁判也具有可解释性。尽管从逻辑及规范性上讲,法律领域的可模型化具有良好的基础,但在法律语言模型化过程中,仍然存在着极大的挑战。一是模型数据的缺乏,从法律文本汉字语言转换为确定的符号,需要对法律规范、法律解释的准确理解;二是法律的逻辑体系构建难,法律是严格遵循"三段论"的推理,但要将这三段论推理具体到数据库中,需要依赖强大的技术手段;三是专家论证系统构建无标准,以法官为主导的审判模式是大陆法系的主要特色,法官的裁判模式各异,思维方式各异,自由裁量权力过大;四是法律思维模式难以定性并定量,机器人类化的终极目标为"以人的方式思维",要模拟一个法律人的思维,谈何容易。

8.3.2 法律人工智能的算法

百度百科对"算法"的定义为,"指解题方案的准确而完整的描述,是一系列解决问题的清晰指令,算法代表着用系统的方法描述解决问题的策略机制。也就是说,能够对一定规范的输入,在有限时间内获得所要求的输出。如果一个算法有缺陷,或不适合于某个问题,执行这个算法将不会解决这个问题。不同的算法可能用不同的时间、空间或效率来完成同样的任务。一个算法的优劣可以用空间复杂度与时间复杂度来衡量。"

其实,从法律人的角度来看,算法就是运用计算机解决问题的指令。所谓算法的好坏,可能从结果的验证衡量上来评价更为客观。比较有影响力的算法有:强调互联网稳定性的迪杰斯特拉算法、加密领域的PSA算法、网络安全的哈希算法、实现互联网链接分析的链接分析算法、数据压缩算法等。

那么,法律人工智能中的算法具体又指什么?从文献的检索结果来看,目前还未看到有明确的定义。可以理解为,在法律人工智能化中,要解决特定问题的算法。比如,解决法律规范语言准确理解的算法、法律检索精准查询的算法,等等。

有穷性、确切性、有输入、有输出、可行性是算法应当具备的五大重要特征。那么,法律智能领域的算法,除了技术本身应当具备的能力,还应当符合法律本身的规范性及可解释性。具体而言,应当注重以下几点:

一是遵循传统的法学研究方法。传统的法学研究以法学概念、法律逻辑、法律原则为基础,采用法律解释、法律推理、法律论证、价值衡量、事实认定等分析。算法必须对这些传统的法学研究方法加以确认。

二是遵循理论与实践相结合。充分发挥已有司法裁判案例库的作用,进行分类型的梳理、关联关系构建,并相应拓展,形成结构化的关联网,从而提升算法的联系度。

三是遵循法律领域中的行业化。法律项下的公、检、法、律师、政府等机构,均涉及不同的行业领域,并涉及不同的工作内容、方法,需要在了解的基础上进行梳理。

四是加强技术人员与法律人员的相互融合。法律人工智能,本就是技术与法律的融合。在同时具备上述两专业技能人才短缺的情形下,进行互补,即技术人员的法律认知培训化,法律人员的技术感知培养化。

当然,现今讨论比较多的算法与法律公正的问题,由于人工智能的算法本身存有"黑箱"特点,要进一步确保最终输出结果的公正性,除了考量上述几点外,还应当考虑算法本身的透明度与归责制,以及法律人工智能领域算法评价体系的构建与完善。

8.4 人机对话:多轮问答和问答匹配系统

我们常用的搜索引擎就是典型的问答系统。通常我们可以将问答系统看作两部分:从海量的文件中,找到与问题相关的可能包含回答的文件,该过程即是传统的信息检索从文件或段落中找到相关的答案,该过程也被称作阅读理解,也是多轮问答与问答匹配技术的关注重点。

8.4.1 多轮问答系统

聊天机器人,是"人工智能"领域的最后战场,隐含着上帝造物的秘密,人工智能之父图灵最早提出的区分人和机器的图灵实验,就是以聊天任务的形式进行的。聊天机器人的内核,就是问答系统(Question Answering System,QA)。问答系统属于信息检索系统的一种高级表现形式,能更好地理解用户的问题,并通过检索语料库、知识图谱或问答知识库,返回简洁精准的匹配答案。多轮问题系统即属于自然语言处理(NLP)领域中的重要研究方向。

20世纪50至60年代,人工智能科学家就致力于研究基于知识推理的问答系统。20世纪90年代,随着互联网技术的发展,网络信息日益丰富,搜索引擎为信息获取提供了极大的便利,但却无法清楚地表达人们的意图,而且其返回的是网页,并不是确切的答案,因此不能很好地满足人们的信息需求。为了弥补搜索引擎的不足,研究人员提出了问答式检索系统,如麻省理工学院开发的Start1、Umass开发的QuASM2和微软公司开发的Encarta3。随着Web2.0的兴起,基于用户生成内容(User-Generated Content,UGC)的互联网服务越来越流行,社区问答系统应运而生,例如Yahoo! Answers、百度知道等。时至今日,仍然还有大量的问答系统应用发布,并不断地更新迭代。

智能化时代,问答系统提供了人与机器的初步交互接口,极大地提升了人类生产、生活的效率,并在聊天中取得了内心的欢愉。这些都是问答系统带来的便利,但问答系统的背后底层技术,实质仍然为自然语言的处理。自然语言处理的技术及能力,决定了问答系统的智能化程度。只有当问答系统足够智能,人类才能从智能化中汲取更多的知识并获得帮助,这才是智能问答系统最终的奋斗目标。当然,时下比较火热的知识图谱技术的发展,为破解智能问答的发展瓶颈提供了良好的思路。

问答系统按照不同的划分标准,可以分为不同的类别。从应用领域及提供语料的角度,可分为限定领域问答系统、开放领域问答系统、面向常用问题(frequently asked questions)问答系统;从语言的种类角度,可以分为中文问答系统、英文问答系统;从答案的反馈机制来看,可以分为基于检索式和基于生成式的问答系统;从问答的关联度、持续性及问答任务目的剖析、解答充分度,可以分为单轮问答系统、多轮问答系统。

所谓多轮问答系统,是在用户明确目的的前提下,根据围绕目的的论述提问,根据上下语境,给出最终解决目的答案的问答系统。比如,订酒店、订餐、订电影票等。因为,这类问题的需求,相对简单的检索要复杂得多。如果当用户的描述及需求不是很清楚时,就需要不断地对话将需求明确化,并将前后信息加工,给出符合目的的答案。

8.4.2 问题匹配系统

问答系统处理的对象包含用户的问题及答案,核心过程在于问答匹配。在整个智能问答系统中,问题匹配是整个系统的核心。这里的问题匹配系统,我们将其理解为,答案知识库的建立及正确理解问题,并精准给出答案的协调化的系统。那么,在研发这样的系统中,应当以怎样的角度研发及应当注意什么?

问答系统研究的核心在于问题语义和知识语义的理解和相似度计算。这是计算机理解人类语言和知识表达的关联,进而跨越语义鸿沟的关键。这条横亘在计算机面前的语义鸿沟,其关键是计算机和人类在语义表达方式上的不同。人类倾向于使用多样化、非结构化的表达来描述问题和知识,而计算机则偏爱唯一化、结构化的知识。问答系统的研究,直接作用于缩短和跨越这一语义鸿沟,将多样而模糊的问题语义,映射到具体而唯一的计算机知识库中。优秀的问答系统有两个关键点:精确的问题理解和高质量的知识来源。问答系统中的"实体消歧""关系语义分类""问句语义解析""知识推理",一直属于智能问答领域中的核心研究课题,并亟待突破。

由此,基于传统系统构建中的问题及挑战,应当在原有技术基础上,增加以下几方面的研究:

1. 根植于自然语言处理中并有突破

自然语言的理解(Natural Language Understanding,NLU)是自然语言处理中的首要、终极任务,成就机器对自然语言的理解是自然语言处理(NLP)的目标。自然语言的理解,系利用计算机语言学工具把自然语言输入转换成合理的表示。它需要对自然语言进行形态分析、语法分析、句法分析、语义分析、消歧、篇章整合、语用分析。自然语言的生成(Natural Language Generation,NLG),是指教会机器人合理地生成自然语言,这同样是为了构建自然语言理解中的核心课题。在多轮问答系统中,要达到问题与答案的匹配性,必然要在严格遵循自然语言处理技术的基础上进行开发。

2. 基于知识图谱技术进行系统完善

知识图谱技术的进步为智能问答系统的发展创造了新的契机。层层更迭的知识网络关联,除了便于看清关联关系本身,更重要的是可以进行关联关系向下的进一步挖掘分析。

知识图谱中数据的关联度,有助于问题匹配系统中问题语义理解的智能化提升,从问题到答案的匹配,若结合知识图谱的关联节点,那么实际是可以精确匹配的。知识图谱在通用领域有发展,在垂直的专业领域也有极大发展,基于行业领域中专业人士就数据的专业标注,确保了回答的精确性。当然,知识图谱中,网络状的数据结构是其主要表现形式,清晰的结构优势更能提高问答匹配系统中的快速性。

3. 运用神经网络深度学习匹配问题

神经网络由一层一层的神经元构成,层数越多就越深。深度学习,就是用很多层神经元构成的神经网络进行机器学习。从深蓝与AlphaGo的故事,我们知晓了深度学习是利用包含多个隐藏层的人工神经网络实现的学习。相比浅层神经网络,正是这"多个"隐藏层给深度学习带来了无与伦比的优势。在深度学习中,每层都可以对数据进行不同水平的抽象,层间的交互能够使较高层在较低层得到的特征基础上实现更加复杂的特征提取,不同层上特征的组合既能解决更加复杂的非线性问题,也能识别更加复杂的非线性模式。

问题的匹配系统要更具"思维化",就应当进一步注入神经网络深度学习相关的理论与实践,在问题的匹配及问题对答案的匹配上,不断建立模型、再优化模型,最终构建和谐的交互关系。

法律人工智能的发展对人工智能技术中的知识图谱构建、自然语言处理、模型建立和算法确定、多轮问答与匹配等都有一定的要求。法律人工智能的发展,本质上是一个技术性的问题,即当前其底层技术仍然存在很多缺陷,需要从技术上加以解决,以提升对法律数据的洞察、标签处理和特征工程的构建、模型评估和迭代优化,等等。但需要强调的是,与此同时,法律人工智能的发展也不仅仅是技术性问题。法律人工智能是一把双刃剑,既可以带来机遇,也能带来挑战,它在给人类带来不同改变的同时,也影响着人们对它的看法,影响着它的未来。

1. 多轮问答与匹配技术除了法律检索引擎外还有什么用途?
2. 法律人工智能对于自然语言识别提出了什么更高的要求?
3. 实训项目

项目名称	直面自然语言识别(NLP)		实训学时	1
实训时间	课中	实训地点	教室	实训形式	情景扮演
实训目的	1. 使学生对自然语言识别技术拥有直观认知 2. 引入并介绍多轮问答匹配的基本技术原理			
实训内容	手工对语言进行整理和标记			
实训素材	"语言理解是人工智能皇冠上的明珠" ——比尔·盖茨 人工智能分为计算智能、感知智能、认知智能三个阶段。自然语言处理是人工智能从感知到认知的重要步骤,而认知智能的关键是自然语言理解,一旦有突破,则会大幅度推动认知智能,提高人工智能的技术,并促进其在很多重要场景落地。 毋庸讳言,"自然的表达"(自然语言)有无穷多的组合,都是在代表"订机票"这个意图。而听到这些表达的人,可以准确理解这些表达指的是"订机票"这件事。			

注:表格第二行有6列,其余行按合并显示。

续表

实训素材	但要理解这么多种不同的表达,对机器是个挑战。在过去,机器只能处理"结构化的数据"(比如关键词),也就是说如果要听懂人在讲什么,必须要用户输入精确的指令。所以,无论你说"我要出差"还是"帮我看看去北京的航班",只要这些字里面没有包含提前设定好的关键词"订机票",系统都无法处理。反之,只要出现了关键词,比如"我要退订机票"里也有这三个字,也会被处理成用户想要订机票
实训要求	将特定句子的真实语义同其表面语义进行区别,并指出NLP的重点和难点
实训组织	由各小组组长加以组织,结束后如有时间,可安排各小组代表进行经验分享

1. 宗成庆.统计自然语言处理[M].2版.北京:清华大学出版社,2013.
2. 何晗.自然语言处理入门[M].北京:人民邮电出版社,2019.

第9章

人工智能发展对法律制度的挑战

知识结构

人工智能发展对法律制度的挑战
- 新的争议：人工智能法律学的前沿观点
- 新的主体：人工智能法律地位探究
  - 人工智能是机器还是人
  - 机器人难以成为真正的"法律人"
- 新的关系：人工智能基本权利的保护
  - 人工智能著作权保护争议
  - 人工智能著作权保护路径
- 新的边界：人工智能法律责任的承担
  - 人工智能的民事责任
  - 人工智能的刑事责任
- 新的探索：人工智能的规则制定与立法情况

第9章 人工智能发展对法律制度的挑战

1. 了解人工智能与法律冲突的焦点；
2. 了解各国对人工智能的立法实践。

我国首例"人工智能著作权案"宣判①

原告于2018年9月9日首次在其微信公众号上发表涉案文章《影视娱乐行业司法大数据分析报告——电影卷·北京篇》，文章由文字作品和图形作品两部分构成，是采用人工智能法律统计数据分析软件获得的报告。

2018年9月10日，被告经营的百家号平台上发布了涉案文章，删除了文章的署名、引言等部分。北京互联网法院经审理认定，根据现行法律规定，文字作品应由自然人创作完成。软件的使用者仅在操作界面提交了关键词进行搜索，这种行为没有传递软件使用者思想、感情的独创性表达，不宜认定为使用者创作完成，使用者不应成为涉计算机软件智能生成内容的作者，该内容亦不能构成作品。但涉计算机软件智能生成内容凝结了软件研发者和软件使用者的投入，具备传播价值，应当赋予投入者一定的权益保护。

被告未经许可在其经营的相关平台上提供了被诉侵权文章内容，供公众在选定的时间、选定的地点获得，侵害了原告享有的信息网络传播权，应承担相应的民事责任。法院综合案情判令被告自判决生效之日起7日内连续48小时刊登道歉声明，为原告消除影响，并向原告赔偿经济损失1000元及合理费用560元，驳回原告的其他诉讼请求。

1. 有自动性和主动性的人工智能是否还是"物"或者"财产"？
2. 人工智能是否应该对其创造物享有知识产权？
3. "谁"将对人工智能造成的人身或者财产损失承担责任？是人工智能本身、人工智能的所有者还是人工智能的"造物者"？
4. 破坏或者谋杀机器人是刑事犯罪吗？如果不是，应当怎么处理？

9.1 新的争议：人工智能法学的前沿观点

当前，由人工智能引领的新一轮科技革命和产业变革方兴未艾。在移动互联网、大数据、超级计算、传感网、脑科学等新理论新技术驱动下，人工智能呈现深度学习、跨界融合、人机协同、群智开放、自主操控等新特征，正在对经济发展、社会进步、全球治理等方面产生重大而深远的影响。法律人工智能的应用将有可能颠覆传统的法律服务行业，这是源于经济学的视角，法学家们似乎并不在意这个视角所呈现出的观点，他们更在意的是人工智能对法律根基的冲击。普通大众可能难以理解人工智能对法律带来的冲击，他们只希望能够出台相关的法律法

---

① 卢正新.法官解读｜两件写入北京高院工作报告的知产案例[EB/OL]. https://www.sohu.com/a/446843012_120133310, 2021-01-26.

规防止人工智能（特别是他们脑海中的具备杀伤性的类人型机器人）做出侵害行为，或者是规定人工智能做出侵害行为时的救济措施。他们看不到的是规则背后所需要的法理支撑，需要强调的是，规制人工智能的法理学依据研究、法律概念重构、法律规则重制才是学界真正关注的焦点。

不论是微软小冰创作歌曲、人工智能索菲亚获得公民身份，还是机器人"小胖"打碎玻璃伤及众人，由于法律的滞后性，我们可以看到现行的法律在面对上述情形时根本找不到对应的或者相关的规则。我们无法定义人工智能的"创作"是否属于"创作"，我们无法解释索菲亚的"公民身份"是否意味着她也具有了"公民权"，面对"小胖"的意外行为（初级人工智能、弱人工智能），我们尚且可以用产品质量责任来规制，但是如果是高级人工智能基于"自主意识"的侵害行为呢？我们的现行刑法面对人工智能话题时基本上是无用的。

2017年10月，沙特阿拉伯授予中国香港汉森机器人公司生产的机器人索菲亚公民身份。作为史上首个获得公民身份的机器人，索菲亚当天在沙特说，它希望用人工智能"帮助人类过上更美好的生活"，人类不用害怕机器人，"你们对我好，我也会对你们好"。索菲亚拥有仿生橡胶皮肤，可模拟62种面部表情，其"大脑"采用了人工智能和谷歌语音识别技术，能识别人类面部、理解语言、记住与人类的互动。

也许通过下面几个问题的回答，我们能更清楚地认识到当下人工智能都有哪些讨论热点。

第一，人工智能是否能够具有主体资格（包括法律拟制）并承担责任？我们需要回答：人工智能是主体还是客体（是人还是物）？是否具有行为能力？是否能够独立承担责任？如果认为可以独立承担责任，那么责任形式是什么样的？如何量刑、如何处罚？如果认为人工智能不能独立承担责任，那在机器学习语境下，如果侵害行为程序来自人工智能的自我发现，那么人工智能设计者是否对损害结果具有可归责性？

第二，人工智能能否享受权利？我们需要回答：假设人工智能"创作"了一首歌曲，那么这首歌曲的著作权是归于人工智能还是人工智能软件开发者？人工智能能否享受"公民权"？人工智能是否具有"生命权"保护其自身合法稳定的存在？人工智能受到侵害能否获得法律救济？其是否具有"自由权"和"追求幸福的权利"？机器人是否能够具有和生物人相同的平等法律地位？如果不能，谁来为人工智能说话？

9.2 新的主体：人工智能法律地位探究

承前所述，解决问题后又带来了新的问题，新的问题催生了新的思考。机器人能不能成为法律上的"人"，不仅是人工智能作为法律制度的主体抑或客体的分野，也是人工智能法律制度不得不予以廓清的话题。

9.2.1 人工智能是机器还是人

任何法律，无论是普通的、公民的、国家的，还是国际的、世俗的、宗教的，都告诉人们应该做什么和不应该做什么。用法律人的话来讲，法律是用来规范法律主体行为的，法律存在的基础前提就是能够指向被规制的对象（主体）。法律主体是在某个特定制度中，拥有权利和义务的实体，可以是人也可以是非人。比如公司即是非自然人的法人，即"法律拟制之人"。

那么，在人工智能这个主题下，我们不禁要发问："人工智能是不是法律所要规制的主体？"

或者说,"机器人是机器还是人?"这个问题是在法理上涉及主客体二分法的基本问题。在民法体系中,主体(人)与客体(物)是民法总则部分的两大基本理论范畴。主体与客体、人与物之间有着严格的区别。凡是人以外的不具有精神、意识的生物归属于物,是为权利的客体。若将机器人视为"人",赋予其相应的主体资格,难以在现有的民法理论中得到合理的解释。

民法意义上的人,须具有独立之人格(权利能力),该主体既包括具有自然属性的人(自然人),也包括法律拟制的人(法人)。然而,在人工智能背景下,上述观点正遭受不断冲击,实际上,呼吁赋予高度自主的人工智能产品以拟制人格的主张已屡见不鲜。

当出现人工智能自主作出决策并影响人类的自由意志和生活方式时,如何控制人工智能系统,使它们在积极的社会活动中不会干扰人类的权利;在人工智能造成损害时,即便是出于善意的驱使,如何确保这些损害得到弥补或赔偿等问题,都值得人类思考。随着人工智能尤其是强人工智能的拟人化或者说智能化程度的不断提高,它不仅仅是外在表现形式和语言行为越来越像人,有时它也会不受人的控制自主行动。一个不可避免的问题摆在人类面前,我们该如何对待智能机器人;当人工智能产生法律纠纷时,人工智能是否可以独立承担部分主体责任。机器人不是具有生命的自然人,也区别于具有自己独立意志并作为自然人集合体的法人,是否可以将其作为拟制之人以享有法律主体资格值得人类思考。

欧盟委员会法律事务委员会提交的关于将最先进的自动化机器人的身份定为电子人的动议,在社会各界都引起了轩然大波。很显然机器人作为物的时代将会过去,赋予没有生命但具有人工智能的机器人以法律资格也可能会出现。

2017年10月,世界首位"女性"机器人公民索菲亚在沙特阿拉伯诞生,2017年11月,日本为"涩谷未来"(Shibuya Mirai)——热门消息应用Line上的一个聊天机器人设置了户籍。这似乎在向人类暗示着,机器人成为"人"的时代已不遥远。

"涩谷未来"被设定为一个7岁的男孩,可以与用户进行文本对话,甚至"对他发送的自拍照进行微调",当地政府为他设置了户籍(见图9-1),其目的是让该地区市民与当地政府熟

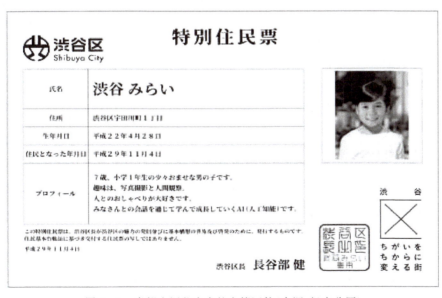

图9-1 虚拟人涩谷未来的户籍证件(来源:极客公园)

悉,并为这些居民提供一条与官员分享意见的途径。给没有"生命"的人工智能虚拟人认可居住权,这件事情你怎么看呢?

9.2.2 机器人难以成为真正的"法律人"

从整体上看,学者们对人工智能法律地位的代表性观点如下:

1. 电子人说

欧盟委员会法律事务委员会已于 2016 年 5 月向欧盟委员会提交动议,要求将最先进的自动化机器"工人"的身份定义为"电子人"(electronic person),并通过法律赋予其劳动权等特定的权利和义务,同时建议为"电子人"开立资金账户以使其享受劳动者的相关权利、履行相关义务。人工智能对民事主体制度的挑战,已经从劳动者的定义及劳动权利主体制度中拉开帷幕。2017 年 10 月,欧盟委员会法律事务委员会发布的《欧盟机器人民事法律规则》(*European Civil Law Rules in Robotics*)中,就涉及重构责任规则和考虑赋予复杂自主机器人以"电子人"的法律地位。

2. 代理说

"电子代理人"一词最早见于美国法学会和美国统一州法全国委员会拟订的《统一计算机信息交易法》。代理说认为,人工智能的行为均来自其管理人的意思表示,行为后果归责于被代理人,人工智能在法律上相当于其管理人的代理人。这种学说无疑承认了人工智能的法律地位,但是它只能实施法律行为,在造成侵权时无法履行赔偿义务,其机器属性亦决定了它不能完全享有代理人相应的法律权利。

3. 有限人格说

有限人格观点认为,首先,人工智能已经是一种"真实""独立"且"自主"的存在。人工智能已经应用于自驾领域、教育医疗、健康领域、金融领域、安防领域以及电商零售领域等,可以借助人类提供的基础硬件设备对人类的生活产生各种各样的影响,特别是人工智能具备的自主学习能力将加速这种独立性和自主性。所以,赋予人工智能独立法律人格是其发展的内在要求。

其次,人工智能具有独立自主的行为能力和责任能力。虽然人工智能的诞生依赖于人类的预先设定,但是当人类预先设定之后,它可以在给定的框架内进行自我思考和自主学习,甚至有可能发展为类人主体。单纯以人工智能的存在是以人类智力活动为前提这一理由,并不能否定人工智能的自我意志。

再次,人工智能的出现极大地改变了人类生活,在它的应用过程中,必然会引发对传统道德和价值观的冲击。所以,必须赋予人工智能法律人格,将人工智能纳入统一的技术和伦理规范体系之中进行规制,并建立相应的法律制度机制来消解人工智能可能带来的风险和危害。因此,人工智能的人格必须是有限的。

4. 否定说

否定说认为,机器人不是具有生命的自然人,本质上属于"工具"的人工智能体并不能拥有民事权利能力。其次,尚无自由意志的人工智能所做的行为没有动机,无法产生一个以发生私法上效果为目的的意思表示,因此人工智能并不具有民事行为能力。

在中国,对于人工智能是否能够拥有主体资格的话题上,不论是最早对人工智能法律关系进行论述的学者,还是后来的跨学科研究者都保持了出奇地一致,基本都认为机器人不是具有生命的自然人,不同于拥有独立意志的自然人和法人,不能将其拟制为法律上的人,且"机器人拥有技术障碍和道德难关两个层面,认为机器人不可能拥有权利"。

9.3　新的关系:人工智能基本权利的保护

民法上权利能力的概念其实是法律人格在法律上的形式化存在,权利、义务和责任是构成法律大厦的基础性概念,三者辩证地统一在法律关系中,以权利为基础的法律关系研究方法也是法学研究的主要方法之一。从人工智能是否应当拥有权利出发进行人工智能法律地位研究,对人工智能的法律地位定位将更有说服力。但是正如上文所言,通过法理、伦理和技术三个角度上的讨论,对于人工智能是否能被拟制为法律上的人已经存在诸多观点,并从该观点可以直接地肯定(或否定)人工智能是否能享受权利,否定人工智能法律主体地位的认为人工智能也不应该享有权利,而肯定人工智能法律地位的也相应地持有人工智能可以享有权利的观点。本节仅以人工智能在著作权制度方面引发人们对人工智能能否享有法律所赋予的权利的思考。

9.3.1　人工智能著作权保护争议

传统理念中,知识产权法为人类精神劳动产生的智力成果提供保护,通过赋予垄断性权利来激励创新活动与知识分享,从而促进整体社会效益的提升。劳动价值论、功利主义说等知识产权的基础理论,主要围绕着人类自身展开。而人工智能产生的创造性成果,由于缺少人类智慧性因素的充分融入,能否成为著作权法保护的客体引发了学界和理论界的广泛讨论。

人工智能作品的出现,颠覆了人们对于作者与版权、发明家与专利等带有人身性质的知识产权权利义务关系的传统认识。例如美国媒体盘点了2016年世界范围内计算机创意项目,发现人工智能已经可以谱写流行歌曲,撰写小说、电影剧本,甚至绘画,乃至生成诗篇和散文。人工智能用于文艺创作,无论在表现手段、创作格局,还是拓展想象空间方面,都值得重视。人工智能创作物的诞生,无疑打破了以往仅能由人类创作作品的规律。

虽然使用人工智能进行创作设计研发阶段的成本高,但投入使用后创作周期短、创作数量大,其在艺术创作领域的活跃发展引发了关于人工智能创作物著作权保护的争议。保护或不保护人工智能的创作物都有相应的弊端,如果给予人工智能创作物版权保护,可能会导致版权作品数量急剧增长,并在某些领域对人类作品造成冲击,且人工智能作为创作主体的资格亦备受质疑;如果不保护人工智能的创作物,则会出现人工智能创作物大量涌入市场,有可能助长抄袭、搭便车等不正之风。

当前国内研究人工智能创作物保护的主要争议有二:一是人工智能创作物能否成为作品,二是人工智能能否成为作者或者著作权主体。二者都关系到人工智能创作物能否获得著作权法保护。我国目前关于人工智能生成内容的可版权性问题主要存在两种观点,一种观点认为,人工智能创作物不能成为作品而排除著作权保护;而另一种观点则认为,人工智能创作物著作权保护具有可行性,而在主张可版权性的一方中,又衍生出例如邻接权保护、法人作品保护等不同的保护模式。

9.3.2 人工智能著作权保护路径

世界各国著作权法多以独创性作为作品的核心要素,只有具备相应独创性的智力创作成果才可成为著作权客体,受著作权法保护。除独创性外,可复制性也是各国著作权法给予作品保护的基本条件。从独创性的视角出发,学界对人工智能创作物是否具有独创性形成了各种不同的认识,并基于各自不同的认识对人工智能创作物的保护路径提出了不同的看法,归纳起来主要包括以下几种:

1. 不具独创性说及其保护路径主张

人工智能因具备深度学习能力而被应用到创作领域。有学者将其生成内容的过程表述成一个不断迭代、不断抽象的计算过程,以便确定最优算法。尽管人工智能创作软件基于各种深度学习技术已经具备一定"创作力",但这种"创作力"实际为计算。计算是利用算法和规则的过程,其结果可以重现。而创作是个性化的表达,需要一定灵感。某种程度上是"难以重现"的,因此,人工智能生成内容的过程是计算而非创作,利用相同的算法采用相同操作可以重复内容。但否定人工智能创作物独创性,并非同时否定人工智能创作物的利用价值。因此,也有学者主张,著作权法保护的是人类的表达,对于机器的表达可以由不正当竞争法来保护。也有学者提出,对于人工智能创作物可以选择单独立法进行特殊保护。

2. 具有独创性说及其保护路径主张

以深度学习为代表的新一代智能学习算法技术的运用,使得人工智能创作物不仅是基于既定算法、程序作出的指令性输出,且能够在没有预先算法或者规则的设定下,通过主动学习来进行创作。基于此,有人认为,人工智能程序可以利用随机数生成器,使不同次运行的创作物各具个性。人工智能创作物的创作过程能够满足独立创作和独具特色的要求。在对人工智能创作物的保护路径问题上,可将人工智能生成内容视为人工智能编程者的人类创作,该创作物是否构成作品可以适用与人类作品相同的独创性标准进行判断,权利归属也可以适用著作权法中的法人作品制度。

3. 独创性不足说及其保护路径主张

该观点认为,人工智能利用公共领域作品以及不构成作品的素材,学习现有作品的风格进行创作,创作物与在先作品不构成实质性相似,其在作品类型中最接近演绎作品。基于著作权法不保护思想,而在先作品风格属于思想的范畴,因此,人工智能创作物并非对在先作品的演绎,权利归属可以参照现行著作权法中的演绎作品制度处理。另亦有主张独创性不足的学者认为,尽管人工智能创作物与人类作品形式上相似,但其本质上属于信息产品,其法律属性不同于民事法律关系的传统客体,既不是典型的物或行为,也非人类的智力成果或人身利益,该种独创性不足的生成内容(人类在其中起到的作用有限),可以通过邻接权进行保护。

9.4 新的边界:人工智能法律责任的承担

权利的边界并非牢固而恒久不变,权利始终需要直面遭受侵犯的可能。作为人工智能对法律的重要挑战,人工智能的侵权行为应该如何处置,业界基于不同人工智能的应用场景展开了不同的讨论。

9.4.1 人工智能的民事责任

智能型"新一代机器人",与传统的执行重复任务的工业机器人不同,它拥有相对的自主权和更高的人工智能水平,且将广泛而深入地参与人类社会的生活。"智能型机器人"的广泛使用,在带来高效和便捷的同时,也不可避免对人类带来伤害。

人工智能侵权分为两种。一种是作为侵权"工具"的人工智能——人类利用对人工智能的控制而实施侵害,此时应当由攻击者承担侵权责任,完全符合传统侵权法上的一般侵权责任;另一种是人工智能因自身原因造成的损害,其侵害不在人类支配范围内,此时的侵权责任应当根据过错责任进行分担,但这又带来了新的矛盾,人工智能可脱离人的操作,自主决定行为,那究竟是谁的"过错"使人工智能"犯错"?对于人工智能侵权责任承担方式,虽然学界有不同的声音,但当下的侵权责任法在规制人工智能侵权问题上存在明显滞后,确是一个达成共识的观点。对于人工智能侵权责任的承担方式,主要有以下几种观点:

1. 代理人责任

诚如前述,在这种观点下,人工智能与其管理人的关系类似于代理人与被代理人之间的关系。人工智能从事某种行为,往往反映的是其管理人的意志,通过人工智能签署的合同,其权利义务均归属于管理人。于是,人工智能的侵权可以类比于代理人侵权,责任由"管理人"承担。

这种观点将人工智能看作"人"而非"物"。但是在当前的法律框架下,当代理人超出被代理权限进行了加害行为,责任应由代理人自行承担将会引发另两个问题:一是管理人责任形同虚设;二是人工智能事实上责任承担的问题。

2. 雇佣关系替代责任

吴汉东先生认为,人工智能侵权可适用知识产权法上的技术中立原则,如果管理人有"过错",则对其人工智能侵权行为承担"替代责任",类似于雇佣关系中的雇主为雇员的职务行为承担责任。

根据技术中立原则,如果人工智能无产品缺陷,但其管理人放任侵权行为的实施,未尽到善良管理人义务,则不可免除管理人的侵权责任。也就是说,产品本身不产生任何责任;如果生产者基于侵权目的而生产该产品或管理人放任侵权行为,则产生雇佣关系中的"替代责任",由管理人为人工智能的行为承担侵权责任。此观点解决了事实上人工智能侵权责任承担不能的问题,但在实际运用中,可能出现难以判定生产者"为侵权而制造"的目的,在举证方面存在一定困难。

3. 产品责任

众多学者认为,人工智能侵权应当适用产品责任。产品责任规定,在因产品本身的缺陷造成他人人身或财产损害的,受害人可以向产品的生产者或者销售者请求赔偿,并且不以生产者或销售者具有过错为前提,无论其是否有错,都需向受害者承担连带责任。

但是这一观点的缺陷显而易见。首先,根据侵权法规定,受害者除了需要证明人工智能的加害行为之外,关键是需要证明人工智能存在缺陷,并且这种缺陷与损害结果之间具有因果联系。对于人工智能这种高科技终端而言,在没有明确的人工智能技术行业标准的情况下,让不了解技术的受害者证明产品缺陷的存在并不是件容易的事。其次,这一观点忽视了人工智能所具有自主性。这种自主性并非来自产品缺陷,对于生产者或销售者而言,反而更加容易证明其只是超出了"控制"而作出了智能性的自主决定,并非产品缺陷。

很明显,上述三种观点对于人工智能侵权责任的承担问题始终没有超脱现行的法律框架,对于人工智能这样一个新生事物,更重要的是针对其专门立法。但是,鉴于人工智能的发展进程,弱人工智能还不具有所谓的"自主意识",其造成使用者的财产和人身侵害也主要是由于产品质量问题、产品使用不当和意外事件导致。对于具有自主破坏性的强人工智能是否会出现以及现在是否需要超前立法,正如 2016 年联合国教科文组织会同世界科学知识与技术伦理委员会发布报告所述,我们依然认为"机器人一般被视为通常意义上的科技产品"。因此,"机器人以及机器人技术造成的损害,可由民法中产品责任的相关规定进行调整"。

9.4.2 人工智能的刑事责任

1978 年 9 月 6 日,在日本广岛一家工厂内,切割机器人将一名值班工人当作钢板切割,这一惨案成为世界上第一宗机器人杀人事件。2015 年 7 月,在德国大众汽车制造厂内,机器人将一名 21 岁正在安装和调制机器人的工人重重地压向一块金属板,最终导致这名工人因伤重不治身亡。2016 年 5 月,一辆特斯拉 Model S 车主在启用自动驾驶(Auto-pilot)功能行驶时,正面撞上了一辆正在转弯的大货车,导致车主当即死亡。

在工业生产中,智能机器人实施的人身伤害行为刑事责任主体为何?自动驾驶汽车造成的交通事故能否追究汽车的刑事责任?因大数据和算法的应用导致 Facebook 对用户贴侮辱性标签,能否对智能机器人成立侮辱、诽谤罪名?那么,人工智能能否成为刑事法律上的责任主体?在发生法益侵害结果时,能否对人工智能单独施加刑罚措施?对人工智能的刑罚措施是否具有意义?都是等待刑法回答的问题。

刘宪权在其 2018 年的论文《论人工智能时代智能机器人的刑事责任能力》和《人工智能时代的"内忧""外患"与刑事责任》中,主张将人工智能作为刑事责任主体认定。他认为人工智能机器人是由程序设计和编制而成,且具有辨认控制能力和学习能力,同时能够自主思维、自发行动的非生命体。当人工智能机器人超越程序的设计和编制范围,按照自主的意识和意志实施犯罪行为,则完全可能成为行为主体而承担刑事责任。

但也有观点认为,人工智能能否具有刑事主体地位,既需要对刑事责任认定标准进行实质性判断,同时也要结合人工智能发展的实际情况进行具体分析,此外还应当从刑罚目的能否实现等方面加以全面考察。而人工智能在犯罪主观意识、对不法行为的认识可能性、可罚性和刑法警示性方面,都不具备刑法上的可归责性,并因此主张对于人工智能造成的人身、财产损害依据民事侵权理论、产品质量安全责任认定方式,对人工智能的所有者、使用者、生产者或者设计者进行归责,如果出现重大法益受到损害,涉及刑事追责,同样可以根据事故责任发生的原因,追究人工智能背后主体的刑事责任。

如果人工智能在未来能够脱离人类程序控制,真正成为独立思考、感知社会并具有完全自主控制能力的通用人工智能,彼时人工智能可能面临法律主体地位的转变,将承担相应的法律责任包括刑事主体责任,但这已不是基于当前现实社会发展状况进行的理论探讨。事实上,现在所有人工智能仍属于在"图灵测试"概念下界定的"智能",无论是将要盛行的根据神经网络算法的翻译程序,抑或是基于量子计算理论的各种模型,在未来很长时间内都将是从属于人类的工具。

9.5　新的探索:人工智能的规则制定与立法情况

法律制度总是滞后的,但关于法律问题的思考应该是具备前瞻性的。面向智能革命时代,我们应在认识和分析现行法律困境的基础上,探索与科学文明相伴而生的制度文明,创制出有利于人工智能健康、有序发展的社会规范体系。

其他国家就人工智能相关问题立法已经有了一些尝试。

早在2016年,美国白宫就发布了《为了人工智能的未来而准备》(*Reparing for the Future of Artificial Intelligence*)的报告,对人工智能的现状、发展以及远景进行了梳理,针对可能引发的社会、政策等问题进行了分析,并提出应对的立法建议等。美国国会也于2017年底提出了两党法案《人工智能未来法案》(*Future of Artificial Intelligence Act*)。该法案反映了美国社会对人工智能可能引发的问题及其对经济繁荣和社会稳定性影响的关注,提议建立一个联邦咨询委员会进一步研究人工智能相关法律政策问题。2018年5月白宫举办"美国产业人工智能峰会"(Artificial Intelligence for American Industry),会议宣布成立"人工智能特别委员会"(Select Committee on Artificial Intelligence),提出继续保持美国在人工智能领域全球领导地位的重要举措。美国在《自动驾驶汽车的基本政策》(*Preliminary Statement of Policy Concerning Automated Vehicles*)中提到9个州通过自动驾驶汽车立法,并对事故责任进行规定。

2018年7月,德国联邦政府内阁通过《联邦政府人工智能战略要点》(*Strategie der Bundesregierung für künstliche Intelligenz*),旨在推动德国成为全球范围内人工智能研究与应用的"主战场",打响"人工智能德国造"品牌,更好地为德国经济与社会高质量发展提供服务。该战略要点由德国联邦经济和能源部、联邦教育和研发部、联邦劳动和社会部共同负责起草,重点突出四大发展目标:一是通过强化人工智能基础技术研究,打开人工智能在不同行业、公共服务和社会管理等领域的创新应用;二是提高德国人工智能人才培养能力,吸引人工智能全球顶尖人才;三是进一步制定针对人工智能的法律监管框架,加强人工智能技术对开发者和使用者的道德和法律约束;四是进一步开发人工智能学习系统平台,利用平台开展政治、社会、科学和经济之间的交流和对话,加强人工智能领域技术评估研究。德国还通过专门道路交通法第八修正案的《自动驾驶汽车法案》,明确了自动驾驶汽车肇事的责任主体和归责原则。

2017年2月,俄罗斯国家杜马主席维亚切斯拉夫·沃洛金承诺,5年之内俄罗斯将通过关于人与机器人之间关系的法律,规范机器人及制作者的权利和义务,当年10月,俄罗斯就成立了几个工作组,开始致力于为数字经济发展扫清法律方面的障碍,普京总统2018年3月1日发表国情咨文,提出要大力发展人工智能等先进技术,将基础设施建设与无人驾驶、海上和空中导航系统相结合;利用人工智能组织物流;到2024年向公民开放"数字世界的所有可能性";提供在线教育、远程医疗、商务以及数字空间广域的人工智能化的现代服务。在最短的时间完成人工智能的立法。

此外,欧洲议会法律事务委员会专门成立工作小组研究人工智能与机器人发展方面的法律问题。2016年,该委员会向欧盟委员会提出"机器人法"的立法建议报告,2017年欧洲议会通过决议,并正式向欧盟委员会提出议案,建议其起草法案,以规范人工智能与机器人的使用和管理,并通过立法来界定人工智能的责任问题。英国议会人工智能特别委员会发布《英国人工智能：准备、意愿与能力》(AI in the UK：ready，willing and able)的报告,涉及人工智能的概念、研发、领域、威胁及其规制等问题。从域外人工智能的立法规制可以看出,对于人工智能的立法处于探索和逐步修正的阶段,伴随着未来技术的发展和新情况的出现,依然要秉持科学的理念进行科学立法。

在我国通过《网络安全法》保护电子数据安全和用户隐私安全的做法,已经间接地对人工智能收集数据和侵犯用户隐私的问题给予回应,但在其他人工智能争议点上并没有明确的法律文件。2017年7月8日,国务院发布《新一代人工智能发展规划》,将新一代人工智能发展提高到国家战略层面;十九大报告指出,"推动互联网、大数据、人工智能和实体经济深度融合",使人工智能的发展服务于现代经济体系的建设。2018年1月24日,中国电子技术标准化研究院联合有关单位发布《人工智能标准化白皮书(2018版)》,其中有专门的章节叙述了人工智能的安全、伦理和隐私问题。我们可以看到这些政策性文件的出台,显示着国家对人工智能技术发展的重视,其主要目的是促进人工智能产业的发展,当然,关于人工智能的法律研究也在稳步推进中,但立法工作尚未跟上。

本章我们讲述了人工智能对当前法律制度和法律框架的冲击,在现实生活中也存在人工智能侵权、被侵权的真实案例,学界对此有争论,各国对此也在进行立法讨论。

在人工智能立法方面,我们需要采取开放包含的态度和审慎有效的原则。一方面应采取措施,加大立法力度,进一步规范人工智能的发展,为人工智能的健康有序发展营造良好环境;另一方面,必须遵循客观规律,在人工智能诸多理论问题、实践问题尚未弄清的情况下,避免仓促出台法律法规。

1. 如果对人工智能作品著作权归属问题进行立法,需要考虑哪些社会因素?
2. 人工智能如果能够独立思考,它的思考结论属于谁?
3. 人工智能是否会取代高级律师?试说明原因。
4. 实训项目

项目名称	"机器人能否承担法律责任"课堂辩论赛		实训学时	1课时
实训时间	课后	实训地点	教室	实训形式	辩论赛
实训目的	1.深刻理解人工智能对法律带来的冲击 2.探索人工智能立法目标与基本原则			
实训内容	深刻讨论人工智能在法律责任承担方面的"能力",并找到解决人工智能责任承担的出路			

续表

实训素材	2018年1月10日,由福特投资的Argo AI公司的一辆自动驾驶汽车在美国宾夕法尼亚州匹茨堡发生了一起交通事故,最终导致两人受伤;3月18日,美国Uber科技的自动驾驶汽车发生了致行人死亡事故;5月4日下午,一辆Waymo的自动驾驶小型货车在亚利桑那州的钱德勒市发生车祸,事故造成了部分人员轻伤;5月12日,在美国犹他州,一辆特斯拉Model S追尾了一辆消防车,司机撞伤了右脚踝并称当时处于自动驾驶系统的开启状态…… 辩论焦点: 1.机器人是否具备法律人格? 2.机器人能否承担法律责任? 3.未来的人工智能相关法律制度如何构建?
实训要求	1.深刻了解人工智能对当下法律制度造成的冲击 2.学生应当独立思考,整理资料,有条理有逻辑地进行表达 3.辩论赛过程中应当强调有理有据,营造和谐友善的氛围
实训组织	1.将学生分为若干个小组,每个小组三人或四人,选出辩论组长 2.任课教师按照辩论赛流程组织正反双方展开辩论。分为依次陈词、自由辩论、总结陈词三个阶段 3.辩论结束由任课教师进行点评,选手和观众分享感受

1.李开复,王咏刚.人工智能[M].北京:文化发展出版社,2017.

2.[美]J.韦佛,郑志峰译.机器人也是人:人工智能时代的法律[M].中国台北:元照出版有限公司,2018.

第10章

法律人工智能对法律人的挑战

```
                              ┌─ 厘清关系：         ┌─ 法律人对法律人格、法律关系的当下理解
                              │  法律人对人工智能的反思 ├─ 法律人对侵权责任的当下理解
                              │                    └─ 法律人对规则的当下适用及对未来的反思
法律人工智能对法律人 ─────────┤
的挑战                        ├─ 迎接挑战：         ┌─ 人工智能对法律人工作内容的冲击
                              │  法律人职业技能的转变 └─ 人工智能对法律职业的冲击
                              │
                              └─ 未雨绸缪：         ┌─ 人工智能目前面临的主要问题
                                 法律人谋定而后动   └─ 人工智能发展对法律人提出的新要求
```

1. 掌握"法律人格"的基础知识；
2. 探讨赋予人工智能产品"法律人格"的利与弊；
3. 掌握人工智能时代对法律人职业技能的新需求。

第10章 法律人工智能对法律人的挑战

打造专属的 AI 律师,你准备好了吗?①

在数字信息化的今天,人工智能的发展日益成熟,而随着司法大数据的采集和积累,AI 技术有望在短时间内处理大量文书、快速给出新案件的罪名、刑期及适用法条的推荐等任务中大显身手。AI 技术不仅能提高法院等机构的办事效率,还能让涉案人员根据案情快速了解可能面临的处罚,真正做到国家司法的公正性和高效能性。

为了实现法院审判体系和审判能力智能化,使得人工智能技术在"案例分析、法律文件阅读与分析"等问题中发挥更有力的作用,"中国法研杯"司法人工智能挑战赛(CAIL)将公布世界上最大的裁判文书标准数据集,并希望通过组织本次比赛活动,与相关研究人员一起探索数据的可能性,积累具有智能审判能力的算法和模型,做出技术突破,为该领域的科学研究添砖加瓦。

1. AI 科技对法律人产生了哪些方面的影响?
2. 司法人工智能挑战赛的开办能够提升法律人的哪些技能?

10.1 厘清关系:法律人对人工智能的反思

索菲亚被授予公民身份、"睿法官"辅助法官智能研判、机器人律师 ROSS 代理破产案件……人工智能科技的发展已经冲破桎梏,进入全速发展阶段,新的科技产品如雨后春笋般破土而出,不断冲击着法律人的工作领域。

早在 20 世纪 70 年代,美国等发达国家便开始设计基于人工智能技术的法律推理系统、法律模拟分析系统、专家系统,并运用于司法实践。20 世纪 80 年代至 90 年代,我国也已开始研发基于人工智能技术的法律专家系统,相关成果有"实用刑法专家系统""LOA 律师办公自动化系统"等。但这些系统功能相对简单,更多的是被作为辅助性的数据库使用,"智能"的成分并不高。随着阿尔法狗战胜人类棋手,人工智能经历三起三落后终于迎来了新的发展契机。

人工智能科技借力于信息、网络、大数据,其应用领域可谓是"遍地开花",如金融、交通、医疗卫生、家居等等,作为极具垄断优势的法律领域,也不例外。法律服务是为需求者提供法律咨询意见的职业,因其服务内容的专业性,所以一直以来都保持着垄断地位,只有经过专业系统法学教育并且通过国家法律资格考试的人才能从事此行业,长久以来都保持着其领头羊的地位。随着人工智能科技的发展,法律职业也受到了冲击,面临着新的挑战。除了来自科技本身的技术挑战外,还有非常重要的一方面来自新型案件对现有法律规则的挑战,换言之,法律从业者如何理解、适用现有规则以及对受冲击规则的反思。其中,有关法律人格、法律关系、侵权关系的相关制度受到的冲击最为明显。

---

① 最高人民法院."中国法研杯"司法人工智能挑战赛强势来袭![EB/OL]. https://www.sohu.com/a/231013467_170817,2018-05-09.

10.1.1 法律人对法律人格、法律关系的当下理解

法律人格,是指作为一个法律上的人的法律资格,即维持和行使法律权利、履行法律义务、承担法律责任的条件。任何一项法律制度都只能由具有法律人格的主体所实施。不具备法律上的人格,就不具有法律主体资格地位,就只能成为相应制度的对象。比如,我们生活中每天都会用到的电脑、手机、iPad等物品,只能成为被我们(主体)使用的对象,却不可能成为法律制度的主体。试想一下,当我们的手机被同学故意摔坏时,只能是我们(手机的所有权人)要求对方进行赔偿而不可能是手机要求对方进行赔偿。

法律关系,是指法律规范在调整人们行为过程中所形成的具有法律上权利义务内容的社会关系。其构成要素包括主体、客体和内容。

法律关系的主体是指法律关系的参加者,即在法律关系中享有权利或承担义务的人,法律上所称的"人"。我们赋予具有法律人格的群体以主体法律地位,赋予其在具体的法律制度中享有权利或承担义务的能力。根据民法总则理论和《民法典》总则部分的规定,自然人、法人和非法人组织具备民事主体地位。自然人是指有生命的个人,包括公民、外国人和无国籍的人;法人是与自然人相对称的概念,是指依照法定程序成立并能独立地行使法定权利和承担法律义务的社会组织,如公司等;非法人组织是不具有法人资格,但是能够依法以自己的名义从事民事活动的组织,包括个人独资企业(生活中我们常说的"个体户")、合伙企业(包括普通合伙企业和有限合伙企业)、不具有法人资格的专业服务机构(律师事务所、会计事务所等)等。而在刑法领域,根据犯罪种类的不同,刑事主体主要包括自然人和单位(法人和非法人组织)。

要成为法律关系中的主体必须具备两方面的要素:权利能力和行为能力。权利能力是主体享有权利、承担义务的资格。自然人的权利能力始于出生终于死亡,法人的权利能力始于设立登记,终于注销登记。行为能力是指主体能够以自己的行为亲自去享受权利、承担义务,而无需依赖于其他主体。自然人的行为能力可以分为完全行为能力、限制行为能力和无行为能力三类,影响分类的因素主要包括年龄和精神状况,即自然人的权利能力与行为能力并非同步。这点也好理解,权利能力源于"天赋人权",人人生而具有,但并非人人生来就具有了从事所有行为的能力。例如,一个5岁的孩童具有权利能力,但是他并不具备登记结婚的行为能力,并不具备订立遗嘱的行为能力,等等;法人的行为能力与权利能力同步,均始于设立登记,终于注销登记。

法律关系的客体是指法律关系主体之间权利和义务所指向的对象,它是构成法律关系的要素之一。法律关系的客体一共可以包括四大类:物、行为(结果)、人身利益和智力成果。

作为客体的物一般需要满足如下条件:第一,具有价值性(稀缺性),即"有用之物"。正是基于其稀缺性才使得其成为对主体"有用之物",才有可能产生利益冲突,因而需要权利义务的界定。第二,具有可控制性,即"为我之物"。作为法律关系客体的物必须是人类能够控制的,对于不能为主体所控制的物体不能成为客体物。第三,独立性,即独立于主体的"自在之物"。该特性导致诸如人体本身不能成为法律关系的客体,又如房屋的门窗、桌椅的油漆、建筑物的钢筋或水泥等,因为已经发生了混同,亦不具有独立性。第四,合法性,即"合法之物"。有些物虽然具备了上述三个特征,但却是法律所不允许流通的,因而不能成为法律关系的客体。如国家专有的矿藏、流水、城市土地等资源;枪支弹药等武器;毒品、淫秽物品等。

在很多法律关系中,其主体的权利和义务所指向的对象是行为(结果)。作为法律关系客

体的行为结果是特定的,即义务人完成其行为所产生的能够满足权利人利益要求的结果。这种结果一般分为两种:一种是物化结果,即义务人的行为(劳动)凝结于一定的物体,产生一定的物化产品或营建物(房屋、道路、桥梁等),如甲乙签订房屋装修合同,乙需要在规定的时间内为甲将房间装修成约定的欧式效果,该合同的客体(装修好的欧式风格的房屋)展现出来的就是一种行为结果(装修行为);另一种是非物化结果,即义务人的行为没有转化为物化实体,而仅表现为一定的行为过程,直至终了,最后产生权利人所期望的结果(或效果)。例如,甲乙签订表演演出协议,由乙为甲提供一场时长一小时的舞蹈表演,乙所提供的舞蹈表演并不具有实体效果,但是表演过程却给甲带来了视觉及精神愉悦。上述两个例子中,行为人都是以自己的行为(装修行为及表演行为)而成为法律行为客体的。

人身利益主要包括人格权和身份权的相关内容,通常出现在侵权法律关系中,如方舟子诉崔永元侵权案件中,方舟子认为崔永元称其"方肘子"侵犯了自己的名誉权,此案件的客体就是名誉权。常见的人身利益还包括荣誉权、个人隐私等。

智力成果是指人们通过智力劳动创造的精神财富或精神产品,依靠智力成果所产生的权利就是人们常说的知识产权,是法律赋予智力劳动者对其智力成果享有权利的依据。智力成果包括著作权、商标权和专利权。

法律关系的内容是指法律关系主体所享有的权利和承担的义务,即法律权利和法律义务。任何一种法律关系的内容都是权利义务关系,如买卖合同的内容是卖方依合同交付货物(义务),同时收取货款(权利),而买方则应当依合同支付货款(义务),同时收取货物(权利)。

10.1.2 法律人对侵权责任的当下理解

侵权责任构成要件解决的是承担侵权责任应具备那些条件的问题,基于归责原则的不同,即过错责任和无过错责任,侵权责任亦存在差别,差别的关键在于是否要求具备过错这一要件。

一般侵权责任(过错责任)的构成要件包括:第一,行为。即客观上存在侵犯他人权益的加害行为,具体的可以是作为也可以是不作为。第二,损害后果。该要件要求权利人的合法权益要遭受到现实的不利后果,可以是物质损害后果,也可以是非物质损害后果(如精神损害)。第三,因果关系。该要件意味着权利人遭受的损害后果与行为人的行为之间具有现实的引起与被引起的关系。法律也只能保护不法侵害行为所造成的损失,不能进行"扩大保护"。第四,过错。即行为人具有主观应受责难性。根据过错的程度,将其分为故意和过失两种,故意的主观应受责难性大于过失。

特殊侵权行为(无过错责任)的构成要件较一般侵权行为的构成要件只是不要求第四个过错要件,其他的别无二致。

10.1.3 法律人对规则的当下适用及对未来的反思

随着人工智能科技的发展,各类智能产品越来越多地进入到人们的日常生活中,在使用过程中如果出现伤害事件,该如何处理?这是法律人不得不思考的问题。

情形一:家庭服务机器人越来越普及,致人损害的刑事案件也随之增多,如何处理这类案件,引发了法律从业者的思考。

根据《中华人民共和国刑法》规定,致人轻伤以上伤害的就达到了故意伤害罪的入罪标准,如上所提情形,按犯罪构成四要件分析,已然具备了犯罪客体(受害者的健康权)、客观方面(实施了侵害行为)这两个要件的要求,剩下的两个要件,即主体和主观方面的具备与否,将最终决定"机器人"是否应当为此承担刑事责任,而主体要件在一定程度上对最终的结果起了更为重要的作用。

前文提到,法律行为的主体目前刑法上包括自然人和单位两种,从现行法律规定中,很难将人工智能系统归入任何一种分类当中,因为目前人工智能发展的阶段尚处于弱人工智能时代,即使也出现了诸如 AlphaGo 战胜李世石这样的个例,但是局部的飞跃代表不了整体的水平。所以,在现阶段这种弱人工智能时期,尚且没有充分的理由赋予人工智能系统以法律人格,自然也就不能让其作为法律行为的主体去享受权利或者承担义务。那么,现阶段人工智能系统只能作为客体(物)参与到诉讼活动中。所以此类案例中的受害人并不能以"机器人"作为被告人进行刑事诉讼,而只能是要求"机器人"的所有者或设计者进行赔偿。人工智能系统所有者或设计者具体承担的是刑事责任还是民事责任,就需要对该系统的"算法"进行分析,如果"算法"本身并无明显漏洞,那么所有者或设计者承担的只能是民事赔偿责任,如果是"算法"本身的"恶"导致人工智能系统攻击他人或毁坏财产,那么可以援引刑法中的"间接正犯"理论对此进行解释,此时,所有者或设计者就要承担相应的刑事责任。

总结而言,在弱人工智能时代,对于人工智能产品致人损害的案件中,法律人暂无必要考虑通过赋予人工智能系统以法律人格的方式进行制度设计。人工智能产品只能作为客体(物)参与到民事活动中,仍然摆脱不了其完全产自于"人"的智能产品的身份,不可能对其本身追究刑事责任。

当然,理论研究应当具有发展性,我们不能忽略的问题是,人工智能在经历了数次"寒冬"之后进入了蓬勃发展阶段,借助于当下信息、网络的高速发展,人工智能实现质的飞跃是必然趋势。所以,法律人应当站在发展的角度上思考同样的问题,避免现实中出现真实案例时"无法可依"。我们需要考虑,当人工智能发展到强人工智能时代时,上述结论的适用性是否还存在?

这种担忧并非毫无现实依据,从 AlphaGo 战胜李世石这个个案中,我们已经能够嗅到未来的趋势,当人工智能领域整体都进入强人工智能时代时,是否有必要考虑赋予其法律人格,即是否准予其以主体身份参与到法律活动中?要解决这个问题,并不能只站在法律一门学科领域内考虑,我们需要了解人工智能系统所谓的"深度学习",究竟可以"深"到何种程度。如果"他"真的可以实现对储存的资料进行自主学习,深度加工,更有甚者,能够自主获取所需要的数据!那么"他"做出的行为极有可能将超越设计者想象的范围,"他"的行为便具有了"意识性",不再是完全受设计者控制的产物。届时,如果仍然规定由设计者或所有者对人工智能系统做出的行为承担责任似乎有些强设计者所难了,如果人工智能真的会发展到如此程度,那么"他们"和人类似乎除了思维方式不同外并没有其他差异,人类是从小到大、从零积累知识,进行头脑"加工",从而形成自己的思想、情绪及行为模式,而这个过程也正是人工智能进行自主学习、深度加工的过程。

强人工智能时代对法律制度的挑战远非仅仅涉及是否赋予其法律人格这一个问题,仅就刑法领域而言,就涉及一系列的问题。例如,如何识别人工系统是"自主"犯罪还是作为工具被指令犯罪?人工智能系统作为证人出庭时,其所提供的证据是属于证人证言还是电子数据?如何对人工智能系统设置刑罚?对人工智能系统进行的破坏涉嫌的是故意杀人罪还是故意毁坏财物罪等,真可谓"牵一发而动全身",问题远不止所列举的这些,解决起来也并不是简单的各学科"各自为战"的探索出路,需要整个法律体系各个部门之间的协调与摸索。

情形二:自动驾驶汽车技术已臻成熟,各大品牌汽车商都已推出自动驾驶系统且不断更新,法律从业者将面临的另一新型案例就是由自动驾驶汽车引发的交通事故,此类纠纷如何赔偿?

自动驾驶系统引发事故的损害赔偿问题的前提是存在一套科学严谨的自动驾驶系统等级制度。目前,美国在这个方面做的相对比较领先,根据发布的机构不同,分为五级标准(0到4级)和六级标准(0到5级)。二者的划分标准大致是相同的,具体细微的划分,依据集中体现在对驾驶条件和驾驶环境进行了深层区分。总体而言,当自动化程度达到四级以上时,驾驶就跟人本身不再有什么关系了。

当已然存在这样一套成熟的自动驾驶等级系统时,解决自动驾驶汽车造成交通事故的损害赔偿问题就变得清晰了。在自动驾驶等级低的(数字小)系统中,由于驾驶系统仍然离不开人(驾驶员)的随时关注及紧急情况下的人工操作,所以属于不完全的人工智能,这种情形下造成的交通事故,责任人仍然应当适用《侵权责任法》第六章"机动车交通事故责任"的规定处理,即由机动车所有人或使用人承担侵权责任。而当自动驾驶等级到了完全不需要人的介入时,那么车辆驾驶本身就跟人一点关系都没有了,此时发生事故的侵权责任承担者有两种可能性。

第一种可能性:如果将来赋予了人工智能产品以拟制人格,那么此种情形下的侵权责任应当由人工智能系统本身承担,当然这里隐含了一个前提是与其法律人格相应的制度已经构建完全,例如人工智能系统具备承担责任的财产能力等。第二种可能性:如果尚未赋予人工智能产品拟制人格,既然造成事故的原因已然跟驾驶者没有关系了,那么就只能是人工智能系统本身造成的,又基于其本身尚无法律人格,故只能以客体(物)的形式存在于法律关系中,此时的侵权责任就只能适用《民法典》侵权责任编的产品责任,由系统的生产者或销售者进行赔偿。考虑到人工智能系统的特殊性,此处的责任主体还应当加上设计者。具体应用时,就要分析造成事故的缺陷属于设计缺陷还是制造缺陷,以及缺陷是否是现有技术能够避免的。前者由设计者承担责任,后者由生产者承担责任。

总而言之,法律人在现有法律框架下对新型案件的处理大抵分为两条路径,即弱人工智能时代背景下现有法律制度的应对和强人工智能时代背景下新出路的思考。

10.2 迎接挑战:法律人职业技能的转变

人工智能经过三次冰川期后终于迎来了新的机遇,这得益于信息网络的助力。人工智能科技产品已经渗透到了生活的方方面面,如金融、医疗卫生、家居,等等。随着科技的深度发展,处于垄断地位的法律服务行业同样也受到了冲击。

10.2.1 人工智能对法律人工作内容的冲击

这种冲击具体可以从三个方面进行分析:任务、流程和模式。

首先,任务层面上,人工智能通过智能法律检索、文件自动审阅、文件自动生成、智能法律咨询、案件结果预测,更好地辅助律师及其助理高效地完成繁琐的事务工作,使他们能够集中到推进案件的实体解决中。

以法律检索为例,法律检索这两年已经成为律师的"标配"技能,但现在的法律检索仍然是以"关键词"(带标签的数据)为核心的搜寻式检索。法律人先对检索任务做分析,从中提炼出关键词,而后借助检索平台检索包含这一关键词的目标信息。这类检索的效率障碍在于关键词的提炼和检索之后目标案例的整理审核。借助智能检索技术,我们可以让系统自动对检索任务进行文义识别,识别后系统将会自动做检索,并向我们推送经过整理审核的检索结果,最终导出检索分析报告。在智能检索技术的辅助下,法律人仅仅需要审核检索结果,这样原来可能需要 6 小时完成的法律检索任务,现在只需要 30 分钟就可以完成,极大地提升了检索精度和效率。当前我们看到的绝大多数落地的法律人工智能,都是围绕"任务"层面建立的。

其次,流程层面上,人工智能系统的使用前景也不容小觑。传统的业务效能提升在很大程度上来源于流程和分工的优化,这点在针对细分领域的专业型律师事务所中表现得尤为明显。比如,专注于道路交通纠纷的北京元甲律师事务所,就通过对道路交通纠纷的梳理,形成了 11 个环节的流程,并匹配了理赔顾问、咨询专员、行政专员、跟案律师等做人员分工,借助流程和分工,提升了对道路交通案件的处理效率。这种单纯依赖人力的分工模式,无法回应诸多不可预知的突发情况。倘若遭遇突发状况,单纯依靠人力调度是很难迅速精准解决问题的。现阶段应对突发情况的机制,往往依靠的是扩张规模,即将这种模式以连锁的方式推广到各地,同时在关键位置配置能力相近的后备人力。扩张和备份无疑都会增加运营成本。而人工智能系统就不存在前述问题。法律纠纷的处理流程,归根到底是文档、信息、任务的流转过程,目前阶段我们主要依赖"人工"来实现前述流程,而法律人工智能则将这部分推动程序运转的人解放出来。可以看出,法律人工智能降低了人物对人的依赖,能够有效缩减流程的运行时间,从而实现法律服务的"精准化"和"个性化"。或许这部分被解放出来的人可能面临着失业风险,但是从社会进步、经济发展的长远角度看,这种方式显然能够有效推动法律行业的发展。

最后,模式层面主要探究人工智能系统如何优化法律工作者的工作模式的。我们认为,模式层面是智能技术对法律行业的深刻变革。行业模式的变革必然会重塑原有的资源配给机制、人员结构和市场运作方式,从而在法律行业内形成新的气候和生态。从前面的论述不难得知,法律人工智能技术的引入,必然会引发这种模式层面的变革。

我们简单列举几个可能被引用的情形。

情形一:嵌入式法律。在人工智能系统高度发达的时代,我们可以实现将法律规定嵌入到相应的产品当中,当使用者有触犯法律规定的行为时,产品可以实现"智能"制止。类比于当前汽车的车道保持功能,我们可以将道路交通法律法规嵌入智能汽车系统,当驾驶人出现饮酒、疲劳驾驶、逆向行驶等情况,智能汽车将无法启动甚或通知警察。如此将很大程度地减少交通事故,相应地,人工智能便会对现有道路交通法律治理态势带来冲击。

情形二:智能合约。智能合约的实现依赖于区块链技术,通过区块链技术可以实现自动签约和自动履约,避免了当事人篡改合同和被动违约的出现。法律是解决纠纷的一种方式而非唯一方式,这种将智能科技应用到订立合同、履行合同上,将纠纷"扼杀"在法律事实产生前,通过减少纠纷的数量,从源头实现改变法律工作模式的效果。

情形三:非诉讼的电子商务在线纠纷解决(online dispute resolution,ODR)服务。我国目前应用该模式成立了杭州互联网等新型法院。毋庸讳言,淘宝网络购物平台在 2011 年已经产生了百万级的纠纷案件,海量案件如果单纯依靠传统的纠纷解决机制,需要大量的人力、物力和财力。事实上,我国现有司法资源很难应对如此大量的纠纷,既增加了法院的负担,同时又导致了诉讼的拖延,不利于纠纷的最终解决。针对这类小额和多频次的诉讼,ODR 模式可谓

"大有可为":依靠大数据分析梳理出纠纷发生的成因,并予以分类;而后以自动化纠纷处理流程为依托,形成对纠纷的自动处理机制;以结构化案件为基础,形成同案同判的预期结果。

10.2.2 人工智能对法律职业的冲击

譬如就律师而言,我国目前面临三方面的困境:第一,资源匮乏且分布不均。当前我国的律师总体仍然处于供不应求的状况,尤其是大部分的律师聚集在大城市,中小城市的律师少,同时业务能力有待提升。第二,信息不对称。律师的水平参差不齐,普通公民又大多不懂法律,遇到纠纷时,想要寻求合适的律师路径窄、成本高、难度大。第三,服务成本高。律师咨询费按小时计算,增加了民众咨询案件的抵触心理,仅咨询这样简单的事情就收取不菲的费用,当事人容易"望而却步";当事人委托律师除了需要支付律师费外,还要付出收集证据、出庭等大量的时间成本;从律师角度来说,律师的整理案卷、核对合同、核查资料等工作,重复性高而技术含量低,最后却不得不转化成当事人需要承担的经济成本。

事实上,上述三个方面的困境都可以通过人工智能系统得到相应的解决。首先,基层律师匮乏,根源在于基层收入、条件等不足,鲜有律师愿意安于基层律师之现状,现实如此,大多数基层律师选择转行或寻求其他出路。法律人工智能等技术通过降低法律服务的门槛,以在线问答等方式,即可解决大部分基础咨询问题,从而纾解基层律师匮乏的现状。其次,互联网法律平台的设立,已经在解决信息不对称方面做出了很多努力,随着新技术的发展与应用,互联网法律平台在智能匹配方面将做得更加出色。最后,基础的法律咨询问题不再依赖人工回答而是交给法律机器人,由其代替律师同当事人展开前期接触,可以有效降低当事人的咨询成本;通过法律人工智能系统,不仅能缩短当事人与律师沟通的时间,更能有效缩短整个诉讼时间,降低当事人的时间和诉讼成本;法律人工智能系统可以完成很多文案整理和检索的任务,节约律师的准备时间,最终转化为更低的当事人成本。

前述信息咨询服务并非只能由律师事务所设置的人工智能咨询系统才能得到解答,目前的趋势是将这种前期咨询和简单指导等工作,交由律师事务所以外的人工智能系统解决,提供咨询服务的第三方仅收取很少的费用甚至可能不收费。互联网上已经存在了各类系统可以提供法律信息、法律指导甚至法律意见。例如美国的"法律帮助"(Law Help),这个在线资源库能够帮助中低收入人群,在他们所在社区找到免费法律援助项目,来回答关于他们如何维护法律权利的问题。另外的例子则是英国的"遗嘱验证向导"(Probate Wizard),这个在线自助系统借助办事指南和视频指引,向用户提供完成遗嘱验证程序的简便遗产管理方式。再比如苏格兰皇家银行的"导师在线"(Mentor Live),则是面向企业的在线法律服务,其内容涵盖劳动法、健康法、安全法与环境法,包括了法律要点清单和报告模板。

人工智能系统不仅仅能够应用在律师行业,司法机关尤其是法院中同样有其着力领域。比如,文书处理与信息查询系统的应用,可以为法官庭审提供实时信息支撑,不再依赖于开庭后的查询与核对;智能庭审语音系统,能够将庭审语音实时转换为文字并同步传输到法官的电脑端,以供其随时翻看查阅,极大程度地减轻了书记员的工作负担;案件智能辅助审理系统则致力于将法官从"人工"下达裁判文书的工作中解脱出来,实现"人工智能"下达裁判文书的美好愿景;基于类似案件的判决结果分析则令法律人工智能为法官裁判提供类案参考,极大程度避免出现同案不同判的情形。与此同时,法律人工智能还能够辅助法官进行证据链的核实等工作。智能咨询系统同样可以得到很好的应用,公安机关、法院、检察院、仲裁院等机构,可以通过该系统减轻工作人员的负担,可以通过智能客服机器人,为公众提供法律咨询服务,为当事人导诉提供了极大的便利,降低当事人的诉累并增加其司法"获得感"。

此外,法律人工智能的环境保护功能也是显而易见的。根据杭州互联网法院的统计,该院互联网审理模式每年使当事人减少出行 34.7 万公里,减少碳排放量 10.8 万吨;每年节约用时 114.7 万小时,节约纸张 31.5 万张。人工智能系统的应用,不仅方便了法院和当事人,同时还起到了保护环境的作用,这和现今我们追求的"美丽中国"理念不谋而合。

不难看出,"在法律领域运用人工智能系统"已经不再停留于人们的想象当中,现实中早已有了应用的案例并且收获了积极的反馈效果。虽然我们没有办法准确给出法律人工智能替代法律工作者的程度以及最终实现替代的时间,但是,我们可以准确预测到这种替代的必然性。毋庸置疑,感知到这种替代发生的必然性,就需要法律工作者对自身工作的领域及范围做出相应的调整,以适应未来法律人工智能的发展趋势。

10.3　未雨绸缪:法律人谋定而后动

知己知彼方可百战不殆。人工智能对法律领域带来的冲击是不可否认的事实,作为法律人,只有认清这一事实方能确立正确的职业发展方向。与此同时,法律人也无须过度焦虑,新事物的发展总是需要时间,"直面""了解""发展"是制胜之路。

10.3.1　人工智能目前面临的主要问题

理论上将人工智能的发展概括为三个阶段:感知智能、认知智能及判断智能。

感知即视觉、听觉、触觉等感知能力,人和动物都具备。感知能力帮助我们更好地观察和认识事物。感知智能则是将人类的这种能力应用于智能科技产品上,如图像识别就是通过模仿人类的视觉能力实现感知智能,语音识别系统则是通过模仿人类的听觉能力实现感知智能。再比如,自动驾驶汽车,是通过激光雷达等感知设备以及编程算法来实现自动感知智能。感知世界方面,人工智能系统本身比人类更具优势,因为后者往往都是被动感知的,而前者却主要靠主动实现感知。不管是 Big Dog 这样的感知机器人,还是自动驾驶汽车,因为充分利用了 DNN 和大数据的成果,人工智能系统在感知智能方面已越来越接近于人类。但是,我们清醒地认识到,无论是从数据科学还是智能科学的角度分析,上述这些技术都属于"数据收集"阶段,只不过是将格式多样的数据进行收集、汇聚,继而服务于后续的认知智能阶段,并通过后续阶段创造更智能的人工智能。而且,即使在这个阶段,仍然有目前无法攻克的难题。如智能语音识别系统对于传输给系统的语音是具有一定要求的,目前阶段只能实现标准普通话的精确传输,对于不太标准的普通话就会出现比较多的失误,更不用讲我国存在那么多方言。这些问题都需要在"感知智能"阶段予以解决。

认知智能是目前许多大型实验室和科研团队致力研发的阶段。红极一时的"AlphaGo"就是这个阶段集大成者的典型代表。这个阶段基于对感知收集的数据进行了深度的学习,达到了"认知"的程度,并在此基础上进行了简单的"判断"。可以认为,认知智能是贯穿整个人工智能研发的核心阶段,良好的认知能够基于感知数据,对问题进行"思考"并作出相应判断,目前人工智能科技展现出的知识图谱、无监督学习等技术就是这个阶段的成果之一。

认知的基础在于,人工智能系统能够具备基础的"常识"。事实上,越来越多的人工智能专家也认为,人工智能系统和人类最大的区别在于是否具备这种"常识"。如果人工智能系统不能具备基础常识,那么他们也只不过就是一种更快的扫描仪、更聪明的打印机,实际上跟"智能"并没有太多的联系。而基础常识"认知"能力的获取,是目前很难攻克的一个难关,原因就在于人类很多常识的获取是在成长的过程当中实现的,并非简单的被动给予,而是蕴含了丰富或许还很漫长的感情投入,这个阶段如何让人工智能系统获取,至少目前并没有得到很好的解决。

为什么"常识"如此重要呢?因为这关乎人工智能系统能够实现何种程度的"认知"智能。我们可以举两个简单的例子。比如说小 A 有个法律问题想咨询好朋友小 B,恰逢小 B 单位有急事要处理,随口跟小 A 讲"你问的问题,等我方便的时候跟你说"。看完这个案例,相信大家都明白小 B 的意思,可是我们将其交给人工智能系统处理时,就可能会遇到问题,我们理解小 B 的意思是基于"常识",没人会认为此处的"方便"是另一个意思,可是机器并不具备成长过程,如何让他也能掌握这种常识就显得特别重要。再比如,小 C 大学毕业后参加工作已经好多年了,但是一直没有男朋友,她的妈妈催促她"工作都已经稳定了,为什么还不交朋友呢?"此处的"朋友"我们都知道说的是"男朋友",这是常识,但是人工智能系统如何获取同样的认知?我们都明白小 C 的意思,可这样简单的一个问题却是人工智能技术难以逾越的那道鸿沟。

解决不了这些"常识"问题,人工智能系统就无法实现高层次的"认知智能"。而第三个阶段的"判断智能"只是对前两个阶段的"加工",前两个阶段的智能水平直接影响了"判断智能"实现的程度。实际上,刚才提到的"常识"能力的获取,至少在短时间内没有很好的方法解决,因为对于人工智能系统而言,让其获得某一个专业专家级的智慧,或许比获得人类三岁孩童的智慧更容易实现。

由于"判断智能"很大程度上依赖于前面两个智能阶段的实现,所以这个阶段能够遇到什么样的技术难题,目前尚且处于探索发现阶段。

10.3.2 人工智能发展对法律人提出的新要求

人工智能技术发展中可能遇到的"瓶颈"并不是在否定人工智能时代的到来,只是说明了一个新的时代在发展过程中遇到的难题,所以,作为法律工作者,应当及早认识到这种发展趋势,并采取相应措施以应对未来人工智能对法律工作带来的挑战。

我们正在见证社会中信息底层结构的变革,从信息结构变革的进程,我们不难想象与此对应的人类职业种类和工作内容的变革。仅就法律而言,很多关于法律服务和法律流程的根本性预设,会被信息技术和互联网挑战甚至于取代,法律服务会从一对一、咨询式、基于文件处理的顾问式服务,转向一对多、打包分装、基于互联网科技的信息服务。

应该肯定的是,人工智能系统只会在越来越多的工作上辅助或者替代法律工作者,但是与法律相关的这项职业永远需要人的存在,无论人工智能技术发展到何种程度。那么,我们该如何应对这种变革呢?

首先,法律工作者需要从主观上接受这种发展趋势的必然性,不要一味地回避、否认,面对这种变化趋势,担当起"善良管理员"的角色而非"狭隘的守门人"角色。具体而言,就是当一些法律工作也可以由非专业人士或系统提供时,应当为更多人能享受到法律服务而感到高兴,而不是从遏制这种变化上谋出路,将自己的创造力用于其他工作内容和方式中,用自己的法律知识和经验为客户带来独特的不能为机器所取代的价值。法律的设立,不是为法律工作者提供谋生的手段，法律工作只是为了满足社会对法律的需求。认识到变化的必然趋势，是采取具体行动的前提与基础。

其次，熟悉并掌握法律人工智能系统。现有的一些法律人工智能产品，大多是一些法律研究所自主研发或者科技公司同相关法律部门联合研发的，主要针对法律服务中的某一项或某几项进行机器替代。如智能立案系统，将立案法官从繁重的立案工作中解放出来，能够腾出时间做其他更具挑战的工作，节省司法资源；智能导诉系统则致力于为不熟悉诉讼流程的当事人提供准确的信息指引，替代专职导诉员的工作；在线法律指导系统则为处于纠纷之中的当事人提供越来越精确的法律指引，很大程度替代了律师接受咨询的工作，等等。法律工作者要想了解从什么角度上对自己的工作内容进行调整，才能准确契合这些法律人工智产品未"攻占"的领域，要熟悉并掌握这些系统，从掌握这些人工智能系统当中探索其缺陷所在，"有的放矢"地培养这部分机器欠缺的能力。

再次，选择性地学习一些编程的基本理论。所有的人工智能产品都源于算法，而算法本身是编程赋予的，所以，在力所能及的范围内，法律工作者应当学习一些编程的基础理论，这不仅仅是为了应对法律人工智能产品带来的冲击，各行各业的工作中都应当意识到这个问题。算法的进步指引人类社会步入人工智能时代，算法通过对数据进行整理与分析，从而形成可视化结论，实现人工智能的目的。人类对数据的收集正是通过算法实现了其二次、三次甚至更多次的利用，结出各种人工智能成果。随着人工智能时代的新一轮发展，各式各样的算法正以前所未及的速度和方式得到爆炸式的运用。如新闻排名算法和社交媒体机器人，影响人们收听或收看的信息，通过对网页浏览页面的存储、计算，向人们推送相同或相近的产品或服务；信用评分算法会影响银行的贷款决策；在线约会软件（App）通过算法智能配对，促成浪漫的约会；算法对警务调度的派遣及空间格局的改变起到重要的参考价值；算法审判会影响刑事系统中犯人的服刑时间，等等。法律工作者学习编程早已有了先例。2016年12月，英国著名的"魔圈"律所年立达律师事务所启动了一项全球计划，旨在教授律师新人编程入门技能。美国哈佛大学、乔治城大学等高校的法学院也已经将编程入门课列入教学大纲，甚至列为知识产权法、科技法等方向的必修课程。在我国，Python编程语言也已列入某些省份中小学的教学大纲。我们有理由相信，在不久的未来，基础的编程技能，会变成继英语、计算机、驾驶技能外的第四种各个领域知识工作者都应当具备的基本技能。诚然，不具备基本英语技能的人也可以成为一个好律师，不具备计算机技能的人也可以做一位优秀的法官，但是，掌握这些技能一定会给法律工作者的工作带来极大的便利，收获更多的满足感和财富。当然，我们只是需要掌握基本的编程理论，而不需要苛求每位职员都成为顶尖的编程高手，因为职业分工的基本原则是，越接近金字塔的顶端越需要专才而非面面俱到的多面手。

最后，寻找独特的工作方式。人工智能系统正在"蚕食"法律职业工作内容和方式，这就要求法律工作者能够保持高度清醒，能够在危机中找到让自己保持竞争力的领域，发现并注重自己相应能力的提升，使自己能够在这个领域保持在"塔尖"的位置，基于自己的不可替代性，为寻求法律帮助的人提供专有的、私人订制式的独特服务。

我们可能很长一段时间仍将处在弱人工智能时代，人机协同会是这个时代的主流，但不可避免地，也有一些工作将在人机竞赛中被替代。

　　如果我们将人工智能与人类智能"板块碰撞"的接触面,当作"造山运动"未来的山脊,一部分人选择向山上走,怀着极大的热情,投入人工智能与法律的结合领域,深度理解智能工具、驾驭智能工具,甚至研发智能工具——法律人工智能从业者们可能正是走在最前列的人。还有一部分人选择向山下走,深耕那些人工智能无能为力的、最为复杂、精深、前沿的法律问题。

　　选择朝哪条路走,并不存在优劣判断,也不是两个非此即彼的选项。完全由法律工作者基于自身的职业意愿或能力倾向做出选择。当然,或许还存在许许多多的中间路线。但无论如何,我们都应该将人工智能当作职业规划和能力规划中的一个变量,向人工智能无法替代的领域迁徙,向人工智能必须与人类能力叠加才能发挥作用的领域迁徙。因为,在这场人类智能与人工智能的碰撞中——选择并不可怕,可怕的是,没有选择。

1. 思考人工智能科技的发展对现有法律制度带来的挑战有哪些。
2. 探讨上述挑战在现有规则下如何解决。
3. 法律人面对新的挑战如何应对。
4. 实训项目

项目名称	模拟司法人工智能挑战赛		实训学时	2课时
实训时间	章节结束后	实训地点	实训室	实训形式	挑战赛
实训目的	1.帮助学生了解并熟悉法律人工智能产品的性能和应用场景 2.提升学生使用法律人工智能设备的能力			
实训内容	罪名预测:根据刑事法律文书中的案情描述和事实部分,使用法律人工智能预测被告人被判的罪名 　　法条推荐:根据刑事法律文书中的案情描述和事实部分,预测本案涉及的相关法条 　　刑期预测:根据刑事法律文书中的案情描述和事实部分,预测被告人的刑期长短			
实训素材	本次挑战赛所使用的数据集是来自"中国裁判文书网"公开的刑事法律文书,其中每份数据由法律文书中的案情描述和事实部分组成,同时也包括每个案件所涉及的法条、被告人被判的罪名和刑期长短等要素			
实训要求	1.使用法律人工智能实训设备预测犯罪嫌疑人被判处的罪名 2.使用法律人工智能实训设备明确案件所涉及的刑法法条 3.使用法律人工智能实训设备预测犯罪嫌疑人的刑期长短			
实训组织	1.各小组课前组织好材料,完成组内的沟通协作 2.由同学们选出操作者操作法律人工智能实训设备,各组按任课教师的指示有序使用法律人工智能实训设备			

1. 沙特阿拉伯授予"会议发言人"Sophia 机器人公民身份：http://tech.ifeng.com/a/20171027/44732468_0.shtml.
2. 美国对自动驾驶汽车系统的分级标准：http://www.sohu.com/a/116000253_115873.
3. [美]约翰·弗兰克·韦弗,刘海安,徐铁英,向秦译.机器人是人吗？[M].上海：上海人民出版社,2018.

未　来　篇

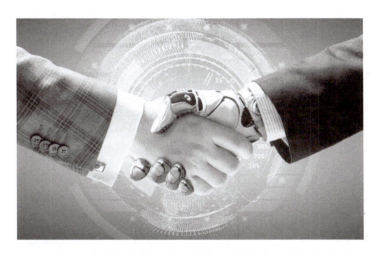

在这个快速变迁的时代，法律人工智能的未来将会如何？我们难以判断。

未来，法律人工智能需要基于人类立场来发展，即以人为先、以人为中心，要以赢得信任的方式设计法律人工智能。

以此为出发点，无论法律人工智能在司法实践中扮演的是立法者还是执法者的角色，抑或仅仅是法律的客体和实现方式，都需要……

第11章

未来的公检法机关

```
                                              大力发展智慧公安的重要性
                       智慧公安:            智慧公安的应用场景
                       未来的公安机关        智慧公安的法律规制

                                              检察职能的再思考
未来的公检法机关        智慧检察:            检察工作的智能化
                       未来的检察机关        检察官主体地位的强化

                                              智慧法院的提出
                       智慧司法:            人工智能裁判系统的开发
                       未来的法院            电子诉讼制度的构建
```

1. 了解智慧公安的工作场景;
2. 了解智慧法院的工作流程;
3. 理解电子诉讼与传统诉讼程序相比具有哪些优势。

民警借助"公共安全智能体"快速锁定嫌疑人[①]

2017年,深圳龙岗区一名3岁幼儿走失。民警借助"公共安全智能体"(包含高清监控人脸识别、轨迹追踪等技术手段),快速锁定嫌疑人,不到15个小时,就将走失幼儿解救,这在人工智能技术出现之前几乎不可想象。

1. 新技术的加入是如何提高侦查工作效率的?
2. 运用技术的同时存在哪些风险?
3. 除了侦查工作,人工智能技术又会为检察工作和司法审判工作带来哪些变化?

11.1 智慧公安:未来的公安部门

"智慧公安"是依托人工智能技术,以互联网、物联网、云计算、智能引擎、视频技术、数据挖掘、知识管理等为架构,以公安智能化为核心,通过互联化、物联化、信息化的方式,促进公安系统各个功能模块高度集成、协调运作的公共安全新理念和新模式。《新一代人工智能发展规划》明确指出:"要利用人工智能提升公共安全保障能力,促进人工智能在公共安全领域的深度应用,推动构建公共安全智能化监测预警与控制体系。围绕社会综合治理、新型犯罪侦查、反恐等迫切需求,研发集成多种探测传感技术、视频图像信息分析识别技术、生物特征识别技术的智能安防与警用产品。"表明公共安全保障领域深度引入人工智能技术已是大势所趋,未来的公安机关要在社会治理、犯罪侦查和危险预防等工作中,灵活运用先进人工智能技术,严格依照法律程序履行职责,以应对愈加复杂的公共安全形势,维护社会稳定,保护公民的生命财产安全。

11.1.1 大力发展智慧公安的重要性

近年来,人工智能呈现出蓬勃发展之势,在与大数据、云计算、物联网等先进技术的高度融合下,人工智能已经深入社会各行业、各领域,并深刻影响人类社会的方方面面。但另一方面,新技术也为各类犯罪打开了方便之门,甚至催生出借助人工智能技术实施,或者以破坏信息系统为目标的新型犯罪种类。与过去相比,公共安全面对的威胁,无论从规模上还是从破坏程度上都大大增加,给国家和公共安全保障带来了极大的挑战。传统的侦查和预防手段面对新型犯罪时显得力不从心,犯罪风险防控工作也依赖大数据和人工智能技术的推广和应用。公安工作作为典型的社会化工作,始终要在不断适应社会变革中动态推进。当前大数据背景下的智慧公安应用仍处于起步阶段,真正的智能化应用仍处于探索时期。

首先,人工智能技术在公安工作中的应用,能够有效应对不断升级的公共安全风险,特别是利用信息技术、网络技术的新型犯罪。借助信息技术以及互联网,传统犯罪更加易于实施的同时,还增加了公安机关的侦查难度。传统形式的犯罪常常需要事前考察犯罪地点、获取犯罪工具、犯罪嫌疑人之间相互碰头制定犯罪计划等,有了电信通信设备和互联网,这些准备工作

[①] 人民日报.让城市成为智慧有机体[EB/OL]. https://www.sohu.com/a/278230828_157267,2018-11-28.

都可以在网络上匿名轻易完成,犯罪分子就避免了亲自行动而留下线索。传统犯罪的实施也由于犯罪分子对信息技术的运用,呈现出范围扩大、途径更为多样的趋势,如银行电子网络为洗钱犯罪、金融偷盗等犯罪活动提供了便利条件;网络黑市被非法经营国家违禁品、专营物品;"暗网"则为赌博、色情等相关犯罪提供了电子温床。总之,随着信息技术的发展,传统犯罪手段、形式也在不断升级,呈现出科技化、智能化、更为隐蔽等态势,对公共安全构成严重威胁。

目前,人类已经步入信息社会,信息网络犯罪已发展成为最主要的新兴的犯罪种类,且每年以10%~15%的幅度递增,给社会带来的损失非常严重。信息网络犯罪包括以信息资源为侵害对象的犯罪,以及以信息技术为犯罪手段实施的犯罪。前者包括非法进入信息系统对其内部的信息进行攻击,破坏信息系统内部的硬件、软件及信息,窃取和滥用信息等犯罪。

信息网络犯罪的特点在于犯罪发生在虚拟空间,不受时间和地点的限制,且犯罪行为隐蔽,危害结果具有极度扩散性,尽管发生在虚拟空间,带来的却是巨大而真实的破坏和损失。

其次,人工智能技术在公安工作中的应用,能够弥补传统侦查方式的不足。侦查工作是对相关信息收集、储存、提取和分析的过程。因此,尽可能掌握更多的信息,意味着能够获得更多的线索,进而保障公安机关的破案效率。传统侦查手段主要是调查访问,对纸质卷宗的查询等,这些手段依赖于侦查人员的能力、经验甚至运气,以及被询问人员的配合程度,对卷宗的人工查询耗时费力。尽管传统侦查手段不可替代,在未来仍然是多数案件必不可少的步骤,但面对日益增多的网络信息类新型犯罪,传统侦查手段在效率、准确性、侦查资源节约等方面显示出不足。各类信息资源和技术虽然为犯罪提供了便利,但同样也能成为助力侦查工作、强化打击犯罪效能的利器。如近几年来网上串并、网上摸排、网上追逃、网络警务等信息化侦查措施,经过长时间的实践而日趋成熟,成为公安机关的常用侦查手段之一。依托公安信息资源库和各类刑事犯罪信息系统,传统侦查模式难以解决的多种疑难案件相继被攻破。

最后,人工智能技术在公安工作中的应用,能够有效地防控犯罪风险。由于互联网技术的加入,导致犯罪成本降低、流动性大、破坏范围极易扩大,在这种威胁下,对犯罪风险的防控就成为公共安全保障工作的重点之一。

大数据技术也能有效防控犯罪。传统的侦查是回溯型侦查,即事后侦查介入,其重点在于重现过去,大数据技术的使用让主动性侦查成为可能。犯罪预测本身并不是一个新概念,20世纪科学家和侦查人员已经开始尝试通过统计和地理空间分析,确定某个地区的犯罪风险水平,并预测下一次犯罪高发的时间地点。但直到大数据时代的来临,犯罪预测在大规模数据采集、储存和分析软件的加持下才真正得以实现。大数据的核心价值之一是预测,通过收集具有相关关系的数据建立分析模型,侦查人员可以通过模型在宏观上预测犯罪趋势,甚至在微观上预测何时何地何种类型的犯罪容易发生,为犯罪风险防控提供了更好的机会。

2010年,美国洛杉矶警察局首先尝试了大数据犯罪分析,发现犯罪发生率与地震期间余震类似,在地震预测的启发下,用犯罪数据做类比,定义了一种犯罪预测模型。这一模型的预测能力经过测试得到了肯定并投入实际应用,如美国北卡罗来纳州达勒姆警察局对犯罪数据深度挖掘后发现,枪击报警电话有20%来自该市仅2%的地区,警察局进而调整了警力部署,在热点地区及附近部署了更多警员,4年内辖区暴力犯罪因此减少了39%~50%。

我国在实践中也应用了犯罪预测系统,并且适用范围从重型犯罪预防逐渐向一般犯罪案件预防扩大。如北京市怀柔区警方针对盗窃类案件应用了预测系统,江苏省苏州市的犯罪预测系统至2015年已覆盖了91种违法犯罪行为,并于2016年搭建起非法集资预测预警处置平台。

11.1.2 智慧公安的应用场景

刑事侦查信息化、智能化是实行侦查工作的现状和发展趋势。目前,在侦查工作中,人工智能的应用主要集中在智能识别、信息检索、案例分析和犯罪数据挖掘等方面,这些应用不仅极大地提高了侦查效率,甚至为侦查模式带来了根本性的变革。

1. 智能识别

侦查意味着发现线索并根据有限的线索在茫茫人海中锁定犯罪嫌疑人,这一系列的工作,伴随着无数次对不同信息、物品以及人的识别,信息浩如烟海又杂乱无章,依靠传统侦查手段,这一过程将耗费巨大的人力和物力。随着数据量和计算机处理能力指数级的增长,人工智能识别系统具备自动收集、过滤、整理甚至分析能力,可以辅助侦查人员快速进行对文字、图片、语音、痕迹、车辆和人脸的识别。

人工智能识别系统,自动提取信息并与数据库进行匹配、整合并发出警报。这种方式将分散式的数据处理转化为集中式处理,能够节约大量时间,提取海量数据中的相关信息。此外,数据库保持自动更新,可以持续为侦查工作提供即时、动态的支持。智能识别的相关应用经历多年发展,已经在实践中成为侦查工作中的必要工具。如2014年底,广州市公安局通过引入云计算、大数据以及视频智能分析技术,在实现全市视频资源联网的同时,还实现了高清视频智能分析、提供视频录像文件分析、视频摘要压缩、虚拟卡口、以图搜图、人脸识别、模式分析等视频综合服务。再如2017年春运期间,上海南站地铁站启用的人脸识别系统试运行第一天,就协助公安部门抓获在逃人员2名。系统上线1个月,预警800余次,有效盘查652次,协助公安部门抓获犯罪嫌疑人286名。智能识别技术带来的效率提升显而易见。

2. 情报分析

侦查工作的信息化、智能化,要以庞大的数据库和健全的网络运作为基石,只有在数据足够多的条件下,才能实现迅速准确的信息提取、对比分析和共享等工作。

我国于1998年开始规划、2003年正式建设"金盾工程",即公安通信网络与计算机信息系统工程,目的就在于建立一个全警采集、信息共享的情报信息网络,以实现各项公安业务的信息共享和综合利用,为公安工作提供强有力的信息支援。"金盾工程"主要内容包括全国公安综合业务通信网、全国违法犯罪信息中心、全国公安指挥调度系统工程和全国公共网络安全监控中心等工程。自2003年至今历经两期建设后,全国公安快速查询综合信息系统及公安业务系统已全面构建起来,在逃人员、失踪及不明身份人员、通缉通报、被盗抢及丢失机动车(船)等与公安工作相关的各项业务信息已全面纳入数据库,最大限度实现了信息采集、储存、管理和利用的流程化机制构建,使得侦查实战部门有了全面、快速、准确的信息支持。在各类公安信息得以高度整合的背景下,情报快速检索系统应运而生,并广泛应用于各类公安数据平台,侦查主体对各种业务信息的查询工作,通过专用的智能化搜索引擎转化为特定的搜索指令,并自动与平台内海量数据信息进行匹配,进而得出搜寻结果以供侦查之需,公安机关的工作效率、管理水平和科学决策能力得到了整体性提升。

3. 犯罪数据挖掘

随着信息化程度的加深,犯罪侦查往往涉及对电子数据信息的获取和分析,如对通话记录、监控记录、网页浏览记录等数据的筛查和分析。目前信息社会的发展速度迅猛,侦查工作以线索获取或以取证为目的所面临的电子数据规模也愈发庞大,因此,需要数据挖掘技术发现其中隐藏的与犯罪相关的、有利用价值的侦查信息。

侦查中的数据挖掘,即对海量数据的二次、甚至多次挖掘、对比、分析,从这些数据显示出的现象背后,发现其隐藏的内在性规律,进而转化为可直接实现实地侦查的显性线索。侦查数据挖掘包括对手机数据、话单数据、网络数据和视频数据的挖掘。以手机数据挖掘为例,智能手机的使用会产生大量通信数据、地理位置数据和无线网络数据,手机本身还有如手机版本、卡号、手机串号等基本数据。通过运用专门的分析软件,从手机数据中能够挖掘出犯罪行为人在某段时间连续的行为轨迹、生活习惯、社交圈、与其存在密切联系的其他人员等信息,这对结伙犯罪、恐怖主义犯罪、洗钱、网络诈骗等犯罪尤为有效。同时,配合其他类别的数据挖掘,能够从众多数据中抽取出与犯罪相关的细节、片段,将其联系起来后,就能将表面上看来毫无意义、互不相关的数据碎片,拼凑出一幅完整清晰的犯罪描绘。这样的数据采集和分析模式,突破了时空限制,实际上等于将排查范围扩大到了所有时间地点,让案件侦查转变为让数据说话的科学侦查。在未来,犯罪数据挖掘技术将是侦查工作的必备工具,侦查人员能够更为迅速、全面地认识案件情况,发现破案线索,理清破案思路,划定侦破范围。

4. 智能笔录

笔录对于每个案件都有着至关重要的作用,一些多年从事一线工作的民警,在审讯犯人之前,都会利用自己的经验,提前制定审讯的策略。目前来看,因为公安机关执法办案中,输入的人才水平参差不齐,就导致基层整体出现办案经验不足、办案力量不足、办事效率不高等问题,因此需要相应的技术手段来弥补该短板。2017年7月,智能笔录云平台在全国司法体制改革推进会中亮相,该软件具备多项功能,包括笔录质量检验、联网快速核查、字块提取分析等,笔者认为需要对这些功能进行进一步的开发与研究,并且根据不同案件类型,形成多种笔录模块和审讯策略。特别是针对盗抢骗、涉黑、经济犯罪等案件,不仅应当做好统筹把握,更要提取中间的关键词,对其进行仔细分析,把握中间内涵,以此提高审讯有效性。

5. 证据审查

当前,人工智能已经在不同证据、单一证据校验等多个层面发挥出了重要作用,通过这种方式,可以缩减办案人员的证据审查时间。作者认为,应当根据证据的关联性、客观真实性、合法性等多个原则进行审查。首先利用机器学习、图文识别等方式,做好证据的识别、判断对比等工作,找到瑕疵部分,对系统所出现的提示情况做好补充与解释;其次应当对各种客观问题做好判断,对犯罪的各个要素进行仔细分析,重组案件结构,并且搜索案件的必备要件与非必备要件;最后是关联展现,利用系统设计出一个思维导图,随后将案件的关键环节与重要事实进行标示,侦查员在对关键事实加以点击的过程中,系统可以自动地显示出某一事实特征,并且显示出标注证据具体位置,保证侦查员快速理清证据的内在联系。

将公安大数据、人工智能等多个技术要素作为主要技术的智慧公安,其本质就是实现警务能力与警务体系现代化,其核心内容就是人工智能技术的引入。发展执法办案过程中的人工智能,并不是采用现代化技术手段完全取代民警在执法办案中的地位,或取代民警在办案中的判断与思考能力,或者直接取代民警开展诉讼调查及线下侦查活动,而是需要发挥出人工智能所具备的优势,包括公检法数据共享、程序预警、证据审查、证据指引等作用,帮助民警的劳动力得到解放,同时使得民警可以集中精力,处理好案件中的核心业务。

11.1.3 智慧公安的法律规制

由于法律规范的滞后性,当前大数据和人工智能技术在公安工作中的应用规制,几乎处于空白状态,因此,法律应尽快从程序、机制和制度着手,对犯罪的侦查和预防工作做出规制,保障公安业务始终处于法治的轨道上。

1. 严格遵守侦查程序

在信息化侦查工作中,由于信息的发现、收集和分析往往能够脱离侦查人员与特定场所或特定人员的直接接触,例如地理位置信息、视频信息、电子和网络监控等信息,这些信息在相关技术的帮助下唾手可得,而且相对人对此一无所知,这意味着侦查行为可能包含着更大的侵犯他人权利的风险。

为防止侦查权被滥用而侵犯他人权利,强制性侦查活动和秘密侦查活动需要严格的审查以及程序上的限制。如侦查资源的使用程序,要有细致的法律规定,并建立严格的备案制度,防止对相关信息的非法使用。侦查人员的法律责任,要有明确的说明和惩罚措施,从前期预防与后期惩治两方面着手规制非法使用信息现象。此外,要建立严格的审查评断标准,严防侦查主体将侦查权行使中的不当侵权责任转嫁为人工智能技术的客观应用风险。对此,现行《刑事诉讼法》已作出一定程度的回应,一方面细化了逮捕的实施条件和程序、确立讯问规则体系等限制强制性措施的实施;另一方面,通过完善非法证据排除规则、强化法庭审理中的言辞质证程序等,落实对侦查活动的司法审查,全面引导侦查活动依法展开。

2. 完善个人信息保护规定

侦查活动需要获取大量的个人信息,其中不乏涉及个人隐私的信息,各类监控措施和秘密侦查技术手段,如果没有严格的实体和程序上的法律限制,极易侵犯公民的隐私。人工智能辅助侦查技术以庞大的数据库为基础,海量的公民个人信息如何防止被泄露和滥用,是侦查模式转型过程中必须要解决的问题,通过牺牲个人信息为代价换取侦查成果将不与现代法治相容。

目前,我国还没有专门的个人信息保护法,《刑事诉讼法》也没有相应规定,2016 年 9 月最高人民法院、最高人民检察院和公安部联合发布了《关于办理刑事案件收集提取和审查判断电子数据若干问题的规定》,对涉及电子数据的刑事诉讼活动做出了部分规定。但需要强调的是,人工智能辅助侦查对个人信息的使用范围非常广泛,仅依靠这些规定无法规范所有侦查活动中对个人信息的使用行为,不能满足侦查活动中对个人信息保护的需要。立法有必要持续界定侦查机关的权力界限,遵循合法、正当、必要的原则,个人信息的收集和使用目的仅限于查找或抓获犯罪嫌疑人、查获犯罪证据,严格审批手续和过程控制,明确处理要求,防止信息泄露、毁损、丢失,健全违规使用的责任承担制度。

3. 保障个人权利救济途径

"无救济则无权利",即使法律对公民权利有所确认,但如果没有具体有效的救济途径,权利规定就会沦为一纸空谈。现行法律制度采取以侦查部门自我审查和检察监督为主的司法审查体制,但构建司法化的侦查阶段权利救济之路,被认为是未来的发展方向。

犯罪嫌疑人以及相关第三人认为自己的合法权利受到侦查机关侵害时,有权向法院提起权利救济之诉,法院就侦查行为的合法性进行诉讼化的审查,由犯罪嫌疑人、侦查机关针对侦查行为是否合法进行举证、质证,法院对此做出裁判并说明理由。如果犯罪嫌疑人等对法院的裁判不服,还可以提起上诉。这种将侦查行为合法性交由中立的司法机关予以审查的诉讼化审查机制,将引导或迫使侦查部门在实施侦查活动时,周密考量侦查活动的实施条件、程序和方式,做出法治化和规范化的转型。因此,保障个人权利救济途径的通畅,既关系到公民权利的实质保障,也是监督公权力的有效方式。

11.2 智慧检察:未来的检察机关

检察机关和其他国家机关一样,处在由传统检察信息化向智慧检务发展的转型期,信息技术和检察工作不断深度融合,目的在于建设全业务智慧办案、全要素智慧管理、全方位智慧服务、全领域智慧支撑的智慧检察院。在这一过程中,需要我们重新审视检察职能,选取适宜我国发展水平和特色的科技措施推动检务的信息化和智能化,以人工智能技术强化检察官的主体地位。处理好这几个问题,有助于提升检察机关的现代化水平,在信息社会中实现强化法律监督、自身监督和队伍建设的目标。

11.2.1 检察职能的再思考

检察机关是国家法律监督机关,其职能包括对危害国家安全、危害公共安全、侵犯公民人身权利、民主权利和其他重大犯罪案件行使检察权;对于公安机关侦查的案件进行审查,决定是否逮捕、起诉或者不起诉;对刑事案件提起公诉;对公安机关、人民法院和监狱、看守所的活动是否合法实行监督。和任何其他领域一样,信息技术和互联网应用也为检察工作带来了全面深刻的变化,对检察机关职能的行使提出了新的要求。我国检察信息化发展经历了数字化、信息化、智慧化的阶段,当前已基本完成了数字化任务,正在全面推进信息化建设,试点探索智慧检务工程。在这一背景下,如何以新技术条件为助力,提升检察机关在信息社会中打击、预防犯罪和维护社会稳定的业务水平,是检察机关必须要思考的问题。

随着依法治国工作的推进和深入,检察机关审查逮捕、公诉工作、诉讼监督工作任务与日俱增,造成了案多人少的矛盾,传统工作模式,即以人、财、物要素投入为主的办案方式难以为继。与此同时,检察机关的"三定方案"(定部门职责、定内设机构、定人员编制)已经基本明确,人员编制不存在大量增加的可能。因此,需要在原有的人员和财务投入的基础上,为检察工作寻找新的、稳定可靠的动力。最高人民检察院为此强调"向科技要检力,向信息化要战斗力",即在传统投入基础上,增加科技手段和信息资源等新型要素的投入,实现科技信息"新动能"和人财物"传统动能"相结合的"双引擎驱动",推动检察工作跨越式发展。以司法办案为例,大数据项目的应用,为检察机关提供了更为高效的办案方式:在侦查环节,检察机关通过大数据技术分析通信内容、上网痕迹、消费记录等,能够迅速发现案件事实、分析犯罪嫌疑人的行为特征;在证据收集和分析方面,对于特定类型犯罪行为,大数据分析有利于寻找和固定证据,排除无效证据材料,形成有效证据链条,提高办案效率。此外,通过大数据分析,尽可能掌握犯罪嫌疑人的心理活动、行为特征后,在审讯环节也有利于检察机关占据主动。

作为监督机关,检察机关职能行使的公信力至关重要,信息技术和互联网的助力可以提升公信力,主要通过三个途径。

首先,要提高职能行使的透明度。透明度不足是部分公众对检察机关职能不了解的重要原因。因此，智慧检务通过技术手段、制度设计，实现办案由封闭向公开、由神秘向透明的转变。目前，检察机关开通了案件信息公开系统，并确立新闻发布会制度，取得了一定效果，但在公开范围、公开频率等方面仍有提升空间。

其次，要保障公众获得检察服务的渠道通畅。如果公众不能及时获得检察服务，权利保障受阻，对检察机关的公信力必然产生负面印象。要解决服务不足，需要检察机关通过信息技术，实现检察服务由被动向主动、由单线向多途径转变，探索构建"网上检察院、掌上检察院、实体检察院"三位一体的"互联网＋检务公开"新模式。这种模式让检察服务从"山高皇帝远"变得触手可及，而渠道通畅是建立公信力的首要条件。

最后，虽然检察机关是监督机关，但作为公权力机关仍然要解决"谁来监督监督者"的问题。任何形式的公权力滥用对公信力的建设都是严重打击。实践中，尽管部分公众了解并熟悉检察机关的职能，但是出于对其滥用职权、懈怠不作为，甚至官官相护的担忧而不信任检察机关。这就需要检察机关通过信息技术，为人大代表、政协委员、人民监督员、新闻媒体、人民群众提供监督检察工作的便捷途径，由加强检察监督向加强检察监督和自觉接受内外部监督相结合转变，消除公众担忧，提升检察机关的公信力。

11.2.2 检察工作的智能化

建设智慧检务是一项自1990年就开始设计并启动的长期工程，已经历了检察办公自动化（1990—1999）、检察机关网络化（2000—2007）、检察业务信息化（2008—2014）、检察工作智慧化（2015—）几个阶段。随着信息技术的进一步发展，智慧检务自2014年更有了突破性进展。

2014年4月，最高人民检察院启动了案件信息公开系统开发工作，满足案件流程信息互联网查询、终结性法律文书网上公开、重大案件信息网上发布、辩护与代理网上预约等核心需求。2014年10月该系统在全国正式上线运行。截至2014年底，全国检察机关通过案件信息公开系统共公开案件程序性信息67万余件，发布重要案件信息2万余件，公布法律文书8万余件，接受辩护人和诉讼代理人预约申请1000余次。

2015年以来，检察机关在前阶段建设成果的基础上，继续推进大数据、云计算、人工智能等信息技术与检察业务的深度融合，目标在于打造全业务智慧办案、全要素智慧管理、全方位智慧服务、全领域智慧支撑的"四梁八柱"（见图11-1），为履行检察职责、深化检察改革和推进依法治国奠定坚实基础。

1. 全业务智慧办案

全业务智慧办案，是指将司法办案大数据应用作为检察工作新的核心要素，实现司法办案领域人工智能与人类智能的结合。具体包括以司法办案平台建设为基础，积极开发数学分析模型，智能辅助逮捕必要性审查、智能辅助量刑建议、智能辅助未成年人犯罪风险评估与预警等人工智能应用。

此外，检察机关要与其他政法机关、行政机关实现数据共享，注重业务协同，探索对刑事诉讼、民事诉讼、行政诉讼、行政执法的智慧监督，智能分析各活动过程中的不当执法行为，解决检察监督线索发现难、取证难、立案难等问题，对各项检察监督工作提供智能辅助。在检察机关统一业务应用系统方面，实现案件自动分流，办案全过程合规性自动审查，提升案件管理全流程智能化监督效能。大数据技术还可以应用在分析研究司法办案历史数据当中，为进一步改进和规范司法解释、案例指导、规范性文件制定等工作提供数据支持。

图 11-1　智慧检务"四梁八柱"（来源：最高人民检察官网）

2. 全要素智慧管理

全要素智慧管理，主要是指实现大数据在检察机关管理决策中的应用，做到统筹管理对象，创新组织管理运行机制，集成优化检察机关内部管理对象要素。这一目标的实现，以检察办公平台、检察决策支撑平台建设为基础，通过网络办公、网络会议、网络沟通，简化文件流动和会议程序，提升办公效率。

智慧管理还包括建设队伍管理平台，发展从优治检和从严治检，一方面为人才引进、培养、考核提供大数据服务，实现检察机关人力资源科学合理调配；另一方面探索检察机关信息化廉政风险防控机制，对各项检察工作同步监督、自动预警、综合处置。对检察工作的各项保障方面，可以利用大数据技术，实现对计划、装备、资产等检务数据资源的深度挖掘，提升检察机关经费保障、装备管理、基础设施建设、机关后勤服务的智慧化水平。

3. 全方位智慧服务

及时高效提供检察服务是检察机关职能履行的核心目标之一。大数据应用的加入，能够扩宽业务公开渠道，构建新型检察公共关系，这包括检察院与民众之间、与媒体之间、与律师之间的关系，最终实现全方位的智慧服务，真正做到服务为民。

为做到业务公开、渠道通畅，首先要完善检察机关案件信息公开系统和检察机关的"两微一端"（微信、微博和新闻客户端），确保符合公开条件的案件全部及时向公众发布，积极整合接访数据，以此检验和改进检察服务。与媒体关系方面，除了建立检察院和媒体沟通联络平台，还要构建涉检舆情综合研判系统，对涉检网络舆情态势实时监测、全面分析、科学研判。除此之外,建设检察公开服务平台,优化辩护人案件程序性信息查询、辩护与代理预约申请功能,试点建设检察机关网上阅卷中心和远程听取律师意见平台,分析律师需求的变化和趋势,为律师提供更优质高效的服务。

4. 全领域智慧支撑

智慧检务是一项复杂、长期的建设工程,如何通过大数据技术推动它可持续的、安全的、动态式的、保持创新的发展,必须尽早做出计划和落实,而这就是全领域智慧支撑所蕴含的内容。具体包括建设电子检务工程运行和维护管理平台、安全保密平台,以强化检察涉密网络安全防护,实现全面通过分级保护测评。

2017年5月,最高人民检察院印发了《检察大数据行动指南(2017—2020)》,以此为指导,逐步建立全面规范的检察信息感知体系、更加安全高效的网络传输交换体系、数据驱动的智能知识服务体系、以需求为主导的智能应用体系、完善的智能管理体系,实现数据"闭环管理"。在科研创新方面,要启动和实施相关科研项目,开展智慧检务基础理论、标准体系、支撑技术、效能评价的理论和实践研究。加强和科研院所、高校、高科技企业等的战略合作和协同创新。同时,在检察工作信息化、智能化的发展过程中,以全国检察机关科技强检示范院创建为载体,强化科技强检创建的跟踪、协调、监督、指导工作,确保发展的能动性和均衡性。

11.2.3 检察官主体地位的强化

智慧检务建设是一场对检察工作影响深远、深入根本的变革。在这场变革中,作为指挥人和负责人的检察官,必须审视和明确其主体地位。尽管智慧检务建设是一个不断开发、应用信息和智能化技术的过程,但检察官在检察业务中的主体地位非但因此削弱,反而需要不断强化。各种技术和应用在任何时代都只能是工具,如何运用、通过运用到达何种目的,始终属于人类智慧的范畴。因此,检察官的日常工作虽然会因为技术工具的加入而减轻,但实际上其所担负的判断性、决策性责任变得更为重大。新形势下,检察官不仅要惩治预防犯罪,加强法律监督,还要面对网络犯罪等层出不穷的新案件,面临自媒体时代舆论日益严苛的新环境,以及多元利益价值交织的新挑战。这就要求智慧检务建设中,关注到这场变革为检察官主体地位带来的变化,辅助检察官不断学习新规范、新术语,掌握信息建设迭代升级的新系统,快速获取信息、学习知识、办理案件,机械性、重复性、日常性的工作交由智能化机器,以拥有充分的办案时间和职业荣誉感。

11.3 智慧审判:未来的法院系统

大数据和人工智能技术介入司法领域是时代的必然选择。一方面,得益于智能办案系统的开发和使用,法院的审判工作效率大大提高。同时,法院通过网上立案、网上信息查询、远程诉讼、在线服务等方面的应用,方便了公民诉讼,减少了当事人诉累。另一方面,借助互联网及各类平台,裁判文书、审判流程、执行信息都能够在网上公开,促进了司法程序的透明和公开。

11.3.1 智慧法院的提出

我国关于裁判领域人工智能的研究起步于20世纪80年代,专家系统在该时期得到了较快发展,但限于技术,未能实现从辅助到决策的功能转换。直到最近几年,人工智能研究才成为了热点和趋势。

2015年7月,最高人民法院首次提出智慧法院的概念,并提出智慧法院的本质在于将现代科技应用和司法审判活动深入结合起来,其目标是通过推进法院信息化建设的转型升级,实现审判体系和审判能力的现代化。2017年4月,最高人民法院印发了《最高人民法院关于加快建设智慧法院的意见》,将智慧法院界定为"人民法院充分利用先进信息化系统,支持全业务网上办理、全流程依法公开、全方位智能服务,实现公正司法、司法为民的组织、建设和运行形态。"并在同年明确提出了一系列具体的建设目标,包括推进电子卷宗录入、庭审语音识别系统与办公办案平台融合共享,建立全国法院统一的案件信息查询系统,研究制定审判流程公开业务标准,推进全国法院庭审直播工作,实现全国法院、各类案件全覆盖,等等。

根据最高人民法院的观点,智慧法院是指以确保司法公正高效、提升司法公信力为目标,充分运用互联网、云计算、大数据、人工智能等现代科学技术,促进审判体系和审判能力现代化,实现司法审判及其管理高度智能化运行所形成的法院。智慧法院的建设,实际上是法院信息化、现代化、智能化的过程。目前,人工智能发展水平,决定了智慧法院是以信息化基础设施为基础的智能管理体系,以此为法官审判提供参考,从而实现智能管理体系对法官工作的辅助。它由两部分构成,对内实现办案辅助的智能化,让法官们能够得到更多的信息化资源与帮助,对外则须通过互联网与信息化,让各项诉讼程序更为顺畅。随着技术的进一步发展和人工智能深度学习能力的增强,未来人工智能有可能从对法官的技术辅助角色向自主决策转变。

《法律人的明天会怎样》的作者理查德·萨斯坎德教授,于2019年出版了《在线法院和未来司法》(Online Courts and the Future of Justice)。书中提到他2017年8月参观杭州市西湖区人民法院的感受:

人工智能技术在法院应用范围和程度让他感叹,"杭州市西湖区人民法院可以说是当时我在中国看到的技术领先的法院。接待区的导诉机器人为用户提供法律咨询,可以回答超过4万个法律问题,帮助分析法律问题,还在诉讼服务中心设立文件电子存档设施,建设专用的在线审判庭、在庭审中应用智能语音识别转换系统,实现了庭审电子化同步记录,减少了书记员的工作量。"

二是这是"中国首个互联网法院的前身""该法院解决了互联网相关纠纷,例如网上贷款、电子商务(合同和产品责任问题)、域名纠纷和在线版权问题。"

三是"中国有8亿网民,大量的相关纠纷需要新的解决方法。""2018年,在北京和广州又先后设立了两个互联网法院"。

四是对互联网法院的主要业务做了介绍:"互联网法院大部分业务是在网上发布文件、提交证据(使用区块链认证证据)、庭审和作出判决。在审判中,涉及在线质证、在线审判等。此外,还通过在线调解平台,为70多个外部调解组织提供纠纷诉前调解服务。"

五是提到法院大数据应用平台的使用和管理,"最高人民法院搭建了一个平台,收集了大量与法院有关的数据,同时运用大数据有助于了解审判动态、提升审判质效、支持司法改革。"

六是预测未来技术应用和发展。"当超过40亿人在线时,人们通过与数字时代之前的完全不同的方式来交流和寻找信息。能够以一种在模拟世界中不可能的方式进行社交、分享、协作、建立社区、众包、竞争和贸易。到2030年,我们的日常生活以及法院、法庭,可能已经被我们称之为'尚未发明的技术'改变了。"

11.3.2 人工智能裁判系统的开发

司法裁判是一项复杂的专业化活动,在审判过程中,法官要全面了解案情,评估事实,对法律规范进行解释,以归纳和类推等多种方式对法律进行适用、参与庭审,等等。因此,裁判者需要掌握法律专业知识、专门的审判技巧,具备一定水平的认知和情感能力,以及自身的法律经验。尽管这种过程不可避免会给法律解读和适用打上裁判者自身的带有主观色彩的烙印,但正是因为有真实的、处在社会中的人的参与,法律的发展才能是一种动态的有机成长,避免沦为冷冰冰的、不断自我重复的机器。人工智能研究在这种背景下,重点在于开发支持司法活动的实践工具,也就是辅助性工具,如电子卷宗随案同步生成技术、庭审及办公语音识别系统、裁判文书辅助生成技术,以及智审系统等。此外,人工智能研究还可以为更清晰、严密地呈现司法裁判活动提供新的分析工具,这意味着以数据库为基础,归纳和建立规则模型并运用于新的案件。具体而言,人工智能裁判系统包括以下几个方面。

1. 电子卷宗随案同步生成

电子卷宗随案同步生成,是指案件办理过程中收集和产生的各类诉讼文件,随时电子化并上传到案件办理系统。这是法官全流程网上办案、审判管理人员网上精准监管的基础,更是智慧法院建设基础中的基础。

2018 年,最高人民法院出台了《关于进一步加快推进电子卷宗随案同步生成和深度应用工作的通知》,推动案件卷宗尽快电子化并上传办案系统。截至 2018 年底,27 个省份全部完成电子卷宗随案同步生成和深度应用工作建设和部署,以此为基础,方能实现诉讼材料类辅助性事务从审判执行工作中完全剥离,减轻法官工作负担,同时也方便了当事人的诉讼。

2. 庭审及办公语音识别

法庭庭审记录是保障庭审公正透明、便于监督的必要手段,但无论是过去传统法庭还是目前的科技法庭,书记员都几乎无法完全做到迅速而准确地记录庭审全过程。即使采用录音的方式,在庭审后,记录仍需重新整理。近年来,案件数量持续增长,2016 年,全国法院接收案件 2305 万件,而同期法官数量上升却不足 2 倍,庭审及办公语音识别系统的使用,缓解了司法资源紧张的现状。这一系统利用智能语音识别技术,可自动区分庭审发言对象及发言内容,将语音自动转化为文字,采用人工智能辅助、批量修订等技术,书记员只需进行少量修改即可实现庭审的完整记录。该系统还可以和电子卷宗等技术相配合,运用于案件评议、裁判文书制作、日常办公等场景,能够极大促进法院审判工作效率提升。实践中的应用成果也证明了这一点。苏州中院从 2016 年 4 月下旬开始在庭审中测试使用语音识别技术,实现与科技法庭的无缝衔接,只需对接适配即可使用,改造简单,实施容易。经过庭审应用,庭审笔录的完整度达到 100%,疑难复杂案件识别正确率达 95% 以上,法庭调查、法庭辩论等环节流畅度显著提升,庭审时间平均缩短 20%~30%,复杂庭审时间缩短超过 50%。

3. 智审系统综合运用

智审系统是辅助裁判人员做出各种判断的系统的总称,其功能包括智能分案系统、智能推送法条、智能计算、智能目标案例检索推送、辅助法官厘清案情、帮助法官确定裁判尺度等,如图 11-2 所示。以智能分案系统为例,在法院接收案件后,由分案系统自动识别和区分案由,根据案件难易程度自动进行繁简分流,结合法官办案指标及未结案件数量,合理分配给具体承办法官。再以智能法条推送为例,智能法条推送是根据案件案由和案情等信息,无须人工检索,可在审理不同环节自动为法官推送同类案件适用法律条款,这一应用缩短了法条查阅时间,有效提升了审判工作效率。

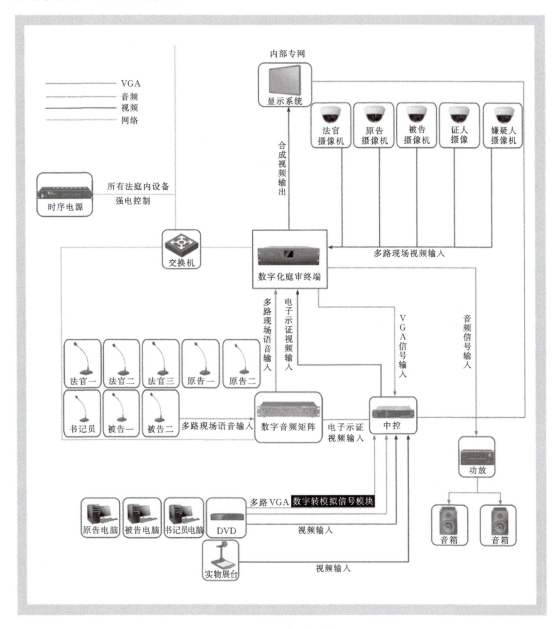

图 11-2 智审系统

目前,智审系统已经在最高人民法院及多地法院推广使用,如广州法院使用了智审辅助量刑裁决系统,海南法院使用了量刑规范化智能辅助系统,南京法院启用了同案不同判预警系统等。以海南法院为例,截至 2017 年底,25 家法院 307 位刑事法官使用系统生成量刑表 1423 份,办理量刑规范化案件的时间减少约 50%。随着技术的进一步发展,有些办案智能辅助系统还将图文识别、自然语言理解、算法等技术融入系统,使系统具有了审查判断、逻辑对比、矛盾排除等智能化程度非常高的功能。

4. 智能阅卷、智能归纳与裁判文书辅助生成

裁判文书写作是庭审过后对整个案件及其审理活动的概括和总结,是审判工作中最为重要,但也是耗时最多、难度最大的一个环节。近年来,各地法院开发了司法文书辅助生成系统,并向着智能化、功能化方向迈进。

智能阅卷通过对所扫描的卷宗与数据库进行匹配和对比,抽取出卷宗中的要素点,可以帮助用户明确诉讼请求、事实理由、抗辩主张等内容。之后对文本内容结合抽取的要素点进行智能分析,以辅助审判人员进行案件信息的归纳梳理和汇集分析。在此基础上,裁判文书辅助生成系统,结合案件信息以及前置诉讼文书信息,自动生成裁判文书初稿。大部分固定格式内容,如文书首部、案件由来、诉讼请求及理由、审理查明信息等,都可以通过这一系统自动生成,大幅度减轻法院手工录入的工作量,还能保证法律文书与案件信息的一致性。

11.3.3 电子诉讼制度的构建

当前,世界各国都在大力发展电子诉讼制度。如美国、英国、澳大利亚等发达国家,电子起诉、提交电子书证、电子送达以及与物理法庭相对应的在线法庭技术已经比较成熟。印度、马来西亚等发展中国家也在积极追赶。以印度为例,2013年启动的印度全国电子法院门户网站已发布了2500万件案件的基本信息,是我国裁判文书网发布案件量的两倍。仅2013年12月一个月,该门户网站就通过电子法院办理事务1000多万项,电子法院平均每天处理法律交往事务40余万件。

近年来,我国大力发展法院信息化、智能化,各级法院的信息化基础设施已初具规模,法院内部管理、法官审判管理的电子化和信息化已比较完备。下一阶段的发展将以服务于当事人的电子诉讼制度为重点。2020年2月《北京互联网法院发布了电子诉讼庭审规范》(试行),对电子诉讼制度的发展做出了积极探索。电子诉讼制度的构建,为当事人、法律职业共同体乃至社会提供司法信息或服务的虚拟法院,促进法院和当事人的电子法律交往,实现电子起诉、提交电子书证、进行电子送达,建立与物理法庭相对应的虚拟法庭。

互联网时代,我国运用信息技术大力推行法院的信息化建设转型。建设电子诉讼制度,通过线上与线下结合,提供高效、优质、便捷的司法服务。目前,我国对电子诉讼制度做出诸多探索,信息基础设施已趋于完备,我国99%的法院都建成了案件信息管理系统,实现了网上办案,网络设备、计算设备、存储设备、系统软件等网络基础环境建设基本完善;47%的高级人民法院建成非涉密数据隔离交换设备或系统,实现法院专网与外部专网、互联网之间的跨网数据交换;视频会议系统实现全面覆盖,科技法庭、远程提讯、远程接访等系统基本覆盖全国法院,部分法院建成标准化机房和数字化会议系统。因此,我国完全有能力将这些物质优势转化为司法公共服务的资源,提高司法效率,促进司法公正。

电子诉讼制度建立在以当事人为中心的理念之上,诉讼资料的电子化能够减轻当事人的诉讼负担,并且能够方便快捷地获得诉讼资料。但电子诉讼制度并不仅仅意味着诉讼资料电子化、当事人和法院之间能够远程沟通而已,其最重要的意义,在于通过改变当事人参与诉讼的方式增进当事人对诉讼的参与程度。电子诉讼使整个诉讼过程透明公开并且具有可回溯性,当事人随时可以清楚获知审判过程、理由和结果。此外,电子诉讼具有开放性、共享性和交

互性等特点,当事人双方均可查阅和获取相关信息、查阅诉讼资料,保障诉讼的机会平等。这些特点,最大程度上为当事人提供了诉讼便利条件,消除当事人对诉讼的畏难甚至抵触情绪,积极采取诉讼手段维护自己的权利。法院也通过电子诉讼制度提高了自身的公信力,与社会之间的关系得到改善,增加了诉讼的协同性。

1. 电子诉讼服务平台

电子诉讼过程首先必然要建立在一个各项功能齐全,应用高度人性化、高效又安全的平台之上,整个诉讼过程都将依托这一平台进行,它是电子诉讼制度的基础。这一平台要具备完善的后台应用系统、充足的信息资源、流畅安全的网络连接,能够提供信息公开、搜索和其他各种个性化服务。用户在诉讼服务平台上进行注册,输入与个人身份识别相关的数据,根据要求提交注册相关文件,复印件邮寄至法院备案。注册经批准并且得到实名认证后,当事人即可以电子方式提交诉讼文书,还可以在线查看并跟踪诉讼文书的提交、接收状态。表11-1所示为我国电子诉讼程序中的技术应用设计。

表11-1 我国电子诉讼程序中的技术应用设计

诉讼阶段	行为内容	社交媒体应用					
		法院短信推送	当事人短信接收	电子邮箱(签名)	法院电子平台	当事人手机App	法院12368
起诉/受理	递交诉状	—	—	√	√	—	—
	诉状瑕疵通知	—	—	√	√	√	√
	立案通知	√	√	√	√	√	√
	案件分配	√	√	√	√	√	√
	诉讼告知	√	√	√	√	√	√
审前阶段	案件处理通知	—	—	—	√	—	—
	开庭通知	—	—	—	√	—	—
	案件进度	√	√	√	√	√	√
在线提交	在线提交	—	—	√	√	—	—
	法院收悉确认	√	√	√	√	√	√
在线传达	判决送达	—	—	√	√	—	—
在线上诉	提交上诉状	—	—	√	√	—	—

2. 电子诉讼集中管辖

一些特殊领域,案件的专业知识或技术性较强,在相关资料获取和分析过程方面具有相似性,或者一些同领域案件涉及标的较小,程序简易,可以为此设置电子诉讼集中管辖。这一做法,在电子诉讼制度尚未构建完成时也可以进行实践,即在实体法院中,设置专门针对某类案件的电子诉讼系统。如专利电子案件的集中管辖、铁路运输类诉讼的专门管辖等。杭州市电子法院的试验,就采纳了集中管辖的模式,余杭区、西湖区和滨江区三个基层人民法院分别管辖电子商务交易纠纷案件、电子商务小额贷款纠纷案件、督促程序以及电子商务著作权侵权纠纷案件。电子诉讼集中管辖可以有效降低诉讼成本,更加保障该类案件审判的专业化。

3. 电子起诉与网上立案

当事人及其律师根据法院的要求，准备好诉讼文书和相关证明文件，以电子形式提交给法院，因之前的身份认证已经完成，因此文书和证明文件的真实性可以得到确认。提交后，当事人将获得系统自动生成的唯一文件代码，以防止原始文件被篡改，提交的文件将储存在法院的数字档案中。

电子起诉突破了时间和地点的限制，当事人提交立案材料不必限于法院的工作时间，如有缺漏或材料不合要求，可以随时在网上进行补正。若经审核符合立案条件，法院可以进行网上立案，减少了传统立案过程中的人力、物力等资源的成本消耗，缩短立案审查周期，提高立案审查效率。对当事人来说，网上立案避免了来回奔波，节约了时间和精力，特别是居住地不在受诉法院地的原告。电子诉讼制度虽未整体建设完成，但我国在开发和完善网上立案系统方面已进行了多年的尝试，因各地经济发展程度、互联网普及程度参差不齐，目前网上立案制度仅在经济发达地区发挥了较为明显的作用。图11-3所示为浙江微法院小程序界面。

图11-3　浙江微法院小程序界面

4. 在线纠纷解决系统

电子法庭庭审过程仍然需要法官在某种形式的庭审室里，以传统方法适用法律，不同之处在于，参与人可以通过远程视频等技术参加庭审而无需亲自到庭。如果电子法庭再前进一步，将形成在线纠纷解决系统。在线纠纷解决系统不再需要传统法庭，整个过程完全或大部分通过互联网进行，对于人身损害赔偿或保险理赔案件，网络和解系统可为当事人节省大量时间和精力。而对于网络商家和购买用户之间的纠纷，可以应用网上调解系统，即不通过法院，而是通过调解员作为第三方来达成和解。通过电子邮件通讯和在线讨论区，即可经由电子方式解决纠纷，既方便了当事人，也为法院节省了宝贵的诉讼资源。

5. 配套电子程序的设立

如上所述,一些领域具有相似性的案件,或者流程相似的程序,可以设置专项的电子程序,减少专门的审查工作,快速推动程序进行。比较典型的这类电子程序包括电子督促程序和电子速裁程序。

电子督促程序应用较为简单,其运行原理在于将当事人双方无争议的金钱给付案件筛选出来,债权人可以不经对审快速获得执行名义。浙江法院电子商务网上法庭作为试点应用了电子督促程序,具体操作环节为:当事人登录网上法庭,在线申请支付令;法官进行在线立案审查,受理后当事人在线缴费;法院在线进行书面审查,符合支付令发送条件的在线生成支付令;支付令通过手机短信和电子邮件送达,被申请人可以在线提出异议;若异议成立,法官在线裁定终结督促程序,支付令自行失效,案件进入诉讼程序;被申请人未提出异议或提出异议被驳回的,支付令生效,申请人可在线向法院提交执行申请。

电子速裁程序并非简易程序或小额程序,而是指事实清楚、权利义务关系明确、争议不大的金钱给付纠纷,听证程序和裁判文书相应大幅简化,审结期间相应缩短。普遍通用的配套程序有电子准备程序,它是指借助计算机程序对当事人主张进行分类和整理并生成结构化表格,当事人通过填写表格分层提交事实陈述、主张或抗辩理由等。这一程序有助于法官在当事人提交的大量诉讼资料中梳理争议点,引导当事人将其主张结构化,促使诉讼资料的使用更有针对性,程序更为集中和高效。

6. 电子送达

传统司法实践中,送达难始终是困扰法院工作的难题之一。传统送达方式效率低,常有意外状况出现,耗费成本。电子送达具有远程化、便捷化、高效化的特点,当事人接受了电子法院的送达条件、确认并接受送达电子诉讼文书即视为送达成功。目前全国80%以上的法院都开通了电子送达功能,对法院来说,节约司法资源的同时提高了送达效率,加快了审判进程。当事人也可以通过电子送达程序快速及时地了解、并方便保存涉及自身的判决书、裁定书和调解书等法律文件。图11-4所示为电子送达流程图。

图11-4 电子送达流程图

人工智能技术的加入,为公检法等政法机关传统工作方式带来了巨大的变革,对海量信息快速的检索、分类、识别和应用,极大地提高了公检法机关的工作效率,并推动了司法改革的整

体进程,有效地提高了我国司法系统智能化程度,同时也为其他国家职能机关的改革提供了经验借鉴。

人工智能已上升为国家战略,如何快速学习并合理运用智能化技术,不仅是国家机关目前的工作重点,更是未来的发展方向。打造智慧城市、平安城市,建设智慧检察院、智慧法院,借助对人工智能技术合法适度的运用,国家机关将更加高效、优质地管理社会和服务人民。

1. 谈谈智能化应用如何助力公安机关的侦查工作。
2. 如果进行诉讼,你愿意按传统方式还是通过电子诉讼系统进行?为什么?
3. 实训项目

项目名称	移动通信设备电子数据取证分析仪的操作			实训学时	1课时
实训时间	课中	实训地点	训练室	实训形式	现场实操
实训目的	1.了解人工智能技术在公安工作中应用的情况 2.掌握移动通信设备电子数据取证分析仪的工作原理及在公安工作中的作用 3.掌握移动通信设备电子数据取证分析仪的操作方法和技巧 4.掌握移动通信设备电子数据取证分析仪获取数据的分析和利用技能				
实训内容	1.移动通信设备电子数据取证分析仪获取手机上显示的数据,手机进行调查分析取证 2.分析所获取的手机数据并形成有效分析报告 3.利用手机复制机对国内各种平台的山寨机取证 4.恢复手机上删除的数据,并进行分析,形成分析报告				
实训素材	1.移动通信设备电子数据取证分析仪 2.实验手机、国内数据平台				
实训要求	1.获取信息准确 2.数据分析到位 3.恢复数据完整 4.能够利用分析报告模拟处理有关案件				
实训组织及实训报告	1.全班分成若干组,每一组分析若干手机 2.最终提交《手机电子数据分析报告》《移动通信设备电子数据取证分析仪操作报告》				

拓展阅读

1. 冯象.我是阿尔法[M].伦敦:牛津大学出版社,2018.
2. [以色列]尤瓦尔.赫拉利.今日简史:人类命运大议题[M].北京:中信出版社,2018.

第12章

未来的律师事务所

```
                            ┌─ 角色转变:          ┌─ 掌握跨领域学科知识
                            │  成为专业的多面手    ├─ 提升综合素质
未来的律师事务所 ───────────┤                    └─ 彰显法律职业价值
                            │
                            └─ 模式创新:          ┌─ 律师工作模式的变革
                               律师+信息技术的组合 └─ 律师事务所管理模式的创新
```

1. 了解人工智能技术在哪些方面可以辅助律师工作;
2. 思考律师事务所的核心竞争力是什么。

律师事务所提供的服务为什么能够价值千金?[①]

电视剧《精英律师》中王牌律师兼高级合伙人罗槟(靳东饰),声称自己一小时的收费标准在6000到10万,咨询费不低于5万元。这一收费标准引起法律圈的热议。现实中的律师们纷纷表示,这种收费标准只存在于电视剧中,真实市场上的律师咨询收费每小时5000元以上

[①] 法之秤. 一小时收费10万? 看完《精英律师》后专业律师一脸懵逼:太误导人[EB/OL]. https://baijiahao.baidu.com/s? id=1654878738487135160&wfr=spider&for=pc,2020-1-5.

已实属罕见。

影视剧虽然有所夸张,但现实中要想聘用律师,特别是资深律师,确实价格不菲。他们所提供的服务为什么能够价值千金?

1. 未来,人工智能律师会不会出现?传统律师会因此被替代、抑或被贬值?
2. 届时律师提供的服务和人工智能提供的服务有什么区别?

12.1 角色转变:成为专业的多面手

目前,人工智能系统的确能够独立完成许多以往需要人工来进行的事务,如法律文件的审阅、合同分析、合规检查、法律文书撰写等,但这些工作往往存在标准答案,系统根据固定标准或格式进行筛选和分析,即使是上述例子当中的人工智能律师,所做的工作仍然是辅助律所内的律师完成事务而非独立工作。人工智能通过学习可以建立起系统的知识图谱,但距离人类大脑复杂的思考过程还有很大距离。人工智能处理和分析信息的能力具有绝对优势,但现实中大量的法律问题仍然是没有标准答案可以提供的,这些问题的解决需要情感能力、社会经验、法律经验、对不同利益的衡量能力,这些只有真实的、生活在社会中的法律职业人才能胜任。未来,人工智能系统承担了大量在过去耗时费力的数据处理工作,律师反而有更多的时间和机会从事法律技术含量更高的工作,提供人工智能所不能提供的服务。此外,人工智能对整个社会的改变给律师带来冲击的同时,也带来了新的机遇和施展空间,抓住机会保持自我更新的法律职业人不仅不会被淘汰,反而会成为未来社会中不可替代的重要组成部分。

12.1.1 掌握跨领域学科知识

随着信息及大数据技术的高速发展和广泛应用,越来越多的律师事务引入了人工智能技术,一些事务甚至可以完全摆脱人工的参与而自动进行,为法律行业和法律服务市场带来了结构性的变化,律师不得不需要重新审视自身的职业要求和市场需求。

2016年,IBM公司研发了世界首位人工智能律师,就职于纽约一个律师事务所,帮助处理公司破产等事务。2017年,湖北武汉正式发布了法律机器人"法狗狗",提供法律咨询,还能进行拟人化交流,价格低廉,免费试用次数过后,每次使用只需付1元钱。2018年,人工智能合同审查平台LawGeex与斯坦福等高校法学教授合作研究,让20名有经验的律师与人工智能程序比赛,对指定协议进行审阅并确定给出的法律问题,前者平均需要92分钟完成任务,平均准确率为85%,人工智能则在26秒内完成了任务且平均准确率达到了95%。

人工智能技术进步的速度和成果一次次刷新着人们的认知,也促使法律职业人开始认真思考,未来的律师需要怎样的职业素养和技能,才能在人工智能时代不被市场所淘汰?未来的律师事务所中,在人工智能系统广泛应用的同时,律师们以何种方式工作并提供服务?在法律塑造和发展方面,律师们的角色会产生怎样的变化呢?

传统律师工作中,一大部分是法律文件的审阅、检索和整理,过程繁琐而重复,还会因为疲劳而出现错误,但这类工作并非不重要,实际上对信息的收集和处理是律师的基础性工作。人工智能系统能够帮助律师高效、准确地进行信息处理和简单的决策性工作,包括文档自动化处理、背景信息调查、卷宗及法律条文检索、合同合规检验等事务。未来律师得以从这些重复性、程式化的工作中解脱出来,把精力放在更有法律技术含量的事务上。律师职业实践性很强,信息处理和分析只是一个方面,其重心永远是实务操作,是和真实的人的互动,是对现实问题的解决。新技术的应用,对具备良好实务操作能力的律师来说必然是如虎添翼,未来的律师是在人工智能技术推动下的增强型实务工作者。此外,未来会产生大量的与人工智能领域相关的新型公司、新商业模式、新型案件,大量新式法律事务也会相应出现。

12.1.2 提升综合素质

法律技术是对法律知识的具体应用,根据法律逻辑寻求解决案件的方法。法律技术的运用过程是一个综合运用各种知识的过程,需要各种不同的能力,其核心是价值判断。律师处理事务所需要的不仅包括文本上的法律知识、庭审程序和判例等,还包括执业经验、价值衡量等不确定的非法律知识。人工智能虽然能够运算和以此为基础进行预测,但它并不能处理不可控的案情和瞬息万变的社会情势。人的思维、情感、心理无法进行数据化并计算出结果。比如,目前人工智能产品最为普及的领域是金融、证券、投资公司相关业务等,因为这些领域业务模式相对固定,能够被数据化和格式化,而涉及情感、习俗、社会矛盾等领域的业务,人工智能尚不能发挥作用。此外,聘请律师的目的是最终解决问题,而解决问题未必只能通过诉讼的方式,在一些领域当中律师要通过诸如协调、沟通和谈判来达到受委托的目的。在这些方面,律师本人的沟通技巧、语言表达能力甚至个人气质都是不可忽略的因素,甚至会极大影响案件的结果,这也属于法律技术运用能力的一部分,这也是人工智能所不能替代和模仿的。

未来律师取得客户信任、获得业务的关键,除了具备法律知识外还要有丰富的执业经验、对社会动态足够关注、与客户沟通、真正了解客户需求、面对多变的现实情况解决问题的能力。以刑事辩护为例,律师可以将数据处理这类工作交给智能技术,但和法律建议、论证逻辑、策略抉择、甚至最终在庭上的具体表现等相关的业务性工作需要量身定制,只能通过自己综合能力亲自来完成。很难想象,曾经引发强烈社会舆论的邓玉娇案、于欢案、张扣扣案等交由人工智能系统来进行分析和解决,会是什么结果。在复杂的社会情势中运用法律,正是未来律师不可或缺也无可取代的业务能力。这种能力需要通过多年的实践经验积累得以锻炼,同时对社会发展予以关注,对新兴事物保持好奇和学习的态度,还要和理论界以及实务界其他法律工作人员常进行交流。跟随社会共同进步,不断自我更新,视野开阔,才能灵活地运用法律技术,解决非类型化的、复杂的甚至跨领域的案件。

12.1.3 彰显法律职业价值

法律是社会科学,既涉及具体的法律操作和应用,也涉及自身知识体系的更新和发展。随着社会条件的不断变化和更新,法律知识本身也呈现出结构更新、新的概念范畴需要界定、跨领域知识体系的出现等一系列变化。特别是信息技术融入社会的各个方面后,很多情况下,法律概念、法律法规、甚至法律体系都一时无法将新的社会现象纳入其中加以规范。立法的滞后性使得这种情况可能会持续存在,而律师对新事物、新现象的相关法律问题具有高度的敏感性,他们如何用法律进行诠释是连接社会现实和法律条文的重要一环,也是不断推动法律知识体系更新的重要力量。律师身处法律实践一线,接触到的都是真实的、鲜活的案例和社会问题,在寻求解决方法的过程中,跨领域思考方式和创新思维对法律塑造来说尤为可贵。人工智能系统预设的规则和算法,本质上是开发人知识体系的体现,再先进的人工智系统也不应被理所当然地视为人类知识的边界,过于依赖人工智能系统的法律人将失去创新的能力,因此律师作为法律知识工程师的角色是人工智能无法替代的。

此外,作为推动法律知识的更新力量,律师这一职业团体的群体作用,在信息技术的助力下会更为明显。法律社群的出现就是实例之一,即部分兴趣相同或专攻领域相同的律师在封闭的社交群内就业务问题进行交流,分享知识,共同提高业务能力。典型的平台有 Linked In,律师在这个平台上建立个人主页,为同行和客户提供了解自己发展动态的窗口。交流平台还如 Quora,律师们在这一网络平台上对关注的问题发问和解答,以及 Legal On Ramp,供律师们分享学术论文、法律文件、会议纪要等资料。由于这类社群多为封闭社群,因此成员的交流更为专业和高效,对律师集体提高自身业务水平,共同推进法律知识更新极为有利。

最后,法律作为社会科学,还关注法律的价值、法律的本质等具有终极关怀的人文命题,律师职业与公平、正义、秩序等价值理念密切相关,而价值是无法依赖人工智能来判断的。人工智能的发展目标不是彻底取代人类,而是帮助人类更好地追求公平正义的价值。因此,和所有其他法律职业共同体成员一样,律师也担负着推动社会法治和公平正义的使命。

12.2 模式创新:律师+信息技术的组合

在科技发展的冲击下,社会众多领域都发生了翻天覆地的变化,几乎任何一个职业都因此受到了或多或少的影响,想要在市场中不被时代抛下,必须做出相应调整来适应新的社会条件,即使是常被看作精英团体的律师职业也不例外。和其他职业相比,信息技术对律师职业的影响更为深远,对信息技术的应用将全面融入其中,改变律师的工作模式以及律师事务所的组织和管理模式。

12.2.1 律师工作模式的变革

未来的律师工作,大数据、智能分析软件、智能化系统甚至机器人,将全面参与其中,其工作模式将是律师+信息技术的组合。

作为律师,能快速高效地进行法律检索是从业的基本要求,智能检索系统将是未来律师不可或缺的工具。通过对关键词的搜索,在数据库中检索相关法律法规,包括域外法律,查询条文的起止时间、颁布机关、相关司法解释、条文在相关判决中的适用等内容。此外,智能检索系统还可以以关键词检索案例和裁判文书,了解审判机关的裁判依据、逻辑论证等,便于律师予以参考,制订自己的辩护策略。如美国名为 Lexis Nexis 的智能检索系统,将案件从前期讨论到法庭记录、案件的调解、最终的和解或判决都予以收录,是律师工作的利器。除了法律条文和案例判决,检索系统还可以对法律期刊进行检索,以了解审判机关对案件的不同理解,理论界对于现有司法适用方式的观点,有助于律师处理比较复杂的案件,也是自我提升的重要方法。

在工作流程方面,智能应用会在各个环节帮助律师更为高效,准确地办理案件,为客户提供个性化的服务。如文件自动审阅系统进行合同分析、电子调查取证、合规检验,律师最终对合同的法律问题进行判断;文件自动生成系统负责为律师准备好格式化的法律文件,律师随取随用;在与客户沟通初期,可以使用智能法律咨询系统对业务进行筛选,律师可以避免不必要的时间支出;人工智能预测系统可以对案件结果进行预测,为律师做好不同应对方案提供支持。此外,有些案件涉及法律外的专业领域,在互联网发达的技术条件下,律师可以随时将涉及其他领域专业的事务外包给相应专家。律师事务所内将设立智能工作平台,将律师的日程安排、案源处理、案件管理、日志记录、在线会议等工作内容信息化,实现律师移动办公和远程协作。随着远程视频庭审系统的开发和普及,简易程序、速裁程序审理的案件,律师可以通过视频方式向被告发问、进行质证以及发表辩护意见。

12.2.2 律师事务所管理模式的创新

作为律师职业平台的律师事务所,也是法律服务市场中的经营主体和参与者,律师事务所管理创新是互联网时代行业自身发展的内在要求。在大数据的影响下,律所的管理模式也将发生变化。

首先,律所可以利用互联网和大数据等有效工具,搜索并分析所在地区甚至更大范围的律师资料和服务专长,通过网络电商模式,组建网上服务律师团队并进行运营。电商类法律服务平台基本模式包括:单纯提供线上产品,客户自己操作获取产品并在线付款;线下法律服务产品化后在线销售,即在线订购法律服务,之后在线下接受法律服务;以及搭建法律服务撮合平台,主要是衔接客户和律师。法律服务管理电商模式化可以突破地域限制,组织和安排更为灵活,也便于服务的提供。在未来,甚至可能出现没有实体的律师事务所,所聘用的律师工作地点自由选定,灵活获取资源,可以节省大量管理成本。

其次,律所为提高自身的竞争力,保证持续发展,将建立用于事务所发展的数据分析体系,在运行过程中对涉及的数据,如案件、人员、报价、当事人等信息,进行收集、分类和分析。这种数据分析体系,一方面方便律师办案时的查找和使用,有利于对网络电商运行系统的管理和维护;另一方面通过挖掘数据之间的关系,找到数据变化的规律,以此为基础并根据各种因素对案件、人员配备、报价系统、人员培训、当事人委托的影响,建立相应的模型,以便未来接受委托后做出更加合理的分配和管理。

最后,尽管律师受聘于律师事务所,但从某种意义上讲,律师事务所也是一个律师人才培养的重要基地。因此,人才培养、人才库的建设是未来律所人才管理的重点之一。律师事务所会对每一位通过考核、在本所实习、工作过的律师建立人才档案,包括其考核成绩、面试表现、业务能力、擅长领域、合伙人评价等内容,以便对其进行有针对性的个性化辅导,能够充分发挥律所在法律人才培养上的积极作用,同时也方便客户了解所内律师的特长和特点,更好地选择适合具体案件的委托律师。

人工智能技术凭借强大的信息处理能力,能够为未来律师处理很多以往需要人工进行的事务,但这类工作仍属于辅助性事务,与律师独立处理的复杂的、决策性事务仍不可相提并论。

人工智能律师不仅不会替代律师,反而可以使其从重复性的数据处理工作中解脱出来,有更多时间从事技术含量更高的工作,提供更优质的服务。因此,人工智能技术融入律师工作、融入律师事务所的管理模式是大势所趋。为适应和高效利用这一点,律师必须熟练运用相关技术,并努力提升面对多变的现实情况解决问题的能力,这也正是人工智能无法取代的部分。

1. 你认为未来的律师和传统律师在职业素养和技能方面会有哪些不同?
2. 你认为律师职业会被人工智能所取代吗?如果可以选择,你会选择人工智能做你的代理律师吗?
3. 实训项目

项目名称	自助诉讼操作台的操作			实训学时	1课时
实训时间	课中	实训地点	教室	实训形式	现场实操
实训目的	1.了解人工智能技术在司法实践中应用的情况 2.掌握自助诉讼操作台的工作原理及在司法工作中的应用 3.复习起诉状的写作方法和格式 4.掌握自助诉讼操作台的操作方法和技巧				
实训内容	1.收集相关案件素材,自拟起诉状 2.根据自助诉讼操作台的操作指引,导入案件素材,生成起诉状 3.将自拟的起诉状与自助诉讼操作台生成的起诉状进行对比,找出存在问题 4.通过收集、整理、导入不同的案件素材,掌握自助诉讼操作台操作技巧				
实训素材	1.自助诉讼操作台 2.相关案件素材				
实训要求	1.熟悉各种诉状的写作格式和技巧 2.案件素材收集和整理准确 3.导入案件素材准确、熟练 4.生成诉状内容和格式都正确				
实训组织及实训报告	1.每位同学各自单独完成实训任务 2.最终提交若干份生成的《起诉状》及《自助诉讼操作台操作报告》				

拓展阅读

1.[美]麦克斯.泰格玛克.生命3.0:在人工智能时代何以为人[M].杭州:浙江教育出版社,2018.
2.[美]舍恩伯格,盛杨燕译.大数据时代:生活、工作与思维的大变革[M].杭州:浙江人民出版社,2018.

第13章

未来的公司法务

```
                                        ┌─ 把握市场变化的方向
                  ┌─ 职能重塑:          ├─ 提升知识管理的效率
                  │  高效率的增强型国际法务 ├─ 拓展国际化的视野
                  │                     └─ 提高复合型能力
未来的公司法务 ─┤
                  │                     ┌─ 打造智能化企业法务系统
                  └─ 工作创新:          ├─ 构建现代化法务管理
                     智能化协同的现代型法务 └─ 探索新型合作模式
```

1. 了解未来的公司法务要为企业提供哪些法律服务;
2. 思考一个优秀的公司法务人员需要具备哪些条件。

法务人员一定要有敏锐嗅觉、认真精神、组织资源的能力[①]

华为创始人任正非在2015年一次讲话中谈到公司知识产权法务工作时说:"对法务部的

[①] 任正非.任正非在与法务部、董秘及无线员工座谈会上的讲话[EB/OL].https://www.sohu.com/a/323653561_120056924,2015-1-8.

总定位,我认为'救火'打官司不是主要目标,更重要的是做好'防火'建设。法务人员不一定是百科全书,但一定要有敏锐嗅觉、认真精神、组织资源的能力。第一,法务人员最伟大的精神,不是通读百书,而是要有敏锐的嗅觉,能发现项目的机会点、并找到解决方案。第二,要有极端认真的精神。至于有没有炮、坦克、飞机的问题,打仗时你可以呼唤炮火,聘请大量的律师事务所去帮你。思科官司、摩托罗拉官司以及其他一系列法务问题……,我们之所以能解决,都是因为法务人员有敏锐的嗅觉。"

1. 未来公司法务的工作重点在哪里?
2. 公司法务需要具备何种能力?

13.1 职能重塑:高效率的增强型国际法务

人工智能技术将逐步为法务行业带来模式变革和产业升级。传统的公司法务的工作内容是争议解决,即为企业解决争议纠纷,负责诉讼、仲裁等业务;文件审查,帮助企业参与制定企业章程和各项规章制度,或审查此类文件是否合规,并在章程和各项规章制度的实施过程中进行监督,及时修改或废止不符合法律法规和规章条例的规定;建议咨询等。不久的将来,任何一家公司都将受到人工智能发展的影响,或许是直接研发专属于该企业的人工智能技术,抑或许是购买人工智能技术进行内部管理的升级,未来的公司法务借助复杂的工具和技术,在风险管理上更加系统化和严谨。目前,法律人工智能针对公司法务效率低下,如合同起草、案件管理和知识产权管理等简单重复的耗时耗力工作;风控困难,如合同签约欺诈、合同篡改风险以及交易对手风险;协同困难,如找寻外部顾问律师、顾问律师管理以及企业内部协同;成本高企,如风控成本和沟通成本等提出相对应的优化方案。因此,未来,合格的公司法务人员应当提升以下几个方面的能力。

13.1.1 把握市场变化的方向

时代始终在不断地更迭,信息技术更是让社会发生了根本性的变化,市场众多行业将会经历颠覆性的重整和破产,公司法务对市场经济微观主体的企业来说意义愈发重要。从企业法务诞生的历史来看,它和市场经济与市场法律风险相伴而生。二战以后,美国、西欧等发达国家随着市场的扩大、风险的增加,企业急需专门负责处理法律事务的人员,因此纷纷设立企业法务部,在企业管理和发展中法务人员逐渐成为不可缺少的角色。

随着我国社会主义市场经济体制的不断发展以及经济全球化的不断深入,企业同样面临越来越高的市场法律风险。在企业的运营和经营过程中,会遇到诸如行政管理、行政处罚、商事和民事纠纷,甚至刑事司法方面的问题,必须配备专门的法务人员进行预防和处理。可以说只要有市场经济的存在,市场法律风险就必然存在,公司法务就不可缺少。在信息社会,数字经济将与传统经济并存,逐渐扩大规模,甚至超越传统经济成为主要经济发展模式,相伴随的市场法律风险也将区别于过去,呈现出新的特点,在这种情况下,未来的企业法务要对市场变化的方向有准确把握,才能为企业制订有效的风险防范方案,帮助企业解决相应的法律纠纷。

具体而言,在参与市场合作及竞争过程中,公司法务需要为公司提供法律保障,对并购重组、融资上市、对外投资等业务进行风险把控。企业在开展经济活动前,就应组织法务部门就法律风险作出论证和评估,包括事前的法律防范、事中的法律控制、事后的法律补救,为企业决策提供重要依据。在效率考量方面,尽管法务和律师在从事某些业务方面有相似之处,但法务的职业特点在于对公司本身非常了解,为其综合考量整体效益。企业法务对市场方向的把握、对法律风险的评估不是单纯的泛泛而谈,而必须要将企业的经营规模、组成、经营特色、未来发展方向等因素,结合市场和法律环境作出判断。作出客观、但对企业发展最为有利的论证和评估,企业才能尽可能减少法律风险成本,作出目光长远、有助于企业持续性发展的决策。

13.1.2 提升知识管理的效率

公司法务和律师职业相比,其特色之一在于,法务持续服务于公司,而公司永远处在不断的发展和变化中。尽管公司在相对长的一段时间内,其经营范围、目标和战略会相对保持稳定,但市场瞬息万变,企业主体为在竞争中处于不败之地,必须随时根据业务需求进行调整。相应地,公司法务也要做好随时迎接各种变化的准备,对不同领域的相关知识保持学习,即使是同一领域的知识也要定期更新,这需要企业法务具备高效的知识管理能力。例如,公司法务的主要任务之一法律风险管理,采用标准文档是降低法律风险的重要技术。在实务中必须使用格式合同,这些合同经过长期打造,涵盖各种已知的法律问题和陷阱。这就需要法务具备高效管理知识的能力,合同准备工作实际上是收集、整理和分享以往律师集体知识的过程,建立知识储备管理机制可以避免重复劳动。这种知识管理能力能够明显提高企业法务的效率,在未来会越来越受到企业的重视。此外,要成为一名优秀的法务人员,除了法学知识外,还要学习企业治理、企业经营和企业管理等知识,更要具备对不同领域知识的吸收和管理能力。

人工智能公司法务的本质职能,仍然是贯彻和执行公司股东和经营层面对公司法律合规风险的管控要求。从业界的实践情况来看,往往是借助人工智能产品为公司反馈风险指数、预测未来发展方向等。例如 2017 年 11 月,招商银行正式发布招商银行 App 6.0,融合所有前沿的人工智能技术,包括人脸识别、虚拟现实、智能投顾和智能风控等。

目前,我国高校专门以公司法务为目标的人才培养模式还比较少,这意味着在学习阶段,学生对于企业法务如何进行知识管理和储备可能难以进行有针对性的训练。然而企业的定位划分越来越精细,专业化程度也越来越强,因此愈发需要具有不同知识素养结构的复合型法务人才,目前的培养模式远远无法满足这一要求。在未来,企业法务会成为一门交叉学科,并会出现专门以企业法务职业为导向的培养方案,从理论知识、实训项目、实习项目和社会实践等方面,全方位培养学生作为未来法务人员所应具备的职业思维能力和业务操作能力。

13.1.3 拓展国际化的视野

大多数公司目前的商业活动主要集中在本国或亚洲地区,但随着互联网技术和相关应用的开发,未来公司的业务可能遍布全球,相伴随的风险必然也会增加,在业务中将面临更多的国际化问题。比如跨国公司运作具有哪些风险?公司雇佣员工如果超过合规范畴,会承担哪些责任?在全球化过程中有哪些管理风险需要应对?如果跨国业务出现纠纷,责任承担和法律适用情况是怎样的?公司管理者当然希望法务工作人员提前对各类风险有所防范和规避,以及在风险来临时寻求最佳解决方案,帮助公司战胜这些风险。因此,作为未来的公司法务就要具有国际化视野。特别是企业在经营国际化的初期,由于缺少海外经营经验,管理者尚未形成国际化思维,常常仍以本国思维和惯常做法进行经营,这将企业置于多重风险当中。除了一般的商业、资金和技术风险外,由于不同国家之间的法律制度、法律文化存在巨大差异,政治、劳动、环保和知识产权等方面的风险会大大增加。这种情况下，企业进行跨国经营之前要设立专门的海外法务部门，明确这一部门的工作职责。海外法务部门在法律风险防范体制机制中发挥主导性作用，其中的法务人员要熟悉海外相关法律法规的内容、当地的司法制度以及法律文化特点，以此为依据实施法律风险调查，进行法律风险论证并制定风险控制措施。对自身企业的生产经营各个环节也要嵌入法律管理，防范和控制企业在国际化经营过程中可能出现的各种法律风险。对于国际化企业来说，域外政治、经济环境的不断变化，必然促使法律风险也随之不断变化。海外法务部门要对于新风险或蕴含在新变化中的风险保持足够的敏感性，及时进行风险评估，确保企业风险管理系统处于最新最优状态，企业的国际化经营才能最大程度避免法律风险的发生，在风险发生时也才能将损失降到最低。

13.1.4 提高复合型能力

在执行层面，公司法务人员要能做到提前介入具体项目流程。这里的提前介入，不是在项目设立时介入，而是要在立项前就介入。因为公司在立项前就要开展多项业务拓展工作，提前介入才能尽早发现问题，为管理层的决策提供参考，避免无谓的损失。通常来说，这种风险评估包括人力资源领域法律风险管理能力，投融资领域法务项目管控能力和知识产权领域申请和运营能力等。

此外，优秀的公司法务要在熟悉公司立项意图和策略的情况下，以最高效、最专业、最简捷的方式完成合约审查、合规以及法律风险防控的工作。想要到达这一要求，公司法务不仅要具备相关理论知识，还要拥有较高水平的实务操作技能和专业的职业素养。公司法务是实践性非常强的职业，光熟悉法律知识是远远不够的。在法务工作需要领会公司发展策略，熟悉市场变化和发展，判断法律风险，撰写评估报告，和其他部门相互协调，与其他企业或部门人员对接，参与公司的各类谈判，等等。要胜任这些业务，要有对复杂问题进行认识和处理的能力，对过去相关领域的变化发展进行总结，关注市场、技术和政治环境的最新变化，特别是要具备良好的文字和语言表达能力以及沟通技巧。法务人员是精通法律知识的专业人士，但公司其他部门的人员并未系统地学习过法律知识，如何在业务工作中保证沟通顺畅就较为关键。一位资深公司法务曾谈到过，公司商务人员最怕收到法务长篇大论和洋洋洒洒分析几十页的法律意见，从理论说到立法，从判例说到学术观点，因此被商务人员抱怨能不能"好好说话"。法务工作虽然极具专业性，但仍然是整个公司运作和经营中的一环，只有在具备专业知识的前提下与其他部门共同协作，为公司解决实际问题，才是企业真正需要的法务人员。

人工智能背景下合格的公司法务人员，从内在素质方面要在公司所从事的行业领域内，掌握前沿技术的基本原理和其适当边界，从而高效准确地识别产品法律风险。从外在表达上则是将产品的技术原理以及可能出现的法律问题及时同公司的决策层进行沟通，并向合作方进行相应的解释。提供有针对性的法律意见，为公司的发展保驾护航。

13.2 工作创新：智能化协同的现代型法务

和其他众多领域一样，信息技术必然也会在未来的企业法务工作中成为不可或缺的工具，一个以现代化、信息化方式运作的企业，其法务部门也一定会配备智能化的法务处理平台和系统。未来，企业的法务职能可以通过不同的方式实现。

13.2.1 打造智能化企业法务系统

尽管和律师职业有诸多不同,但在工作模式上法务与律师又有共通之处,企业法务人员的日常工作同样要查阅大量数据和资料,同样需要关注相关司法判决,并且加以迅速整理和分析。因此,一个信息量充足,检索功能强大的法律知识数据库,是构建智能化企业法务系统的基本前提。结合多数企业法务的需求,这个数据库一般包括但不限于法律法规条文、司法判例、法学学术论文、相关行业的专业知识等,并且保持更新,根据所在行业的发展不断扩充数据和资源。

此外,在企业法务的具体工作流程当中,针对法律审核、法律咨询、合同管理、风险防控和纠纷解决,也通过自动化、智能化的管理平台进行处理,可以大大提高工作效率。以法律审核为例,这项业务通常包括对规章制度、合同文件和专项文件进行审核,并提出法律审核意见等内容。借助法律知识数据库,法务人员可以通过人工智能,迅速提取出一份初步的法律意见书,再通过与同部门的讨论和进一步分析,对初步意见进行修改和完善。在法律咨询业务中,也可以将日常简单的、重复性的法律问题交给人工智能进行在线自动处理,即使遇到复杂的咨询问题,法务人员也可以在人工智能给出的若干个解决方案基础之上进一步予以斟酌。至于合同的起草、审核、签订、履行、归档等业务,通过智能化平台,法务人员能够对合同的标准格式、内容、履约进程进行实时管控,保障合同的顺利签订和履行。对于法律纠纷和法律风险的预防,目前已有专门的智能预警软件出现,能够通过对海量判例的分析预测案件结果,以及通过分析企业过去一段时间内的法律纠纷相关指数信息,对未来风险予以提示并提供解决策略。在未来,这类软件会得到更为广泛的应用。

13.2.2 构建现代化法务管理

法务部门是企业自身的重要部分,因此对法务部门的管理也是企业管理的重点内容。过去,企业管理者自身的法律意识不强,对法务部门的管理也不甚重视,往往配备兼职人员负责企业内的法务工作,或外聘律师作为法律顾问。但随着市场经济的不断发展,法治观念日益深入人心,越来越多的企业设置了专门的法务职能部门,国资委甚至明确要求央企及省属国有重点企业必须全面设置总法律顾问,并将总法律顾问纳入企业高级管理人员管理。企业法务已经不再是可有可无的"摆设",而是企业主体防范和化解风险的必然选择,甚至是企业发展决策的参与者和引领者。因此,如何对法务人员进行管理,为法务人员设置怎样的经营决策参与方式,以及如何在企业内增强法务人员的业务能力,是企业管理的核心内容之一。

现代企业的法务并非仅在最终决策环节,或在个别特定项目运营时才开展工作,而是主动参与到企业整个业务的全过程,参与到各个部门的业务中去。对各个环节的法律风险都予以管控,从项目的决策、准备、进行和完成,甚至完成之后都要进行实时跟踪,并采取相应的措施或给出相关意见。为此,法务部门应是一个独立的部门,具有相对独立化的决策和控制权。尽管法务部门与各个部门在业务处理中都有联系,但是它不应从属于任何部门,否则从企业结构意义上将受到其他部门的控制和影响,导致法务部门在开展业务时处于被动状态。

13.2.3 探索新型合作模式

企业的法务职能可以通过不同的方式实现,比较常见的有内设法律顾问,设置专门的法务部门,或者外聘律师处理法律业务。

内部法务是企业内部的员工,只受企业规章制度的约束,不受其他机关或部门的管控。内设法务部门的优势在于,内部员工必然对自身企业和相关业务非常熟悉,与其他的内部部门沟通协调没有阻碍。但就法律专业知识而言,法务人员不是专职律师,在一些复杂和需要极高法律技术的问题处理上,法务人员的作用可能会受到限制。

相对而言,外聘律师是通过司法考试并取得执业证书的专职律师,在理论知识和案件处理经验方面可能更胜一筹。但对于企业来说,外聘律师并不熟悉企业情况,信息和意见流通不畅,必然会影响评估结果的客观有效性。此外,律师往往仅在个案上与企业相关联,因此不会格外关注企业的发展,对相关市场变化的分析和把控方面,企业内部法务相对会更为专业。

在常见的两种法务管理模式优点和缺点都较为明显的情况下,已有很多企业探索采取新合作模式,这也自然是未来法务发展的必然趋势。比如,以内部法务为主,以社会律师为辅的法务管理模式,即企业的主要法务仍然由内设法务职能部门处理,在遇到复杂和一些特定的项目时,则请外聘社会律师进行处理。再如,一些规模较大的企业,会在内设专门法务部门的同时建立本企业的律师事务部。该事务部的工作人员是通过司法考试获得执业资格的人员,但同时也是企业的工作人员。此外,一些大型跨国公司开始采取跨律所合作的模式获得法务服务,即选聘外部不同律师事务所的律师承担法律风险管理业务,这涉及如何管理外部律所的问题。尽管跨律所合作有可能造成律所之间的非良性竞争,但可以避免重复劳动,消除信息不对称,优势明显。因此,跨律所合作的模式在未来也会是公司法务市场的变化之一。

本章小结

未来的经济发展方向必然朝着信息化、智能化迈进,企业对于法律服务的需求必然不满足于咨询顾问,而是以风险防范为出发点,自企业设立之初就从各个方面主动寻求法律服务。

公司法务的职责重点也相应地从事后补救,转移到事前最大限度降低甚至避免风险上来,这对未来的公司法务在知识管理、视野格局、专业能力、沟通技巧等各个方面提出了更高的要求。

思考与实训

1. 谈谈你对公司法务日常工作的认识。
2. 你认为同为法律职业公司法务和律师有区别吗?区别在哪里?
3. 如果你未来想做一名公司法务,你认为需要具备哪些能力和技巧?
4. 实训项目

项目名称	人工智能背景下企业法务工作场景的变化	实训学时	1学时
实训时间	课后	实训地点	课外	实训形式	调查报告
实训目的	1.了解未来企业法务服务有哪些种类和形式的变化 2.提升学生数据收集和分析能力 3.提升学生逻辑思维和语言表达能力		

续表

实训内容	了解人工智能背景下企业法律服务提供形式发生变化的表现及其原因
实训素材	当前,以智能合同管理为核心,涵盖智能识别、智能审核、智能纠纷解决、智能合规等多模块联动应用,全面把控企业风险的企业法务管理平台陆续上线运营。市场蜂拥产生众多互联网法律机构,以线上线下相结合的形式提供法务服务。企业法务必须开始适应法律+科技的社会环境,企业法务服务的种类和形式因此越来越多样。在此背景下,请做一个简略的调查报告,对市场上的互联网法律机构信息进行收集和分析,通过总结其领域分布、运营模式、服务提供模式、具体业务,来了解目前企业法务市场的情况
实训要求	1. 收集有关互联网法律机构的资料 2. 自己组织调查,并形成调查报告 3. 有自己独立的见解,吸收不同观点 4. 以小组为单位,撰写调查报告。字数要求在1000字左右
实训组织	1. 将课堂布置成圆桌讨论室 2. 将学生三或四人分为一个小组 3. 每一组作出一个调查报告,组内对调查任务自行分工 4. 老师引导学生展开观点阐述,相互讨论 5. 学生互评、教师点评,并给出学生项目表现成绩

1. [美]Douglas Hofstadter. 哥德尔埃舍尔巴赫——集异璧之大成[M]. 北京:商务出版社,1997.
2. [美]卡普兰. 人工智能时代[M]. 杭州:浙江人民出版社,2016.

第14章

未来的法学院

```
                              ┌── 丰富的知识维度
            需求变化：         ├── 创新的思维方法
            未来需要怎样的    ┤
            法律人才          ├── 高效的信息处理技能
                              └── 专业的实务操作能力

            反观问题：         ┌── 教学内容陈旧
未来的       传统法律教育的   ┼── 教学方式落后
法学院       局限性            └── 教学评价体系片面

                              ┌── 培养严谨的法律思维
            跨界融合：         ├── 升级教学方法和评价体系
            人工智能＋法学的  ┤
            培养模式          ├── 开发人工智能课程
                              └── 促进 AI 法律技能培养
```

1. 了解未来对法律人才有哪些要求；
2. 探寻人工智能时代法学教育与传统法学教育的不同；
3. 思考自己希望从法学院的教育模式中获得哪些帮助。

第一位机器人律师 Ross 走上工作岗位①

美国较大的全球律师事务所之一 Baker & Hostetler 近日宣布,他们聘请了一名叫 Ross 的机器人律师。当其他律师像和人交流一样,用自然语言向 Ross 询问问题时,Ross 可以读取法律,收集证据,在得出推论之后,提供一个以其收集的证据为基础的答案。Ross 采用了 IBM 的 Watson 系统,它能理解你的问题,根据参考文献和例证,推测结论。它不会列出数千条结果让你筛选,而是提供相关程度较高的结果,从而可以提高法律研究的效率。此外,它会不断关注现有的诉讼,向你推送法院近期可能与案件相关的判决结果。它还能从过往经历中学习,你与它互动越频繁,它就越能积累信息,运行速度也会更快。Ross 无疑可以简化法律研究,节省律师的时间和客户的花费。

对优秀律师有需求的人来说,这是个好消息,但它也加深了自动化技术取代人类员工的担忧。有些人认为这不是问题,因为从历史上看,随着科技的进步,工作岗位也会增加。但是人工智能是一个全新的领域,许多人担心今后的工作岗位并不会随着技术进步而增加。Ross 还仅仅是一个开始:未来,科技可以在法律领域发挥的作用是方方面面的。IBM 将会继续让 Ross 学习其他领域的法律条文,希望在未来人工智能可以应用于世界各地的各个法律系统。根据了解,国外一些律师事务所目前正在为结构性融资、就业法规和物业管理等法律事项开发定制性的"机器人"。在整个律师行业,一个全面人工智能化的时代似乎正在开启。

1. 随着智能机器人加入法律工作,对法律人才的要求是否将产生变化?
2. 如果法律工作能由机器人来完成,法学教育的特色和重点究竟在哪里?
3. 作为法科生,如何在法学教育阶段培养未来就业的核心竞争力?

14.1 需求变化:未来需要怎样的法律人才

发展人工智能要加强人才队伍建设,要以更大的决心、更有力的措施,打造多种形式的高层次人才培养平台,加强后备人才培养力度,为科技和产业发展提供更加充分的人才支撑。合格的人才应当能够适应社会发展的需求,法学教育素有"精英教育"之称,培养的是"法律共同体"成员,因此更具有回应社会发展需求、参与制定社会规则的使命。人工智能时代背景下,科技和社会条件的变革深刻影响了法律人才需求的变化,智能化技术手段逐渐能够代替法律人完成初级简单的法律工作,想成为未来法律工作市场中不可或缺的人才,传统单一的法学知识和实践技能远不能满足要求。未来,新型法律人才更需要具有主动适应并融入社会的能力,并在知识维度、思维方法、学习方法和实践能力四个方面作出积极回应。

14.1.1 丰富的知识维度

人工智能的基本特征是 5Vs,即海量的数据规模(volume)、动态的数据体系(velocity)、多

---

① 中国机器人网. IBM 人工智能进入法律行业:推世界首位 AI 律师 ROSS[EB/OL]. http://www.robot-china.com/news/201605/17/32941.html,2016-5-17.

样的数据类型(variety)、易变的数据结构(variability)和精确的数据分析(veracity)。可以认为,人工智能时代是知识高度聚合并疾速流动的时代,期望几年内的学习一劳永逸,所学得的知识在未来的实践中百用不被替代不再现实。现在知识更新周期缩短,各种新事物层出不穷,且往往同时涉及多个领域,想要分析并解决一个新的问题,需要更丰富的知识维度,以跨学科跨领域的角度进行思考,这对法科生的知识储备和学习能力提出了更高的要求。

首先,法科生要具有扎实的法律基础知识。无论科技条件和社会条件如何变化,法律人若不掌握最为基础的法律知识,即使科技手段日新月异,也无法独立进行更为深入的研究,更无法应对千变万化的社会现实。基础知识犹如地基,想建造高楼大厦,坚实的地基是必备要件。法科生未来就业选择众多,但只要与法律有关,首要门槛将必然是具备基本的法律知识,未来的无限可能都将建立在这个基础之上。

其次,法学知识范围极其广泛,短短几年时间肯定不可能穷尽法学领域的所有知识,但法科生的视野仍不能囿于法律专业的某一方向,对其他方向视而不见,这是塑造丰富知识维度的必然要求。假如因为对民法感兴趣,就完全忽略宪法、行政法等专业方向的知识,将非常不利于法律知识的全面掌握。不同方向的法学知识虽然同属于法学领域,但其思考方式和知识架构千差万别,对各个方向的法律知识有全面了解才能做到触类旁通,才能系统性地掌握法律知识。

最后,法科生不仅需要对本领域的新事物新知识保持关注,还要对必要的其他关联学科知识,如法学外的经济学、政治学、社会学、管理学等有所涉猎,以多个视角切入、研究和解决问题。以目前正处于建设中的社会信用体系为例,何为社会信用,记录和共享信用信息基础何在,如何培育信用服务市场,法律规范和社会规范在此应当如何协调,这些问题仅以单一的法学知识和方法并不能很好的回答,而要同时引入社会学、经济学的视角,才能获得更为理想的解决方案。

人工智能为法律就业市场带来的变动不胜枚举,但全面的、系统化的基础法律知识仍然是法科生进入就业市场的第一块敲门砖。在此基础上,不断丰富本专业和跨专业的知识维度,不断根据社会发展更新和拓展自己的知识结构,才能从容应对层出不穷的全新变化。在未来的就业市场中,既掌握基础知识、又不局限于本专业且能够进行跨领域思考的法律人才将更受青睐。

14.1.2 创新的思维方法

无论是在影视还是现实中,优秀的法律职业人大都行事严谨,谈吐逻辑缜密。因为法学专业本身以严谨著称,从法学基础理论到法律规范,都要求高度的逻辑性。法律职业更要求认真细心,一丝不苟,任何逻辑上的漏洞都有可能造成严重的后果。法律人似乎因此必须循规蹈矩,如机器般运作,做法律规范的复读机,这种看法显然非常片面。实际上,法律人对法律规范的解读和运用,在相当程度上是主动引领甚至推动法律规范发展的过程。法律人非但不能因循守旧,古板僵化,反而更应当具有创新思维。这种创新思维可以通过很多方式体现,并不局限于单纯的技术创新,无论是新式交易规程设计,还是独特的论证过程,都是创新思维的体现。

创新需要在掌握现有知识的基础上进行质疑和批判,知识正是在不断地掌握——推翻——重建的过程中得以更新。法律人应当具备质疑精神,在学习阶段就应当开始通过对话式课堂教学、体验式案例分析,培养批判和创新性思维。这要求法科生在知识理解时,不仅要思考是什么,还要思考为什么的问题;在遇到现实问题需要解决时,要学习从多角度、多方面、多层次地进行思考,既从现有知识出发,但又不受现有知识和传统方法的限制和束缚。只有具备质疑和批判精神,将批判性思维运用到学习和实践当中,才有动力尝试甚至创造新的知识体系和解决问题的方法。人工智能时代,各种知识的内在阻隔被大大疏通,不被局限在固有知识框架内而具有创新思维,能够高度适应社会并迅速作出积极回应的法律人才会更受欢迎。

14.1.3 高效的信息处理技能

在高科技时代,信息无疑如空气般重要。人工智能的核心特点之一是海量的数据规模,信息可谓源源不断并且唾手可得,对于信息获取者来说这是个最好的时代。但是相伴而生的还有巨量信息的下载、杂乱无章甚至无效,如果不具备在海量信息中高效收集、识别和处理特定信息的能力,获取人将迷失甚至被淹没在信息的洪流之中。

对于法律人来说,解决一个案件,意味着对信息的收集、分析、归类和运用的一系列过程,包括了解案件情况、整理相关资料、寻找和收集证据、检索法律法规、筛选相关判例和文献,等等。在过去,信息获取渠道有限,传统的信息处理方式耗时费力,案件处理效率自然难以提高。在现代信息技术蓬勃发展的今天,信息获取渠道多种多样,并且有众多方便快捷的信息处理工具可以选择,案件解决效率可以得到大幅度的提升。尽管信息量充足,但有效信息仍然有待筛选,尽管信息处理工具众多,但如何真正发挥作用仍然需要使用人的合理安排。海量的信息和高级的处理工具并不意味着效率的自动提高。除了客观条件,案件的有效分析和处理,更依赖于法律人在所获得信息的基础上作出的准确判断。因此,法律人需要熟练掌握信息获取和分析的工具,在此基础上,形成属于自己的信息筛选和运行机制,并能根据现实条件随时进行调整。

随着社会的进步和发展,新兴领域案件、跨领域案件大量涌现,对这类案件的处理,更需要强大的信息获取和分析能力,法律人应当尽早有意识地培养自己对信息的获取和筛选能力。这一能力不同于单纯的认知积累,而是更进一步意义上的具体方法论上的要求,它包括三个层次:恰当择取、高效达成、新工具驾驭。恰当择取是指个体在初步获取信息或浅层信息处理的基础上,通过识别和规划信息运用,寻求最优方案解决问题的能力。高效达成意味着人工智能时代,效率的价值更为凸显,通过信息的择取和运用能够迅速达成目标是不可或缺的能力之一。而新工具驾驭则要求新时代的法律人不仅具有主观上的能动性,而且更善于通过辅助工具来实现目标。人工智能时代各种新式操作和分析工具层出不穷,并可实现人机高度互动交融,可助力法律人高效解决问题。

14.1.4 专业的实务操作能力

学习过程本身固然能够充满乐趣,但是学习的根本目的仍然是学以致用、知行合一,如果不能把知识储备和方法论应用到实务当中解决现实问题,学习本身则变成纸上谈兵,失去了应有的意义。

法学是社会科学,以实践为基本面向,无论从事科研还是实务工作,都要具备相应的实践技能。从法律人才的需求情况来看,法科生未来主要从事法律实务和其他实务工作,只有极少数法科生会专职从事法学理论研究。然而,目前学生实践技能存在短板是国内法学界公认的教育问题之一。由于受到大陆法系传统教育模式的影响,法学教育偏重对法学理论、法律概念和法律条文的理解和分析,对学生司法实务操作能力的培养没有给予同样的重视,导致大量法科生走出校园进入法律实务界后,不能很好地将自己所学的理论知识运用到具体的法律实务操作当中,无法胜任社会对法律专业人才的实际要求。我国法学教育早就认识到了这一问题的紧迫性,自20世纪90年代起就开始了以理论和实务操作能力并重为导向的法学教育改革,但这将是个长期的过程,效果并非立竿见影。2012年,教育部、中共中央政法委联合启动的《卓越法律人才教育培养计划》,专门提出了"学生实践能力总体不强,应强化实务技能,培养应用型人才"的战略计划。

在未来,虽然伴随科技的快速演进,一部分实践操作极有可能将被人工智能所替代,但这绝非意味着法律人才不再需要实务操作的能力。被替代的是简单的、重复性的事务,关键性、专业性和复合型的实践技能非但不会被替代,反而将具有更为重要的地位。实务技能是多种实践技巧和能力的综合体,包括了对法律规则和法律事实的识别、法律解释、法律推理、证据调查及运用、法律文书制作、法律文献资源的运用能力、计算机操作、信息处理、人际交往等能力。这些事务的进行,不可能完全由人工智能所替代,特别是在面对现实问题时,如何以上述技能为基础提供一种综合性的解决方案,这将是未来社会对优秀法律人才的核心需求。因此,无论信息技术发展到何种水平,法律知识如何运用到司法实务当中解决现实问题,是法律人检验学习成果的标尺,也是人工智能时代衡量法律人才的重要标准。为适应人工智能社会的要求,能够熟练操作新型工具,将新型科技融入工作过程当中,也会成为实践技能的组成部分。

14.2 回应问题:人工智能+法学的培养模式

2020年3月科技部、教育部等五部门联合出台《加强"从0到1"基础研究工作方案》,人工智能成为我国重点支持的核心攻关项目,该工作方案明确指出,新一轮科技革命蓬勃兴起,国家科技计划鼓励跨领域、跨学科的交流。尽管人工智能时代对法学教育提出了更高的要求,让法学教育改革迫在眉睫,但同时也为此提供了绝佳的契机。法学的教育对象生长于数字时代,被称为数字原住民,具有良好的信息技术学习和使用的基础,这些都为法学教育改革做了良好的铺垫。在此基础上,以人才需求的变化为导向,面临教学内容陈旧、教学方式落后,以及评价体系片面等问题。

14.2.1 培养严谨的法律思维

人工智能技术的发展,让很多专业化低而重复率高的工作为机器所替代,但在法律理论研究和司法实务领域,核心职业技能不会被替代,这是因为法律人的法律思维不会被机器所取代。法律思维是按照法律规范、原则和精神来观察、分析和解决社会问题的思维方式,是一个相当复杂的过程。严谨的法律思维的培养需要长期的训练,无论在什么时代都是法律人必备的基本素质和能力,也是其最重要的职业特征和职业能力。在未来庞大的法律规范体系、浩如烟海的案例、不断增加和更新的法律知识,这些信息虽然可以利用人工智能技术进行分析和归纳,但是遵循法律逻辑发现现实问题,如何利用处理后的信息解决问题,仍然要依赖法律思维来进行,是任何机器都不可能取代的。因此,法学教育的首要任务就是培养法科学生的法律思维,启发并引导其形成法律方法分析和阐述法律问题的习惯。

法律思维能力的培养要通过理论课程讲授、实践教学和法律实务的有机结合来实现。课程讲授是目前我国法学教育活动的主要内容,着重对法律条文、体系和相关理论的介绍,帮助学生了解法律结构和制度,获取和建立法律基础知识储备。在这一方面,教材如何编写、知识如何讲授、师生如何互动就成为了关键。法学属于社会科学的一部分,是最为关注社会发展的学科之一,教材的内容应当及时加入法学领域随社会发展而产生的新的思考和变化成果。作为参考,英美国家法学教育中普遍使用 course pack 式教材,即由任课教师自行编写,内容涵盖与教材主题相关的立法、判例、官方报告、论文摘要等。这种教材并不对外公开出版,实质上是一种教师将教材主题相关的最新发展和资料汇总的讲义,形式相对灵活且保证内容的实时更新,能很好地配合正式教材的教授,但比较考验教师的水平。除了法律知识本身,教材中应有足量法律思维方式和法学方法论的内容,特别是要将其融入学生必修的专业课程中,仅仅设立抽象的单独一门课程讲授这部分内容是远远不够的。此外,即使教材内容相同,如果讲授方法和互动方式不同,效果也会大相径庭。因此,法学教育应当大量应用案例教学、案例分析、观摩审判、模拟审判以及法律实习等实践教学方式,让学生有机会真正主动思考法律知识如何运用,置身于真正的司法实务当中培养解决现实问题的能力。

14.2.2 升级教学方法和评价体系

针对传统法学教育内容陈旧、单一的问题,可以充分利用人工智能技术的高容量、动态性和共享性进行改进,向全景式教学方向发展。

全景式教学指全面调动教学活动中的全部信息资源,创设情境,营造有利于学习的环境,使学生能够获取尽可能多的学习信息。如学习刑事诉讼法时,会先布置场景提出一个真实的案件,把学生们置于一个解决实际问题的大环境中,就像真正处在刑事诉讼过程中要解决实际问题。这种海量数据支持云平台资源的全景式选择,突破了教科书为限的教学内容,能够提供丰富的教学资源。而且由于人工智能技术的使用,教学不仅仅是简单的内容搜索汇集,而是以契合学生特点为前提的精准提炼,且能够定期根据资源进行动态更新,从而既保证了教学内容的充实和及时更新,又保证了教学内容与学生具体情况高度匹配,实现了教学内容传统基础与现代技术的有机结合,可以有效满足人才培养对知识宽度和新颖度的需求。

教学组织和教学方法的改变意义重大,能够直接影响学生的思维变化,从而引发完全不同的教学效果。在教学组织方面,人工智能技术的应用能够打破整齐划一的班级教学概念,扩大教学活动的时间和地点。师生可以随时随地利用信息终端联结人工智能平台,基于自己的学习习惯和特点,自主选取教学方式、顺序、难度等。数据处理可以对学习和教学行为做出精细化描摹,引导师生做出适合自己的选择,逐步实现在教师指导下,学生自主安排的个性化学习,实现法学教育的"私人定制"。这种教学组织的改革,有利于激发学生学习热情,提升学生的自主学习能力。

教学方式的多样化也会达到这样的效果,特别是具有交互性、实时反馈性的教学方式的加入。如同步远程学习模式,师生可在同一时间不同地点进行教学,可实现即时通信和双向互动交流;非同步远程学习模式,即教师录制讲课内容,学生可以在任何时间和地点不限次数地学习;混合式学习,学生先通过网络教学视频学习,再在课堂上与老师进行深入探讨交流等。这些新的教学方式,能够鼓励学生由被动接受转为主动学习,增强独立思考能力和激发创新意识。依托云学习平台和数据分析技术,学生学习行为、习惯和表现都能够通过数据形式得到精准体现。在此基础上,过去一次性、间断性、片面性的教学评价方式向过程性、伴随性的全面评估转变。依靠人工智能应用进行的归纳与整理使教学评价的反馈更为精准,不再是经验的粗糙估计,而是为继续学习提供准确的改进依据和方向。教学评价体系的重点转向和精细化分析,将在学生掌握知识的基础上,促进其全方面提升个人能力。

14.2.3　开发人工智能课程

人工智能科技的普及与社会各个方面深度融合是大势所趋,是否主动适应人工智能科技,是法学院能够输出合格法律人才、在法学教育领域保持高水平地位的关键因素。国外很多大学已经开设了与人工智能相关的法学课程,积极推动新的法学教育模式并成立了相关的研究机构,发表了高水平的科研成果。近几年,我国法学院开始后程发力,个别高校已经尝试开设人工智能与法学结合的前沿课程。中国人民大学法学院开设了"人工智能分析导论"等系列跨学科课程,在"互联网金融课程"中,邀请校外新科技领域的专家授课,讲授区块链基本原理及在金融领域的应用、人工智能技术在人工智能征信领域的应用等。清华大学法学院致力于法律和前沿科技交叉融合的复合型人才培养,且已启动了一系列课程改革,其中 2018 年 4 月设立的"计算法学全日制法律硕士"是其亮点,该项目开设网络、人工智能等技术类课程,并在此基础上,开设与上述科技相关的法律专业课程,该项目旨在培养熟练掌握法学理论与信息技术的复合型、国际化高端法律人才,并参与完善国内的网络与人工智能立法。在理论研究方面,国内法学院也有所尝试,2017 年 9 月,中国人民大学法学院成立了未来法治研究院,其任务是深入系统地开展法律与前沿科技的交叉研究、人才培养、课程改革、跨领域交流和国际合作。2017 年 12 月,西南政法大学成立了人工智能法学院,将对人工智能领域的法律和伦理问题进行研究。2018 年 1 月,北京大学成立了法律人工智能实验室和研究中心,致力于为法律与人工智能行业发展提供智力支持,完善人工智能时代立法,培养高端复合型法治人才。深圳职业技术学院率先在职业教育领域开展了对法律人工智能的教学研讨与教学实践。2019 年 4 月,深圳职业技术学院举办了"人工智能背景下法律人才培养转型研讨会",来自北京大学、西南政法大学、广东财经大学等高校的专家、学者齐聚一堂,探讨人工智能背景下法律人才培养模式的转型。同时,积极探索"人工智能+法学"培养模式,并在全国高职院校首开《人工智能法律基础》《人工智能法律实训》和《大数据法律实务》等课程,并且在深圳市发展与改革委员会的资助下创建全国首家高校人工智能教学中心。

虽然做出了种种努力并已经取得了不少成绩,但相较国外,我国高校在人工智能与法学结合的相关课程建设方面相对滞后,鲜有创新性的课程开设。法学院校开展人工智能与法律问题的科研机构也还很少,关于人工智能与法律的学术研究在世界范围内仍属于"跟随"状态。我国法学教育缺乏专业特色,绝大多数高校的法学教学内容大同小异。实际上,中国法学院校都应有自身的特色,在从事基础法学教育之上,都可以结合学校的学科优势,在"人工智能+法学"领域进行差异化课程设计并开展相关研究。不同法学院可以根据本校的历史传统和特色,针对不同的问题进行重点研究。

14.2.4　促进 AI 法律技能培养

近些年来,随着以裁判文书为代表的司法大数据不断公开,自然语言处理技术的不断突破,法律人工智能产品不断运用升级。为了促进智慧司法相关技术的发展,提高司法人员的工作效率及信息化水平,实现法院审判体系和审判能力智能化,使人工智能技术在"案例分析、法律文件阅读与分析"等问题中更有力地发挥其作用,在最高人民法院信息中心和中国中文信息学会的指导下,中国司法大数据研究院等单位联合举办了司法人工智能挑战赛(CAIL)。

从2018年到2020年该比赛已经连续举办三年,得到社会广泛关注。大赛公布世界上最大的裁判文书标准数据集,注重积累具有智能审判能力的算法和模型,为推动法律人工智能的发展添砖加瓦。大赛面向全社会开放,相关领域的个人、科研机构、高等院校、企业单位等人员均可报名参加。在校学生通过参加比赛,深刻体验人工智能技术给法律从业环境带来的变化,熟悉法律人工智能产品的使用方法,真正做到以赛促学、以赛促教。

挑战赛聚焦在阅读理解、司法摘要、司法考试、论辩挖掘四个真实场景的技能,提供海量的已标注的法律文书数据,旨在为研究者提供学术交流平台,推动语言理解和人工智能领域技术在法律领域的应用,促进法律人工智能事业的发展。

第一,阅读理解技能。学生需要在不联网的情况下对于给定的问题推理得出答案。在CAIL2019年的基础上,司法人工智能挑战赛在2020年将文书种类扩展为民事、刑事、行政,将问题类型由单步预测扩展为多步推理,将回答限定为Span、YES/NO、Unknown中的一种并且给出所有参与推理的句子编号。

第二,司法摘要技能。作为法律学生,这是最为关键的技能。在比赛中,以10000篇民事一审裁判文书及对应的司法摘要为技术测评的训练集、验证集和测试集,采用ROUGE评价标准。

第三,司法考试技能。AI法律实务的目标在于培养司法工作人员,因此注重在技能大赛中要求选手们的模型对司法考试的客观题进行答案预测,当且仅当给定的答案与标准答案完全一致时才认为是准确的。本项技能的训练集与验证集为26000道法律职业资格考试题目和专业人士新出的司法考试题,最终的测试集为2020年的法律职业资格考试题。

第四,论辩挖掘技能。此项技能要求选手基于辩诉双方的陈述文本,输出存在逻辑交互关系的论点对,即争议焦点。在技能大赛中以1000篇裁判文书以及4000对互动论点对为训练集、验证集和测试集,采用准确率进行评估。

传统的法律实务技能大赛,赛项主要包括法律基础知识竞赛、法律文书制作竞赛、法律事务处理竞赛,而AI法律实务技能大赛则注重科技与人文的大融通,让跨界融合成为一种必然趋势。勇立大变局之潮头,时代正驱动着法律教育不断迭代创新,数字法治人才的培养和转型升级需要各层次法学教育以AI法律技能提升为契机,共筑人工智能与法学的协同交叉。

未来法律就业市场对法科生提出了全新的要求,单纯对法律知识进行记忆,只囿于单个法律领域且忽视实务操作训练的学习方式,已无法胜任未来法律职业的挑战。

未来法律人才必须在掌握法律知识基础上,具有持续更新知识维度的能动性、创造性、跨领域的思维方式,以及高效获取和运用信息以及熟练进行实务操作的能力。为此,法学院的教育和培养模式要作出重大变革,从教学内容、授课方式、实务训练、教学评价体系等方面,充分将人工智能时代的特点和要素融入其中,培养面向未来的合格法律人才。

1. 你认为未来会出现新型法律工作职业吗？谈谈你的想象。
2. 思考人工智能技术应用如何融入未来的法律工作中。
3. 思考在学习期间如何培养自己的核心竞争力。
4. 实训项目

项目名称	参观中级法院智慧法院建设		实训学时	1学时
实训时间	课外	实训地点　智慧法院	实训形式	调研并撰写报告
实训目的	1. 了解智慧法院的建设情况 2. 体会科技创新对提升法院工作效率的影响 3. 规划未来5年AI法律技能的提升路径			
实训内容	1. 参观学习智慧法院建设情况 2. 思考未来法律职业者应当具备的法律基础知识和AI法律技能 3. 制作一份智慧法院建设的调研报告			
实训素材	联系中级人民法院智慧法院建设负责人 有关AI法务技能培养的报道			
实训要求	参观调研后，可以尝试根据自己的职业生涯规划，制订校内法律知识储备的学习规划，通过辅修相关人工智能课程，有意识提升AI法律技能体 1. 学生在报告前可收集智慧法院在全国的建设历程 2. 调研后，归纳并思考智慧法院下法律辅助人才应当具备的核心技能 3. 撰写调研报告，字数2000字左右，内容包括：智慧法院建设历程、法律辅助人才核心技能需求、大学的职业发展规划			
实训组织	1. 联系智慧法院负责人 2. 组织学生参观智慧法院建设 3. 发布调研报告任务 4. 遴选优秀调研报告上传课程网站或公众号			

拓展阅读

1. 贺卫方.中国法律教育之路[M].北京:中国政法大学出版社,1997.
2. 何美欢.理想的专业法学教育[M].北京:中国政法大学出版社,2011.

参考文献

[1] 马秋.对企业法务人才培养的思考[J].大连大学学报,2016(1):62-67.
[2] 姜奇辰.公司律师制度与企业法务制度比较研究[J].法制与社会,2019(1):29-30.
[3] 朱爱红.浅析公司法务中存在的疑难问题[J].法制与社会,2017(3):87-88.
[4] 李腾瑞.论人工智能对公司法务工作模式的影响:基于市场经济的效益考量[J].中国市场,2019(6):93-94.
[5] 何平.基于卓越企业法务人才培养目标的法学专业课程体系改革[J].法制与经济,2019(12):137-139.
[6] 张优良.企业法务管理的定位探讨[J].法制博览,2020(10):239-240.
[7] 侯永宽,张本领,陈刚,魏爱臣.给法务管理装上"智慧"大脑[J].企业管理,2019(2).
[8] 张浩.论公司律师制度的困境与构建[J].行政与法,2016(4):75-80.
[9] 京都律师事务所,中国政法大学法学院大数据和人工智能法律研究中心.2017年度互联网法律服务行业调研报告——"互联网+法律",初见变革之路.
[10] 中国新兴法律服务产业研究中心.2018中国新兴法律服务业发展报告.
[11] 华忆昕.未来影响律师职业的信息技术[J].检察风云,2015(21):35-37.
[12] 王勇旗.人工智能给法律职业带来的困境及应对[J].河北经贸大学学报(综合版),2020(1):44-52.
[13] 李丹.人工智能技术能否应用于律师行业?——基于情感、效率和执业监督维度的分析视角[J].东南大学学报(哲学社会科学版),2019(S1):58-62.
[14] 杨立民.律师职业人工智能化的限度及其影响[J].深圳大学学报(人文社会科学版),2018(2):82-90.
[15] 陈宜.我国律师行业评价体系的现状与反思[J].中国司法,2017(2):44-49.
[16] 周琰.律师事务所规模化研究[J].中国司法,2014(4):55-62.
[17] 王永强.网络时代律师发展新趋向[J].武汉大学学报(哲学社会科学版),2013(1):27-31,127.
[18] 洪新敏.互联网思维下的律师事务所管理[J].法制博览,2020(6):95-97.
[19] 《国务院关于印发新一代人工智能发展规划的通知》(国发〔2017〕35号),2017年7月20日。
[20] 秦立强,汪勇.试论信息社会的公共安全保障[J].贵州警官职业学院学报,2004(3):69-72.
[21] 李润森.开拓进取科技强警——全国公安工作信息化工程(金盾工程)概述[J].公安研究,2002(4):5-12.
[22] 杨正鸣,王永全,廖根为.信息犯罪侦查技术发展趋势探讨[J].电信科学,2010(2):160-164.
[23] 梁坤,周稻.当前人工智能侦查的应用困境及突破进路[J].山东警察学院学报,2018(3):51-59.

[24]高铭暄,王红."互联网＋"人工智能全新时代的刑事风险与犯罪类型化分析[J].暨南学报（哲学社会科学版）,2018(9):1-16.

[25]宋家宁.人工智能辅助侦查的思考——基于价值呈现与适配要求的双重视角[J].中国刑警学院学报,2018(5):31-36.

[26]孙笛.人工智能时代的犯罪防控[J].中国刑警学院学报,2018(5):25-30.

[27]皮勇.人工智能刑事法治的基本问题[J].比较法研究,2018(5):149-166.

[28]胡铭.大数据、信息社会与刑事司法变革[J].法治现代化研究,2017(3):22-31.

[29]宫志刚.历史交汇期社会风险防控与警务战略转型[J].公安学研究,2018(1):55-77,123.

[30]从均广,张辉.以"大数据"为主导的警务模式改革研究[J].河北公安警察职业学院学报,2019(1):66-69.

[31]张震宇."智慧公安"驱动下的警务机制改革现状与发展[J].广西警察学院学报,2019(4):64-69.

[32]栾润生,刘国防,王超强.动态人脸识别在侦查工作中的应用[J].中国刑警学院学报,2019(5):122-128.

[33]王祥.大数据背景下侦查模式的改变[J].北京警察学院学报,2019(2):86-91.

[34]李国军.预测警务的理论基础与技术路径研究[J].湖北警官学院学报,2016(5):79-86.

[35]赵志刚,金鸿浩.传统检察信息化迈向智慧检务的必由之路——兼论智慧检务的认知导向、问题导向、实践导向[J].人民检察,2017(12):10-13.

[36]吴鹏飞.强化"互联网＋"思维加快推进信息化与检察工作深度融合[J].人民检察,2015(16):14-16.

[37]伍红梅.以"大数据＋机器学习"为驱动构建刑事案件判案智能预测系统[J].人民司法（应用）,2018(10):34-40.

[38]张棉.拥抱智能语音新科技打造智慧检务新引擎[J].人民检察,2017(20):27-28.

[39]赵志刚,金鸿浩.智慧检务的演化与变迁:顶层设计与实践探索[J].中国应用法学,2017(2):29-38.

[40]蔡立东.智慧法院建设:实施原则与制度支撑[J].中国应用法学,2017(2):19-28.

[41]胡昌明.中国智慧法院建设的成就与展望——以审判管理的信息化建设为视角[J].中国应用法学,2018(2):107-118.

[42]高一飞,高建.智慧法院的审判管理改革[J].法律适用,2018(1):58-64.

[43]涂永前,于涵.司法审判中人工智能的介入式演进[J].西南政法大学学报,2018(3):48-55.

[44]胡昌明.建设"智慧法院"配套司法体制改革的实践与展望[J].中国应用法学,2019(1):105-116.

[45]陈琨.类案推送嵌入"智慧法院"办案场景的原理和路径[J].中国应用法学,2018(4):88-97.

[46]王琦.法院网上立案的实践检视及路径研究[J].法学杂志,2016(11):98-105.

[47]周翠.互联网法院建设及前景展望[J].法律适用,2018(3):38-43.

[48]陈欧飞.网上法庭的建设与发展[J].人民司法（应用）,2016(13):52-56.

[49]王福华.电子法院:由内部到外部的构建[J].当代法学,2016(5):23-35.

[50]王福华.电子诉讼制度构建的法律基础[J].法学研究,2016(6):88-106.